DIE EROBERUNG DES WESTENS

Die USA nach dem Bürgerkrieg 1865–1890

Marcus Junkelmann

DIE EROBERUNG DES WESTENS

Die USA nach dem Bürgerkrieg 1865–1890

Weltbild Verlag

Dem Andenken von Ferdinand Markus Kraus

Vordere Umschlagseite:
Red Cloud (1822–1900), Häuptling der Oglala-Sioux
Der »Boy General« George Armstrong Custer (Lawrence A. Frost)
Schwarzer Quarter-Master-Sergeant (George Rinhart, New York)
»Maschinenhalle« der Jahrhundertausstellung 1876 in Philadelphia
Gleisbaumannschaft der Central Pacific (Southern Pacific, San Francisco)
Hintere Umschlagseite:
»Schiffe der Ebenen« von Samuel Colman 1872
Plakat zur Eröffnung der Transkontinentalbahn (The Bettmann Archive)

Genehmigte Lizenzausgabe für
Weltbild Verlag GmbH, Augsburg 1993

Gestaltung: Heinz von Arx und Hans Rudolf Ziegler, Zürich
Lithos: Schwitter AG, Allschwil
Umschlaggestaltung: Peter Engel, München
Gesamtherstellung: Presse-Druck Augsburg
Printed in Germany
ISBN 3-89350-561-X

INHALT

VORWORT

Zwischen 1850 und 1865 kreiste das politische Leben der USA um ein einzelnes zentrales Thema, um den Konflikt zwischen den Nord- und den Südstaaten, der sich schließlich in dem großen Bürgerkrieg von 1861 bis 1865 entlud. Er dominierte in jenen Jahren alle anderen Aspekte der komplexen Entwicklung der Nation. In »Der Amerikanische Bürgerkrieg«, dem ersten Teil dieser Gesamtdarstellung, wurden die Ursachen und der Verlauf dieses über die weitere Geschichte der Vereinigten Staaten entscheidenden Ringens dargestellt. Der erste Teil von »Die Eroberung des Westens« ist den kaum minder dramatischen Nachwirkungen des Krieges gewidmet.

Neben den Nord-Süd-Kontrast, der durch die völlige Niederlage der Südstaaten freilich die Brisanz des noch offenen Entscheidungskampfes verloren hat, treten aber die eigentlich zukunftsweisenden Entwicklungen in den anderen Teilen der USA. Da ist einmal der durch den Krieg ungemein beschleunigte Aufschwung der städtischen und industriellen Kultur des Nordostens, von der die bestimmenden Impulse für die wirtschaftlichen und sozialen Verhältnisse der Vereinigten Staaten bis auf den heutigen Tag ausgehen sollten. Zum anderen ist es die endgültige Eroberung des fernen Westens, mit der die Geschichte der ständig weiter westwärts wandernden Grenze, die die Entwicklung des Kontinents seit der Landung der ersten Pioniere geprägt hat wie kein anderes Phänomen, zum Abschluß kommt. Unter den vielen faszinierenden Gesichtspunkten der Westwanderung in ihrer letzten, dramatischsten Phase wird einer besonders herausgearbeitet, der tragische Konflikt zwischen der sterbenden Welt der freien Indianer und der unaufhaltsam vordringenden Zivilisation der Weißen.

Mit den Jahren 1876/77, in denen die letzten Besatzungstruppen den Süden verlassen und damit die Ära des Bürgerkrieges und Wiederaufbaus auch für diesen vom Schicksal gebeutelten Landesteil zu Ende geht, während sich die Nachricht vom Custer-Massaker, dem letzten, vergeblichen Sieg der Indianer, in den Jubel der Jahrhundertfeier einer jungen, selbstbewußten Nation mischte, schließt die Darstellung.

Keine andere Phase der amerikanischen Geschichte hat die Phantasie der Menschen innerhalb und außerhalb der USA in solchem Maße angeregt wie die Jahre des Bürgerkrieges und der Eroberung des fernen Westens. Sie ist zu einem der großen legendenbildenden Zeitalter der Menschheitsgeschichte geworden, einer Art moderner Ilias. Das hat zum einen seine Ursache und zum andern seinen Spiegel in einer unübersehbaren Fülle von literarischen und filmischen Bearbeitungen unterschiedlichster Qualität und Einprägsamkeit. Zwei Kapitel beschäftigen sich mit diesem hochinteressanten Aspekt der Geschichts-

Die Erkundung des Westens: der Topograph Almon Harris Thompson, ein Mitglied der J. W.-Powell-Expedition, die in den frühen 1870er Jahren die letzten unbekannten Gebiete in Utah und Colorado durchforschte. Aufnahme von Jack Hillers, 1873. (National Archives)

Lola Montez mit Indianer: Die Schauspielerin und ehemalige Geliebte des bayerischen Königs Ludwig I. bereiste in den 50er Jahren die USA. In Washington ließ sie sich von J. Hawes mit dem Cheyenne Alights on a Cloud aufnehmen, der gerade mit einer Delegation seines Stammes in der Hauptstadt weilte. Photos von solchen Indianerdelegationen in Washington gehören zu den frühesten, die es von den Eingeborenen Nordamerikas gibt. Erst in den 60er Jahren begannen unternehmungslustige Photographen, die Indianer in ihrem Lebensraum aufzusuchen. (Collection of Gail Dane Gomberg Propp)

Die zählebige Bürgerkriegsmentalität: Noch viele Jahre nach Appomattox schwangen die Politiker das »blutige Hemd«, um die Animositäten der Kriegszeit für ihre Zwecke einzusetzen. Auch Thomas Nast blieb in seinem Denken lange dem Bürgerkrieg und seinen Frontstellungen verhaftet. Als beim Präsidentschaftswahlkampf von 1872 Nasts alte Gesinnungsgenossen Horace Greeley und Carl Schurz die Republikanische Partei verließen, war das für den Karikaturisten glatter Verrat an der Sache der Union, und er bediente sich eines militärischen Szenariums, um seine Kritik anzubringen.
Wir sehen die beiden Abtrünnigen auf den Wällen der Verteidigungsanlagen von Washington stehen und vor den heranstürmenden Horden der Demokraten und Exkonföderierten, des Ku-Klux-Klan und des Tammany-Rings kapitulieren, die sich nun anschicken, der republikanischen Streitmacht Grants in die Flanke zu fallen.

bewältigung, wobei der Bürgerkrieg im Mittelpunkt steht, da eine Literaturgeschichte und Filmographie des Wilden Westens hier zu weit führen würde und es entsprechende, auch deutschsprachige Abhandlungen bereits gibt.

Ein Exkurs zu dem reichen, für die Epoche so charakteristischen Liedgut sowie mehrere Anhänge – Zeittafel, Glossar, Literaturverzeichnis – beschließen das Buch. Sie beziehen beide Bände, »Der Amerikanische Bürgerkrieg« und »Die Eroberung des Westens«, ein. Wo nicht anders vermerkt, stammen alle Übersetzungen vom Verfasser.

Bei der Auswahl der Schwarzweißabbildungen wurde – das filmgeschichtliche Kapitel natürlich ausgenommen – wieder ausschließlich auf zeitgenössisches, authentisches Material zurückgegriffen, vor allem auf Photos. Die politischen Vorgänge werden zusätzlich mit Karikaturen illustriert. Dieses Medium erlebte in den USA während der 1860er und 1870er Jahre unter dem Einfluß des uns schon aus »Der Amerikanische Bürgerkrieg« bekannten Deutschamerikaners Thomas Nast eine erste Blüte.

Unter den Farbbildern zur Nachkriegsära im Süden und im Norden dominieren die gleichfalls streng zeitgenössischen Gemälde des jungen Winslow Homer, aber auch die für das späte 19. Jahrhundert so charakteristische Historienmalerei ist mit einigen Bildern vertreten, die von französischen Künstlern in amerikanischem Auftrag gemalt wurden. Für den Westen der 1860er und 1870er Jahre gibt es nur recht wenig an qualitativ einigermaßen ansprechendem farbigem Bildmaterial, das in unmittelbarer Anschauung entstanden wäre. Es wurde daher vornehmlich auf die um die Jahrhundertwende aufgrund akribischer Recherchen gemalten Bilder von Frederic Remington und Charles Schreyvogel zurückgegriffen.

Unter den vielen Menschen, die mir beim Zustandekommen dieses Bandes geholfen haben, möchte ich mich besonders bedanken bei Frau Roswitha Froschhammer und Frau Undine Guggenberger, Schierling, die das Manuskript abgetippt haben, bei Frau Lynn Spiegl und Herrn Johannes Keh (C.A.T. Medienproduktion), Bamberg, für ihre Photoarbeiten, bei Herrn Oberstleutnant Friedrich Bronsart, Weiden, und Herrn Jürgen Woltz M.A., München, für die organisatorische und fachliche Unterstützung und bei Frau Dr. Barbara Meili vom Schweizer Verlagshaus, die sich mit gewohntem Engagement des Buches als Lektorin angenommen hat, Herrn Bernd Friebe, Mainburg, für die großzügige Unterstützung bei der Beschaffung von Filmen und Bildmaterial.

Der Photograph im Westen: Die großen Expeditionen der 60er und 70er Jahre wurden von Photographen begleitet. Das Photo zeigt die zur Dunkelkammer umgebaute Armeeambulanz Timothy O'Sullivans, eines Veteranen der Bürgerkriegsphotographie, während der King-Expedition im Jahre 1868 in der Wüste von Nevada nahe Carson Sink. (Library of Congress)

Möglichste Authentizität: D. W. Griffith mit einem seiner berühmten Strohhüte beobachtet vom »Feldherrnhügel« aus, wie Shermans Truppen sich zum Marsch durch Georgia vorbereiten. Neben ihm stehen mehrere Bürgerkriegsveteranen, um ihn zu beraten, wie es damals wirklich gewesen war. (John M. Cassidy)

WENN DIESER GRAUSE KRIEG VORÜBER

»Der Krieg ist aus, die Rebellen sind wieder unsere Landsleute«, sagte General Grant nach der Kapitulation Lees am 9. April 1865 und ließ die Freudenkundgebungen seiner Männer einstellen.

Als drei Tage später die Armee von Nordvirginia in aller Form die Waffen niederlegte, befahl der in Vertretung Grants die siegreichen Unionstruppen kommandierende General Chamberlain spontan, die Gewehre zu präsentieren:

»Vor uns – stolz in ihrer Demütigung – stand die verkörperte Tapferkeit: Männer, die keine Anstrengung und kein Leid, nicht die Erwartung des Todes noch Unglück oder Hoffnungslosigkeit gebeugt hatte. Sie standen abgezehrt, ausgehungert und abgerissen, aber aufrecht vor uns, und ihre Augen blickten gerade in die unseren und weckten Erinnerungen, die uns mehr verbanden, als jedes andere Band es hätte tun können – waren es solche Männer nicht wert, wieder in die Union aufgenommen zu werden?

Ich gab meine Kommandos, und als die Spitze der ersten Division unsere Abteilung erreichte, blies unser Hornist das Signal, und sogleich präsentierte die ganze Linie, von rechts nach links, ein Regiment nach dem anderen, das Gewehr. Gordon [General John B. Gordon führte in Vertretung Lees das Kommando bei den Konföderierten], der gesenkten Hauptes an der Spitze seiner Kolonne ritt, hörte das Knallen der Griffe, verstand den Sinn, parierte sein Pferd durch und senkte mit stolzem Gruß seinen Degen auf die Stiefelspitze. Dann wandte er sich zu seinen Soldaten um und gab das Kommando, gleichfalls das Gewehr zu präsentieren – Ehre gegen Ehre. Auf unserer Seite kein Hornsignal, kein Trommelwirbel mehr, kein Hochruf, kein Wort, keine Bewegung – eine feierliche Stille, alles hielt den Atem an, als zöge ein Trauerzug vorbei.«

Wohl selten ging ein Bürgerkrieg mit einer solch ritterlichen Note zu Ende wie das vierjährige mörderische Ringen zwischen den Nord- und den Südstaaten der USA.

Und der Staatslenker der siegreichen Union hatte derselben Stimmung Ausdruck verliehen, als er bei seiner zweiten Amtseinführung am 4. März 1865 verkündete, man müsse sich »mit Groll gegen niemanden, mit Milde gegen alle« an das große Werk des Wiederaufbaus und der Versöhnung machen.

Aber nicht alle dachten so. Wenige Wochen nach dieser Rede, am 14. April 1865, wurde Abraham Lincoln von der Kugel eines Fanatikers gefällt. Der Tod des »Märtyrerpräsidenten« erschütterte die durch Kampf und Sieg erregte Nation zutiefst. Zugleich wurde durch die Ermordung Lincolns die Bahn frei für Politiker, die dem geschlagenen Süden durchaus nicht so wohlwollend gegenüberstanden, wie der tote Präsident es getan hatte.

Lincoln gehörte zu den letzten Opfern eines Krieges, der weit über 600 000 Soldaten und ungezählten Zivilisten das Leben gekostet hatte. 1865 gab es nur mehr wenige Familien, die nicht Trauer trugen. Körperliche und seelische Verkrüppelung, vernichtete Hoffnungen, finanzieller Ruin hatten das Leben von Millionen zerbrochen, riesige Flächen in den Südstaaten lagen öd und verwüstet. Amerika trug die Spuren des »ersten modernen Krieges der Geschichte«.

»Wieder Landsleute«: Symbolisch reichen sich auf einer Bühne ein Unionsoffizier (links) und ein konföderierter Offizier (rechts, mit leerer Säbelscheide) die Hand. Die USA und ihre Staaten verkörpernde allegorische Figuren runden das »lebende Bild« ab. Photo aus dem Jahre 1865. (William A. Frassanito)

»Alles in Ordnung«: Lincoln schreibt auf einer Trommel die Siegesmeldung an seine Nation nieder. Die Karikatur von Thomas Nast erschien in »Harpers's Weekly« am 14. April 1865, dem Tag, an dem der Präsident von seinem Mörder niedergeschossen werden sollte.

Tod eines Präsidenten: In einem gewaltigen Trauerzug wurde der Leichnam Lincolns von Washington ins heimatliche Springfield, Illinois, überführt.
Diese Photos zeigen die schwarz dekorierte und mit der Aufschrift »Die Nation trauert« versehene Stadthalle von New York und die Trauerprozession in Chicago.
(New York Historical Society und Culver Pictures, Inc.)

Tod einer Nation: Jefferson Davis, der Präsident der zerfallenden Konföderation des Südens, wollte den Kampf auch nach dem Verlust der Hauptstadt Richmond fortsetzen. Er floh von Virginia immer weiter nach Süden, um den Volkskrieg zu organisieren, doch wurde er am 10. Mai 1865 bei Irwinville in Georgia von Unionskavallerie festgenommen. Man hielt ihn zwei Jahre lang in Fort Monroe, Virginia, gefangen, in der Absicht, ihm und anderen konföderierten Anführern den Prozeß zu machen. Als sich die juristische Unhaltbarkeit der vorgesehenen Anklagepunkte erwies, wurde der erste und letzte Präsident der ehemaligen Konföderation ohne Verfahren auf freien Fuß gesetzt. Die Photos zeigen Davis im Reiseanzug, kurz nach seiner Gefangennahme, und den Abtransport des Präsidenten in einer von Unionskavallerie eskortierten Ambulanz. Ersten Gerüchten zufolge soll Davis als Frau verkleidet gefangen worden sein. Darauf bezieht sich das Titelblatt eines Spottliedes auf »Jeff Davis in Petticoats«. (Miller's Photographic History of the Civil War und Library of Congress)

Eine Hauptstadt in Ruinen: Beim Abzug der konföderierten Armee am 12. April 1865 brannte Richmond, die Hauptstadt der konföderierten Südstaaten, zum großen Teil nieder. Über den Trümmern erhebt sich unzerstört das von Thomas Jefferson entworfene Kapitol von Virginia, das nun vier Jahre lang als Kapitol der Konföderation gedient hatte. (Library of Congress)

Alteisen: Überreste erbeuteter konföderierter Lafetten und Munitionswagen, die im Waterlivet Arsenal in Troy, New York, verbrannt wurden. (Miller's Photographic History of the Civil War)

Eine Hauptstadt im Siegestaumel: Am 23. und 24. Mai 1865 paradierten die Armeen Grants und Shermans durch Washington. Im Hintergrund, am Ende der Pennsylvania Avenue, ragt die Kuppel des Kapitols in den Himmel, die während des Krieges fertiggestellt worden war. (Library of Congress)

Zerfetzte Fahnen: Der Weg des 24. Massachusetts-Regiments durch das blutige Chaos des Krieges ist an den Schlachtennamen abzulesen, die seine Fahne schmücken. Auf dem zweiten Bild präsentieren sich im Mai 1865 stolz Soldaten mit erbeuteten konföderierten Fahnen, nachdem sie die Trophäen nach Washington gebracht haben. (U.S. Army Military History Institute, Carlisle Barracks, Pa., und American Image Gallery, Gettysburg, Pa.)

Das Schlachtfeld als Hölle: »Tausende von Männern zusammengepfercht in einem engen Graben, unfähig, ihn zu verlassen oder sich auch nur zu erheben, sich zu strekken oder zu stehen ohne Gefahr für Leben und Gesundheit; unfähig, sich hinzulegen oder zu schlafen, weil es an Platz fehlt und überall Gefahr lauert; Nachtalarme, Tagesangriffe, Hunger, Durst, unsägliche Müdigkeit, Schmutz, Ungeziefer, Kot, ekelerregende Gerüche überall; auf die ermüdende Nacht folgt ein noch ermüdenderer Tag; der erste Blick über den Grabenrand bei Morgengrauen läßt die Kugel des Scharfschützen an deinem Ohr vorbeipfeifen, oder sie schmettert dir durch den Schädel, oft wird das Leben eines Mannes gefordert als Preis für einen Becher Wasser aus der Quelle.«
So schildert ein Veteran des Stellungskrieges im Sommer 1864 den Alltag im Schützengraben. Das Photo zeigt Stellungen vor Petersburg, Virginia, im Frühjahr 1865. (Library of Congress)

Das Schlachtfeld als touristische Attraktion: Zwei Jahre nach Kriegsende schwärmen Neugierige über die zernarbte Landschaft um Petersburg. (Lee Arthur Wallace, Jr.)

Die ersten Denkmäler: 1865 errichten Veteranen auf dem Schlachtfeld von Bull Run ein Monument für die vier Jahre zuvor in der ersten Schlacht des Krieges Gefallenen. (U. S. Army Military History Institute, Carlisle Barracks, Pa.)

Das Schlachtfeld als Kultstätte: Vierzig Jahre nach der Schlacht, als dieses Photo entstand, war Gettysburg das am dichtesten mit Denkmälern übersäte Schlachtfeld der Welt. Aber auch auf den anderen Kampfplätzen des Bürgerkrieges wuchsen die Monumente aus dem Boden und wurden die alten Geschütze wieder in Stellung gebracht. Heute sind alle großen Schlachtfelder in den USA Nationalparks und werden alljährlich von Millionen Menschen besucht. (U. S. Army Military History Institute, Carlisle Barracks, Pa.)

Denkmäler, Denkmäler, Denkmäler: Das 19. Jahrhundert war eine denkmalbegeisterte Zeit, und das nirgendwo mehr als in den USA nach dem Bürgerkrieg. Kaum ein Städtchen blieb ohne sein Monument für die Gefallenen und Kriegsteilnehmer, kaum ein Armeekommandeur ohne wenigstens ein Reiterdenkmal, gleichgültig, ob er gesiegt hatte oder besiegt worden war. Selbst Joe Hooker, der bei Chancellorsville 1863 so schrecklich geprügelte Befehlshaber der Potomac-Armee, erhielt in Boston sein imposantes Reiterstandbild. (U. S. Army Military History Institute, Carlisle Barracks, Pa.)

Ein lebendes Denkmal: Kein anderer General des Bürgerkrieges genoß und genießt eine solche fast religiöse Verehrung wie Robert E. Lee. »Groß im Sieg, groß in der Niederlage, in beiden Fällen nur sich selbst gleich«, sagte ein Nordstaatler von ihm.
Als Verlierer war er von den hohen Ehren ausgeschlossen, die auf seine siegreichen Gegenspieler warteten, aber sein Ruhm übertraf den aller anderen, und er wurde zum Symbol eines Traumes, der »verlorenen Sache« des Südens. Die Aufnahme von Matthew Brady entstand kurz nach der Kapitulation von Appomattox im April 1865 vor Lees Haus in Richmond. Links vom General steht sein ältester Sohn, George Washington Custis Lee, rechts, mit schwarzem Hut, sein Stabschef Col. Walter Taylor.
(Library of Congress)

Ein halbes Jahrhundert nach Appomattox: konföderierte Veteranen in einem Heim in Kentucky. Bis in die späten 1870er Jahre verdrängte Amerika die Erinnerung an seinen großen Krieg. Veteranen fanden wenig Anerkennung, und auch die ehemaligen Soldaten selbst hatten wenig Bedürfnis, sich zusammenzuschließen oder sonstwie hervorzutreten. Dann aber blühten die Veteranenorganisationen mächtig auf, und je mehr die Zahl der Überlebenden zusammenschmolz, desto größer wurde der Respekt, der ihnen zuteil wurde, jeder von ihnen auch ein lebendes Denkmal. Die Pensionszahlungen verdoppelten schließlich beinahe die Kosten des Krieges. Der letzte Veteran, ein Südstaatler, starb 1959 im Alter von 117 Jahren.
(Kentucky Historical Society)

Unbekannt: Tausende von Gefallenen ruhten bei Kriegsende noch unbestattet auf den Schlachtfeldern. Fast die Hälfte aller Soldatengräber der Union trug die Aufschrift »Unknown« – »Unbekannt«, über 40 000 blieben ohne jede Bestattung. Auf konföderierter Seite waren die Verhältnisse noch trostloser für die Angehörigen.
(U. S. Army Military History Institute, Carlisle Barracks, Pa.)

Heldenfriedhöfe Nord und Süd: Während und kurz nach dem Krieg lassen selbst die letzten Ruhestätten der Soldaten nur zu deutlich erkennen, wer der Sieger war und wer der Besiegte. Auf Richmonds Hollywood Cemetery sind im April 1865 die Gräber der konföderierten Toten durch simple Bretter gekennzeichnet, während die Leichen der bei City Point, Virginia, im Sommer 1864 bestatteten Nordstaatler bereits unter Grabsteinen liegen. (Library of Congress)

Totenkult:
Nach dem Krieg holte man an Pietät nach, was während der Kämpfe versäumt worden war. Der Bürgerkrieg war der erste Krieg der Geschichte, dessen Tote nicht spurlos in Massengräbern verschwanden, sondern auf weihevollen Heldenfriedhöfen gemeinsam bestattet wurden. Die abgebildeten Beispiele zeigen die Friedhöfe in Alexandria, Virginia, und Arlington, Virginia. 12 000 der 15 000 Bürgerkriegstoten, die auf letztgenanntem Friedhof liegen (er wurde auf dem Gelände von General Lees enteignetem Anwesen angelegt), sind unbekannt. (Neikrug Photographica, Ltd., und U. S. Army Military History Institute, Carlisle Barracks, Pa.)

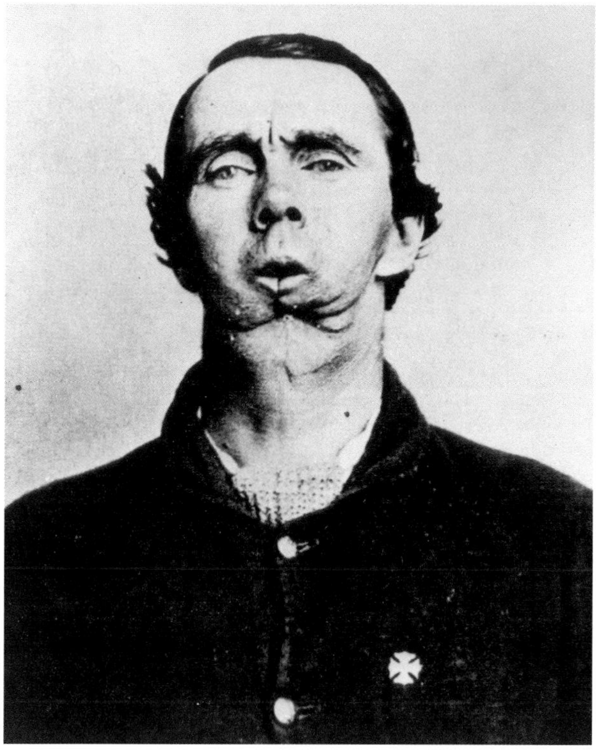

Gezeichnet fürs Leben: Ungezählte Tausende waren auf den Schlachtfeldern und in den Lazaretten verstümmelt worden. Dem bedauernswerten Unionssoldaten, der beide Arme verloren hatte, wurde ein Mechanismus angeschnallt, mit dem er Löffel und Gabel bedienen konnte. (Armed Forces Institute of Pathology, Washington, D.C., und Burns Archive)

Verwundete Generäle: Die blutigen Verluste in der Generalität waren verhältnismäßig um 50% höher als die der Mannschaften. Der Unionsgeneral Henry A. Barnum war auf eine seiner drei Wunden besonders stolz, einen Bauchdurchschuß, durch den er für den Photographen eine Schnur zog. Der konföderierte General Adam R. Johnson wurde durch einen versehentlichen Schuß seiner eigenen Leute fast völlig geblendet. (Armed Forces Institute of Pathology, Washington, D.C., und William C. Davis)

Wiederbegegnung auf dem Schlachtfeld: Ein Konföderations- und ein Unionsveteran stehen sich in den Wäldern bei Fair Oaks gegenüber, wo jeder von ihnen viele Jahre zuvor, am 31. Mai 1862, einen Arm verloren hat. (Valentine Museum, Richmond)

Heimkehr der Sieger: Schwarze Unionssoldaten werden in Little Rock, Arkansas, entlassen.
Zeichnung von Alfred Waud, April 1866. Die gewaltige Unionsarmee wurde innerhalb weniger Monate vollständig demobilisiert. Von der Million Soldaten, die der Norden Anfang 1865 unter Waffen hatte, befanden sich im Sommer 1867 keine 60 000 Mann mehr bei der Armee, und in den folgenden Jahren sank die Stärke fast auf den kümmerlichen Bestand der Vorkriegszeit, ein deutliches Zeichen für die Kriegs- und Militärmüdigkeit, die im Lande herrschten. (Library of Congress)

Heimkehr der Besiegten: Konföderierte Soldaten schwören nach der Kapitulation in Richmond den Treueeid auf die Union und können dann nach Hause gehen.
Zeichnung von Alfred Waud, April 1865. (Library of Congress)

»Spuren der Unionsarmeen«:
So hat der prosüdstaatlerische Karikaturist Adalbert Volck seine Graphik bezeichnet, die einen heimkehrenden Konföderierten zeigt, der nur noch rauchende Trümmer vorfindet.

Den Sturm geerntet: South Carolina, der radikalste der Südstaaten und Ausgangspunkt der Sezession, war von den Truppen Shermans in den letzten Kriegsmonaten mit besonderer Gründlichkeit verwüstet worden.
Das Photo von George Barnard zeigt die Ruinen von Columbia, der Hauptstadt des Staates, niedergebrannt am 17. Februar 1865.
»Die Hölle war leer, und all ihre Teufel waren in dieser Stadt, um bei den Yankeeteufeln in die Schule zu gehen. Es war eine perfekte Herrschaft des Terrors«, schrieb ein Einwohner über den Brand von Columbia.
(Library of Congress)

Ende einer Welt: zwei Frauen in Trauer zwischen den Ruinen von Richmond, ein Bild, das die Lage des Südens am Ende des Krieges geradezu symbolisch festhält. (Valentine Museum, Richmond)

DAS JUBELJAHR

Die »Reconstruction«, der Wiederaufbau des ruinierten Südens, konfrontierte die Nation mit ganz neuartigen verfassungsrechtlichen, sozialen und wirtschaftlichen Problemen. Ein besiegtes und verwüstetes Land sollte wieder zu einem loyalen und verläßlichen Bestandteil der Union gemacht werden. Gleichzeitig hatte die Sklavenemanzipation zur Folge, daß im Süden eine fundamentale Umschichtung der wirtschaftlichen und gesellschaftlichen Ordnung in Gang kam oder zumindest nach Ansicht der Sieger in Gang kommen sollte.

Dreieinhalb Millionen Sklaven wurde durch die Emanzipation die Freiheit geschenkt. Was sollte nun aus ihnen werden? Sollten sie, obwohl in keiner Weise darauf vorbereitet, zu gleichwertigen Bürgern mit allen Rechten und Pflichten gemacht werden? Und was halfen den Schwarzen Wahlrecht und andere theoretische Rechte, wenn die wirtschaftliche Grundlage ihrer Eigenständigkeit fehlte? Wie sollte man die durch die Niederlage erbitterten weißen Südstaatler, die das Bewußtsein ihrer Überlegenheit mit der Muttermilch eingesogen hatten, dazu bringen, die Schwarzen als ebenbürtige Partner zu akzeptieren? War nicht damit zu rechnen, daß die Farbigen durch wirtschaftlichen Druck und physische Gewaltanwendung alsbald wieder in eine von der Sklaverei nur dem Namen nach verschiedene Abhängigkeit gerieten? Und wenn man dies nicht hinzunehmen gedachte, bedeutete das nicht eine völlige Revolutionierung der gesellschaftlichen Verhältnisse im Süden und womöglich den Ausbruch eines noch viel fürchterlicheren Bürgerkrieges, eines Rassenkrieges?

Im Frühjahr 1865 war der Widerstandsgeist der weißen Südstaatler gebrochen. Bei aller Trauer über die Niederlage überwog bei der Mehrzahl gewiß die Erleichterung darüber, daß der Schrecken des Krieges endlich vorüber war, auch wenn das Unterwerfung unter die Sieger und ihre Maßnahmen bedeutete. Die ritterliche Haltung der Unionsarmeen im Augenblick ihres Triumphes hat diese Kapitulationsbereitschaft noch wesentlich gefördert. Apathie ist wohl die zutreffendste Bezeichnung für den Gemütszustand der meisten weißen Südstaatler am Ende des Krieges. Man sollte auch eine gewisse Kooperationsbereitschaft nicht unterschätzen. Sie ging natürlich vornehmlich von der unionstreuen Minderheit aus, die die Sezession von Anfang an nur widerwillig mitgemacht hatte; dazu kamen durch die Niederlage ernüchterte ehemalige Rebellen und schließlich Opportunisten.

Bei der Mehrzahl schwelte aber unter der Apathie der Haß. »Man hat mir ein unschätzbares Privileg gelassen«, erklärte ein Wirt aus North Carolina, dessen Söhne im Krieg gefallen waren und dem die Yankees das Haus angezündet und die Sklaven weggenommen hatten, einem Journalisten aus dem Norden, »und das ist das Privileg, sie zu hassen. Ich stehe auf in der Frühe um halb fünf, und ich sitze wach bis zwölf Uhr in der Nacht, um sie zu hassen.« Ein anderer Journalist berichtete aus South Carolina: »Sie sind alle Rebellen hier – alle Rebellen!... Sie sind nur mehr ein bemitleidenswerter, verarmter Haufen, es gibt kein Geld und kaum etwas zu essen. Zum Frühstück serviert man Salzfisch, Bratkartoffeln und Verrat. Bratkartoffeln, Verrat und Salzfisch gibt es zum Mittagessen. Am Abend unterliegt der Speisezettel einer leichten Abwechslung, und wir erhalten Verrat, Salzfisch, Bratkartoffeln und eine Extraportion Verrat... Die Kriegsmentalität ist wie ein brennender Busch, verhüllt von einer nassen Decke. Von außen betrachtet, sieht es so aus, als sei das Feuer erstickt. Aber ein Blick unter die Decke genügt, und du siehst, da ist es, lodernd und sich tiefer und tiefer festfressend.«

Ein neues Selbstbewußtsein: Stolz blickt ein schwarzer Quarter-Master-Sergeant in die Kamera. Etwa 180 000 Schwarze dienten während des Bürgerkrieges in der Unionsarmee.
(George Rinhart, New York)

Der Haß war nicht unverständlich. Zur Demütigung der Niederlage kam der völlige Ruin der Wirtschaft. Fast 30% aller weißen Männer im Alter zwischen 18 und 40 Jahren waren tot, zwei Drittel des steuerlich erfaßten Vermögens waren verloren, über die Hälfte der landwirtschaftlichen Maschinen vernichtet, zwei Fünftel des Viehbestandes getötet, die Industrieanlagen und das Eisenbahnnetz zu etwa 80% zerstört. Der Eindruck wurde um so deprimierender, wenn man die Situation des Südens mit dem ungebremsten Aufschwung der Wirtschaft in den Nordstaaten verglich.

Der Wohlstand des Nordens vermehrte sich zwischen 1860 und 1870 um etwa 50%, der des Südens nahm im gleichen Jahrzehnt um 60% ab. Die Hälfte dieser Vermögenseinbuße war auf die Sklavenbefreiung zurückzuführen.

Wie das Sklavereiproblem vor dem Krieg an der Wurzel aller Konflikte zwischen Norden und Süden gelegen und diesen erst die tödliche Schärfe gegeben hatte, kreisten die Auseinandersetzungen der Nachkriegszeit um das Schicksal der befreiten Sklaven. Albion W. Tourgée, ein ehemaliger Unionsoffizier, der nach dem Krieg jahrelang in North Carolina geblieben war und versucht hatte, die Reformpolitik der Republikaner durchzusetzen, kennzeichnete in seinem Roman »A Fool's Errand« ebenso treffend wie unparteiisch die gängigen Positionen und Mißverständnisse im »Nord-Süd-Dialog« vor und nach dem Krieg:

Ante Bellum
(Vor dem Krieg)

Nordstaatlerische Ansicht über die Sklaverei
Die Sklaverei ist aus moralischen, politischen und ökonomischen Gründen falsch. Sie wird nur um des lieben Friedens willen geduldet. Der Neger ist ein Mensch und hat von Natur aus die gleichen Rechte wie die weiße Rasse.

Nordstaatlerische Ansicht von der südstaatlerischen Ansicht
Diese Kerle aus dem Süden wissen sehr wohl, daß die Sklaverei falsch ist und unvereinbar mit den Prinzipien unseres Regierungssystems; aber es ist eine feine Sache für sie. Sie werden durch sie fett und reich und lassen es sich gutgehen. Und niemand kann es ihnen eigentlich verdenken, daß sie sie nicht aufgeben wollen.

Südstaatlerische Ansicht über die Sklaverei
Der Neger taugt nur für die Sklaverei. Sie wird von der Bibel gebilligt und ist daher rechtens oder, wenn nicht ganz rechtens, so doch unvermeidlich, da nun mal die Rasse hier bei uns ist. Wir können mit ihr unter keiner anderen Bedingung zusammenleben.

Südstaatlerische Ansicht von der nordstaatlerischen Ansicht
Diese Yankees sind neidisch, weil wir Gewinn aus der Sklaverei ziehen, Baumwolle und Tabak pflanzen, und sie wollen uns unsere Sklaven aus Mißgunst wegnehmen. Sie glauben kein Wort von dem, was sie daherreden, sie sei ein Unrecht, ausgenommen ein paar Fanatiker. Der Rest sind Heuchler.

Post Bellum
(Nach dem Krieg)

Die nordstaatlerische Ansicht von der Lage der Dinge
Die Neger sind jetzt frei und müssen eine faire Chance erhalten, etwas aus sich zu machen. Was man über ihre natürliche Unterlegenheit behauptet, mag stimmen. Es ist nicht wahrscheinlich, daß es sich bestätigt; aber gleichgültig, ob wahr oder falsch, sie haben einen Anspruch auf Gleichheit vor dem Gesetz. Das ist es, worum der Krieg geführt worden ist, und es muß für sie sichergestellt werden. Alles übrige müssen sie selber se-

Die südstaatlerische Ansicht von der Lage der Dinge
Wir haben durch den Krieg unsere Sklaven verloren, unser Bankvermögen, alles. Wir sind geschlagen worden und haben ehrenhaft kapituliert. Mit der Sklaverei ist es natürlich aus. Der Sklave ist jetzt frei, aber er ist nicht weiß. Wir haben nichts gegen den Farbigen als solchen und an seinem Platz; aber er ist uns nicht gleich, kann nicht uns gleichgemacht werden, und wir werden uns von ihm nicht regieren lassen oder ihn als

hen, wie sie es bekommen, oder darauf verzichten, ganz wie sie wollen.

Die nordstaatlerische Ansicht von der südstaatlerischen Ansicht
Jetzt, nachdem der Neger frei ist, müssen die Leute im Süden ihn gut behandeln, weil sie seine Stimme brauchen. Der Neger wird der Bundesregierung und der Partei die Treue halten, die ihm die Freiheit geschenkt haben, um sie nicht wieder zu verlieren. Es wird genügend Weiße im Süden geben, die, um Ämter und Macht zu erhalten, mit ihm gemeinsame Sache machen, so daß er auf unabsehbare Zeit diese Staaten wird kontrollieren können.
Die Neger werden fleißig schaffen, und alles wird allmählich in Ordnung kommen. Der Süden hat kein Recht, sich zu beschweren. Sie gingen her, hielten sich Negersklaven, sorgten damit für ständige Unruhe im Land, brachen den Krieg vom Zaun, als wir nicht mehr länger ihre geflohenen Sklaven einfangen wollten, brachten eine Million Menschen um; nun brauchen sie sich nicht aufzuregen, wenn gerade die Waffe, mit der sie sich so lange an der Macht gehalten haben, gegen sie gekehrt wird und sich zu einem Mittel wandelt, die Übel wieder in Ordnung zu bringen, die sie selbst angerichtet haben. Es mag hart sein, aber sie werden es nachher besser wissen.

Teilhaber an der Macht der Weißen dulden. Wir sind nicht dagegen, daß er wählt, solange er so wählt, wie sein früherer Herr oder sein Arbeitgeber es ihm rät; sollte er sich allerdings entscheiden, anders zu wählen, dann muß er die Konsequenzen tragen.

Die südstaatlerische Ansicht von der nordstaatlerischen Ansicht
Man hat dem Neger das Wahlrecht einfach deswegen gegeben, weil man die Weißen des Südens erniedrigen und kränken wollte. Der Norden schert sich einen Dreck um den Neger als Menschen, sondern macht aus ihm nur einen Wähler, um uns zu demütigen und zu entmachten. Natürlich kann es den Leuten im Norden gleichgültig sein, ob der Neger wählt oder nicht. Es gibt bei ihnen zu wenige Farbige, als daß man befürchten müßte, es könnte einer von ihnen ein Amt erlangen oder Abgeordneter werden oder auf den Richterstuhl kommen.
Der einzige Zweck der Maßnahme besteht darin, zu beleidigen und zu erniedrigen. Aber wartet nur, bis die Staaten wieder ihre Rechte haben und die Blauröcke [die Soldaten] nicht mehr im Wege stehen, dann werden wir ihnen ihren Irrtum zeigen.

* * *

Tourgée betont hier sehr stark den regionalen Machtkampf, der der Bürgerkrieg ja auch gewesen ist. Vor dem Krieg hatte der Süden in der Politik der Nation eine Rolle gespielt, die weit über den prozentualen Anteil seiner Bevölkerung hinausgegangen war, nach dem Krieg waren auf Jahrzehnte hinaus kaum mehr Südstaatler in führenden Stellungen des Bundes zu finden. Die ländliche Aristokratie des Südens hatte definitiv ihre Macht an die von der Industrie gestützten Kräfte des Nordens abgetreten. Ökonomisch waren die Südstaaten mit dem Ende des Krieges fast auf einen Kolonialstatus abgesunken. Die Region war tief verschuldet und ohne eigenes Kapital, das Wachstum ziemlich aller Wirtschaftszweige hinkte weit hinter der Entwicklung der restlichen Nation einher.

Das einzige, was die Republikaner des Nordens und die von ihnen vertretenen Industrieinteressen noch von der Macht hätte vertreiben können, wäre ein Bündnis des agrarischen Südens mit dem agrarischen Westen gewesen. Um dem vorzubeugen, bot sich das Wahlrecht für die Schwarzen als willkommenes Mittel an. Thaddeus Stevens, der große Wortführer der Radikalen Republikaner, machte das am 3. Januar 1867 in aller nur wünschenswerten Deutlichkeit klar, als er sagte: »Wenn man in den Rebellenstaaten gleiches Stimmrecht verweigert, dann ist es klar, daß jeder von ihnen eine stramm rebellische Delegation von Abgeordneten in den Kongreß entsenden und stramm rebellisch abstimmen wird. Sie würden zusammen mit ihrem nördlichen Ableger, den Copperheads [Norddemokraten], stets den Präsidenten wählen und den Kongreß kontrollieren ... Aus diesen Gründen, neben anderen, bin ich für das Negerwahlrecht in jedem Rebellenstaat.«

Wie sehr das Stimmrecht der Schwarzen ein Vehikel der regionalen Auseinandersetzung war, geht auch daraus hervor, daß zur Zeit, als man es den »Rebellenstaaten« aufzwang, keiner der Grenzstaaten und nur sechs der Nordstaaten ihre Schwarzen wählen ließen. Ohne die Stimmen der Farbigen im Süden wäre in den Jahrzehnten nach dem Bürgerkrieg kaum ein republikanischer Präsidentschaftskandidat Sieger geworden.

Es wäre nun freilich falsch, im Bemühen der Nordstaaten um die befreiten Sklaven nichts als zynisches Machtkalkül zu sehen. Wie sehr sich ökonomische Interessen, Machtinstinkt, Haß und Idealismus zu einer untrennbaren Einheit mischen konnten, dafür ist gerade der oben zitierte Thaddeus Stevens ein hervorragendes Beispiel. Gewiß, er war ein Vertreter der Eisenindustrie von Pennsylvania, und er war von einem geradezu manischen Haß auf alles Südstaatlerische beherrscht, seine Fürsorge für die Schwarzen entsprang aber zweifellos nicht nur politischer Berechnung, sondern einem echten humanitären Empfinden, das er bis über seinen Tod hinaus vertrat, indem er sich demonstrativ auf einem Schwarzenfriedhof beerdigen ließ.

Ganz besonders ging es Stevens um ein die Massen erfassendes Erziehungssystem in den Südstaaten, das geeignet war, aus den Exsklaven möglichst rasch mündige Bürger zu machen. Damit stand er nicht allein da in den Jahren nach dem Krieg. Zu Tausenden strömten idealistische Lehrer und vor allem Lehrerinnen in die Südstaaten, um sich der Schwarzen anzunehmen. Bis 1870 war der Anteil der anfänglich überwiegenden weißen Nordstaatler auf weniger als die Hälfte zurückgegangen und hatte einer steigenden Zahl von schwarzen Lehrern Platz gemacht. In diesem Jahr gab es 4000 Schulen für schwarze Kinder im Süden mit 9000 Lehrern und über 200 000 Schülern. Das war freilich nur ein Bruchteil von der mehr als einer Million schwarzer Kinder im Schulalter. Der Prozentsatz der weißen Kinder im Süden, die Schulen besuchten, war nicht sehr viel höher.

Die Finanzierung und Organisation dieser Schulen wurde zunächst großenteils von Hilfsorganisationen im Norden getragen, aber auch das Freedmen's Bureau trug wesentlich zur Begründung eines öffentlichen Schulsystems in den Südstaaten bei. Das unter militärischer Leitung stehende Freedmen's Bureau war eine kurz vor Kriegsende ins Leben gerufene Einrichtung, die sich um das Schicksal der befreiten Sklaven kümmerte. Wenn es auch zur Förderung republikanischer Parteiinteressen mißbraucht wurde und nicht frei von Korruption war, erwarb sich das von den weißen Südstaatlern heftig befehdete Freedmen's Bureau in den ersten Nachkriegsjahren doch große soziale Verdienste. Ungezählte Bedürftige beider Rassen wurden verpflegt, und es wurde beim Wiederaufbau der zerstörten Infrastruktur geholfen. In die neuen Arbeitsverhältnisse zwischen ehemaligen Herren und Sklaven griff das Bureau vielfach vermittelnd und ausgleichend ein.

Der Versuch, den Schwarzen zur Gründung bäuerlicher Existenzen Land zu verschaffen, schlug allerdings im wesentlichen fehl. Im ersten Eifer hatte das Freedmen's Bureau viel konfisziertes Land an die Schwarzen verteilt, doch wurde das durch Präsident Johnsons Amnestieerklärungen großenteils wieder rückgängig gemacht, sehr zum Ärger von Thaddeus Stevens, der nicht zu Unrecht die Meinung vertrat, »40 Morgen Land und eine Hütte seien für die Befreiten wichtiger als das Wahlrecht«. Zugleich wäre damit Stevens' großem Ziel, die Führungsschicht des Südens auf Dauer zu entmachten, gedient gewesen: »Nehmt einer stolzen Aristokratie ihren aufgeblähten Landbesitz weg, schickt sie zur Arbeit, laßt ihre Kinder bei Handwerkern zur Lehre gehen oder mit dem Pflug hantieren, und ihr werdet die stolzen Verräter vom hohen Roß holen.«

Tatsächlich gelang es in den zehn Jahren nach dem Bürgerkrieg nur einer recht bescheidenen Zahl von Schwarzen – weniger als einem Fünftel –, in den Besitz von Land zu gelangen, meist nur von sehr kleinen Anwesen. Das üblichste Arbeitsverhältnis unmittelbar nach dem Krieg war das »Wage System«, in dem die Schwarzen gegen Lohn als Landarbeiter eingesetzt wurden. Außer der Tatsache, daß Lohn gezahlt wurde, änderte sich dabei wenig gegenüber den Zuständen zu Zeiten der Sklaverei. In den folgenden Jahren trat dieses System etwas in den Hintergrund, vor allem weil es den Arbeitgebern chronisch an Bargeld für die Lohnauszahlung mangelte. Man ging statt dessen zur einen oder anderen Art von Pacht über, meist auf bargeldloser Grundlage. Am weitaus häufigsten war das sogenannte »Cropping«. Der Grundbesitzer stellte Boden, Samen, Werkzeug, Arbeitstiere und Anleitung, der Pächter seine Arbeitskraft zur Verfügung. Die Ernte wurde in einem festgelegten Verhältnis geteilt, gewöhnlich behielt der Pächter die Hälfte, und der Grundherr erhielt die andere Hälfte.

Der chronische Mangel an Kapital zwang Pächter wie Grundbesitzer dazu, auf den Feldern das anzupflanzen, was am schnellsten Geld brachte, und das war in der Regel Baumwolle. Die Folge waren sinkende Preise, die man wiederum durch noch intensiveren Baumwollanbau auszugleichen versuchte. So verstärkten sich der Trend zur Monokultur und die damit verbundene Bodenerschöpfung noch gewaltig. Hatte der Süden vor dem Krieg seinen Lebensmittelbedarf selbst gedeckt, war er nun auf Importe angewiesen.

Die Yankees in Dixie's Land: Viele Gebiete der Südstaaten waren bei Kriegsende schon seit Jahren von Unionstruppen besetzt. So Edisto Island vor der Küste von South Carolina. Das Bild zeigt Offiziere und Soldaten im Park des Pflanzers John E. Seabrook. Aufnahme von George Barnard aus dem Jahre 1862. (U. S. Army Military History Institute, Carlisle Barracks, Pa.)

12 Jahre Besatzung: Erst 1877 räumten die Unionstruppen die letzten der ehemaligen konföderierten Staaten. Während dieser Zeit schützten sie die republikanischen Regierungen und waren das Vollstreckungsinstrument, mit dem der Kongreß seine Reformpolitik im Süden durchzusetzen versuchte. Für die meisten weißen Südstaatler waren sie ein Symbol der Niederlage und der Demütigung. Das Photo zeigt ein Lager der Besatzungstruppen vor dem Rathaus von Atlanta, Georgia. (Library of Congress)

Zwischen Sklaverei und Freiheit: eine schwarze Mutter vor dem Haus ihres ehemaligen Herrn, des konföderierten Generals Thomas Drayton, auf Hilton Head, South Carolina.
(U. S. Army Military History Institute, Carlisle Barracks, Pa.)

Der Krieg hatte das ohnehin nie in großer Blüte stehende Bankwesen des Südens vernichtet. Als Kreditgeber fungierten auf dem Lande die Besitzer der Kaufläden, die meist in ihrer Gegend eine Monopolstellung besaßen. Diese Händler bezogen ihre Waren von städtischen Großhändlern, die sie ihrerseits von Banken und Firmen im Norden bekamen. Das System brachte einen Teufelskreis von Verschuldungen mit sich und verstärkte den faktischen Kolonialstatus des Südens.

Obwohl die Schwarzen als letztes und schwächstes Glied in dieser Kette von Schuldnern unter der wirtschaftlichen Misere des Südens besonders zu leiden hatten, verbesserte sich ihr durchschnittlicher Wohlstand in den ersten Jahren nach dem Bürgerkrieg doch spürbar – kein Wunder, da sie ja unter der Sklaverei nur wenig eigene Einkünfte hatten erzielen können. Das Pro-Kopf-Einkommen in den Staaten des tiefen Südens stieg bei den Schwarzen in den gut zwei Jahrzehnten zwischen 1857 und 1879 von 28,95 auf 42,22 Dollar, während das der Weißen von 124,79 auf 80,57 sank. Auch das natürlich ein Umstand, der die weißen Südstaatler nicht gerade geneigter machte, den Bemühungen um Besserstellung der Farbigen mit Sympathie entgegenzukommen.

Die beachtlichsten Fortschritte für die Schwarzen gab es in den ersten Nachkriegsjahren, als die republikanischen Staatsregierungen noch unbestritten an der Macht waren und die weiße Restauration sich noch nicht schlagkräftig formiert hatte. Dann stagnierte die Entwicklung und wurde zum Teil sogar wieder rückläufig. Das gleiche galt für die politischen Tendenzen. Unter dem Schutz der Besatzungstruppen spielten die Schwarzen unmittelbar nach dem Bürgerkrieg eine so bedeutende politische Rolle in den Südstaaten, wie das bis zur Mitte des 20. Jahrhunderts nicht wieder der Fall sein sollte.

1867 wurden in den zehn noch nicht »rekonstruierten« Südstaaten 735 000 schwarze und nur 635 000 weiße Wähler registriert. Das lag einmal an den enormen Kriegsverlusten – das Wahlrecht war ja noch ausschließlich eine Sache der Männer –, dann an der Aberkennung des Stimmrechts, die 10 bis 15 % der weißen Wählerschaft wegen ihres Engagements unter der »Rebellion« getroffen hatte, und schließlich daran, daß etwa ein Viertel der Weißen sich überhaupt nicht hatte registrieren lassen, sei es aus Desinteresse, sei es aus Protest. Von den registrierten weißen Wählern boykottierten über die Hälfte die Staatswahlen des gleichen Jahres, während vier Fünftel der von der »Union League« kräftig indoktrinierten Schwar-

Ein neues Arbeitsverhältnis: James McRea, der bärtige Mann zur Rechten, erklärt Exsklaven die Bedingungen eines Arbeitsvertrages. Die Aufnahme entstand auf der Grove Plantation, South Carolina. (South Carolina Historical Society, Beaufort, S.C.)

zen zur Urne gingen. Daß unter diesen Umständen die Republikaner triumphierten und drei Viertel der erfolgreichen Kandidaten stellten, ist nicht verwunderlich.

Von den republikanischen Abgeordneten waren 45% weiße Südstaatler – »Scalawags«, wie diese Kollaborateure von ihren Landsleuten verächtlich genannt wurden –, 30% waren Schwarze und 25% in den Süden gezogene Nordstaatler – »Carpetbaggers« hieß hier der Terminus technicus.

Die Handlungen der von Scalawags, ehemaligen Sklaven und Carpetbaggers gebildeten »radikalen« Staatsregierungen werden gewöhnlich in den düstersten Farben geschildert. Ausbeuter und Ignoranten trieben demnach eine unvorstellbare Mißwirtschaft, die Staatsausgaben und damit die Steuerlasten für die ohnehin schon ruinierten Weißen vervielfachten sich, überall herrschte Korruption. Das Vermächtnis dieser Regierungen war ein Berg von Schulden, den die Konservativen dann später wieder abtragen mußten.

Nicht alle dieser Vorwürfe waren aus der Luft gegriffen. Es gab tatsächlich eine trostlose Serie von Korruptionsskandalen, doch entsprachen sie leider dem damals überall in der politischen Landschaft Amerikas gepflegten Stil und waren keine Besonderheit der Carpetbagger-Regime. Daß die Staatsausgaben gegenüber den Vorkriegsverhältnissen in die Höhe schnellten, ist auch zutreffend, doch war daran weniger Verschwendung als der Zustand des Landes schuld. Den größten Teil des Geldes verschlang der Wiederaufbau des Eisenbahnnetzes. Dazu kamen die Beseitigung anderer Kriegsschäden und die sozialen Lasten, die die Abschaffung der Sklaverei mit sich brachte. Letztere stießen zwar auf wenig Verständnis bei den weißen Südstaatlern, man kann sie aber schwerlich in die Kategorie Mißwirtschaft einordnen.

Auf der anderen Seite übersieht man leicht, daß die republikanischen Regierungen sich unter widrigsten Umständen auch unbestreitbare Verdienste erworben haben. Sie behoben viele materielle Schäden des Krieges, schufen ein öffentliches Schulsystem und arbeiteten Staatsverfassungen aus, die von ihren demokratischen Nachfolgern weitgehend beibehalten wurden.

Das größte Handicap dieser Regierungen bestand in der Tatsache, daß sie als Fremdherrschaft empfunden und deshalb gehaßt wurden, sie mochten tun, was sie wollten. Für die weißen Südstaatler gab es nur ein Ziel: die Beseitigung der Herrschaft der Radikalen und die Wiederherstellung der »Home Rule«.

Emanzipation durch Schule: Den größten Hemmschuh für eine wirkliche Befreiung der Schwarzen sahen die Radikalen Republikaner in der Unbildung der ehemaligen Sklaven. Das vom Bund eingerichtete Freedmen's Bureau betrieb in den Südstaaten während der Rekonstruktionsära 4329 Schulen. Auf der Zeichnung von Alfred Waud aus dem Jahre 1866 ist eine von ihnen in Vicksburg, Mississippi, zu sehen. (Malcolm F. J. Burns Collection)

Yankee-Lehrerinnen: In großer Zahl eilten idealistische Nordstaatler, vorwiegend Frauen, in den Süden, um die befreiten Schwarzen zu unterrichten. Ganze Familien widmeten sich dieser Aufgabe. Von den Lehrerinnen auf diesem Bild, das 1865 in Norfolk, Virginia, entstand, sind drei Schwestern. (Western Reserve Historical Society, Cleveland)

Ein »Befreitendorf«: Mit Büchern in der Hand ihren Bildungshunger demonstrierend, stehen Exsklaven vor den Baracken, die man in Arlington Heights, Virginia, für sie errichtet hat. (U. S. Army Military History Institute, Carlisle Barracks, Pa.)

Rassenprobleme auch im Norden: Ein Heim für schwarze Waisen in New York. In der – ziemlich irrigen – Annahme, im Norden würde man ihnen mit weniger Vorurteilen begegnen, verließen nach dem Krieg manche der befreiten Schwarzen den Süden. Meist landeten sie in den Slums der wachsenden Industriestädte. (Lightfoot Collection)

Wahlkampf für die Republikaner: Mit offensichtlicher Unterstützung des Militärs fährt ein Werbewagen eines republikanischen Kandidaten durch die Straßen von Baton Rouge, Louisiana.
(Department of Archives and Manuscripts, Louisiana State University, Baton Rouge)

»Radikale Abgeordnete«: 50 von den 63 republikanischen Abgeordneten der Legislatur von South Carolina waren nach der Wahl von 1866 Schwarze. Die Photocollage mit ihren Porträts wurde von einem Gegner der Radikalen zusammengestellt. Hinter den Namen eines weißen Abgeordneten hat er einen angeblichen Slogan der »Carpetbaggers« geschrieben: »40 Acres (40 Morgen) und ein Maultier«, ein Versprechen an die Schwarzen, das natürlich nur durch Enteignung und Verteilung des Besitzes ihrer ehemaligen Herren hätte wahrgemacht werden können. Den Namen eines anderen Weißen hat der Autor mit der Bemerkung »Judas« und dem Hinweis, der Mann habe im Krieg eine Truppe für die Konföderierten aufgestellt, versehen, ein »Scalawag« also, ein Kollaborateur. Übrigens war South Carolina neben Louisiana der einzige Staat, in dem die Schwarzen in der Volksvertretung einige Jahre lang tatsächlich die Mehrheit hatten, und auch das nur, weil die Weißen massenweise die Wahlen boykottierten. (South Carolina Library, Columbia, S. C.)

»Die Zeit wirkt Wunder«: Im Kongreß von Washington hat der erste schwarze Senator, Hiram R. Revels aus Mississippi, Platz genommen, Carl Schurz (mit Bart und Brille), Charles Summer und andere Republikaner bemühen sich um ihn. Der ehemalige konföderierte Präsident Jefferson Davis, einst gleichfalls Senator für Mississippi, verläßt in ohnmächtiger Erbitterung den Raum, und Thomas Nast hat ihm auf seiner Karikatur von 1870 die Worte des Iago aus Shakespeares »Othello« in den Mund gelegt: »Denn darum vermute ich, daß der freche Mohr auf meinen Platz gesprungen ist, und der Gedanke nagt wie giftiges Mineral an meinem Inneren.«

»Farbige Herrschaft in einem rekonstruierten (?) Staat«: Hier illustriert Thomas Nast das gängige Klischee von der »Carpetbagger«-Herrschaft im Süden. Er tut dies, obwohl er persönlich ganz auf der Seite der Schwarzen und Radikalen stand. Gerade deshalb fürchtete er die verheerende Wirkung, die es für deren Sache haben müßte, wenn sich ein Teil der Befreiten so aufführte, wie das Vorurteil das von ihnen erwartete. Bezeichnenderweise können sich die weißen Südstaatler auf der Karikatur eines hämischen Schmunzelns nicht enthalten. Nasts Kommentar verdeutlicht seine Befürchtungen: »(Die Abgeordneten nennen sich gegenseitig Diebe, Lügner, Schufte und Feiglinge.) Columbia: ›Ihr äfft die niedersten Weißen nach. Wenn ihr in dieser Weise eurer Rasse zur Schande gereicht, solltet ihr besser auf den hinteren Bänken Platz nehmen.‹«

Die Friedensstifter: Das im März 1865 gegründete, von der Armee geleitete Freedmen's Bureau, das sich der wirtschaftlichen, sozialen und rechtlichen Probleme der befreiten Sklaven annahm, war die erste große von der Nation betriebene Wohlfahrtseinrichtung der USA. Es erfreute sich geringer Beliebtheit bei den weißen Südstaatlern. Auf der im »Harper's Weekly« erschienenen Karikatur stellt sich das Freedmen's Bureau in Gestalt eines Unionsoffiziers zwischen Schwarze und Weiße, die gerade im Begriff sind, bewaffnet übereinander herzufallen.

Erinnerungen: Winslow Homers Gemälde mit dem Titel »Soldat neben einem Grab meditierend« entstand 1865, bald nach Kriegsende. Nachdenklich steht ein Unionskavallerist vor einem der vielen Holzkreuze in den Wäldern der Südstaaten, unter denen Soldaten ruhen, denen es nicht vergönnt war, den Frieden zu erleben. Der Krieg beginnt Geschichte zu werden, das blutige Drama löst sich in Erinnern und Vergessen.
(Joslyn Art Museum, Omaha, Nebraska. Gift of Dr. Harold Gifford and Sister Ann Gifford)

Vergangenheit und Zukunft: »Der Veteran in einem neuen Feld« heißt dieses symbolträchtige Bild, das Winslow Homer unter dem unmittelbaren Eindruck des Kriegsendes gemalt hat. Der Heimgekehrte hat Uniformjacke und Feldflasche hinter sich gelegt und dringt mit weit ausholenden Sensenstreichen in ein endlos erscheinendes Weizenfeld vor. Der Bürgersoldat ist wieder zum Farmer geworden, der er vor dem Kampf gewesen war, der friedliche Aufbau des Landes wartet auf ihn, und er nimmt ihn mit der gleichen Entschlossenheit in Angriff, mit der er die Waffe geführt und den Krieg gemeistert hat. Aber es ist nicht nur ein tröstliches und optimistisches Bild. Der einsame Schnitter ist auch eine Verkörperung des Todes, und so erinnert er an die vier Jahre des Bruderkrieges, die sich tragisch und unauslöschlich in die Geschichte des Landes eingegraben haben.
(The Metropolitan Museum of Art, New York)

Die Verklärung der »verlorenen Sache«. Die Bilder »Frühling« (oben) und »Herbst« (unten) gehören zu einem Freskenzyklus, den der französische Historienmaler Charles C.-J. Hoffbauer 1912–1914 für die »Battle Abbey«, eine Gedenkhalle in Richmond, Virginia, geschaffen hat. Auf dem »Frühling« betitelten Bild stürmen »Stonewall« Jacksons Konföderierte im Shenandoahtal 1862 unter den Augen ihres sie zu Pferd meisternden Generals ihren ersten so große Hoffnungen erweckenden Siegen entgegen. Der »Herbst« zeigt »Jeb« Stuart, den »letzten Kavalier«, an der Spitze der Südstaatenkavallerie, trotzig der sich immer unentrinnbarer abzeichnenden Niederlage die Stirn bietend.
(Virginia Historical Society, Richmond, Virginia)

Beschwörung einer heroischen Vergangenheit: Man glaubt geradezu den längst verklungenen Kanonendonner einer Unionsbatterie zu hören, die ihre Parrottgeschütze auf die heranstürzende Infanterie Picketts abfeuert. Die Szene ist ein kleiner Ausschnitt aus dem riesigen Panoramabild der Schlacht von Gettysburg, das ein anderer französischer Historienmaler, Paul-Dominique Philippoteaux, in den frühen 80er Jahren des 19. Jahrhunderts gemalt hat. Panoramagemälde, die den Betrachter ringsum umgaben und ihm die Illusion suggerierten, er befinde sich inmitten des Geschehens, waren eine verbreitete Form der Historienmalerei jener Zeit und fanden häufig auf Schlachtfeldern Aufstellung. (Gettysburg Cyclorama, Gettysburg National Military Park, Gettysburg, Pa.)

Die Sonnenseite: Tausende von Schwarzen hatten während des Krieges die »niederen Dienste« verrichtet. Als Maultiertreiber, Köche, Musikanten verkörperten sie grundsätzlich den unernsten Aspekt des Militärlebens. Winslow Homer scheint mit seinem 1865 entstandenen Gemälde »Die Sonnenseite« diesen Klischees zu folgen, doch zeigt sich bei näherem Hinsehen, daß der Künstler seine schwarzen Modelle weit ernster genommen hat als die meisten seiner Landsleute. Die in der Sonne dösenden Maultiertreiber sind keine komischen Typen, sondern individualisierte Charaktere. Die oberflächlich heiter und sorglos erscheinende Welt, die sich die Schwarzen als Strandgut einer zerbrechenden Gesellschaftsordnung im Gefolge der Armeen zu schaffen versuchen, kann nicht von Dauer sein, und hinter ihr wartet die große Unsicherheit, was auf Krieg und Befreiung folgen soll.
(The Fine Arts Museums of San Francisco; Gift of Mr. and Mrs. John D. Rockefeller 3rd.)

Die feine Gesellschaft am Meer: Long Branch, New Jersey, war ein bevorzugtes Ausflugsziel der altreichen und, vor allem, der neureichen Familien New Yorks, auch Präsident Grant, der »Boss« des Tweed-Ringes und andere Prominente hielten sich hier gerne auf. Winslow Homer hat sein Bild »Long Branch« 1869 gemalt, als er im Auftrag einer Zeitschrift Szenen vom Badebetrieb festhielt.
(Museum of Fine Arts, Boston)

Befreier und Befreite: Was Winslow Homer in seinen Lagerszenen nur leise hat anklingen lassen, wird in dem 1865/66 gemalten Bild »In der Nähe von Andersonville« zum beherrschenden Thema. Mit ernstem, undurchdringlichem Gesicht steht die exotisch-geheimnisvolle Gestalt einer gutgekleideten jungen Schwarzen in einem dunklen Hauseingang. Sie ist zweifellos noch Sklavin, denn im Hintergrund führen konföderierte Soldaten gefangene Nordstaatler zum berüchtigten Lager von Andersonville in Georgia. Wegen dieser bitteren Ironie hat man das Bild auch »Gefangene Befreier« genannt. Aber selbst als Besiegte und Gefangene stellen diese Fremden für die – auch optisch – noch in ihrer statischen Welt eingeschlossene Sklavin erste Boten der Freiheit und eines Aufbruchs ins Ungewisse dar. (The Newark Museum)

"Sun of Intellectual light & liberty,
stand ye still, in masterly inactivity,
that the Nation of Carolina may continue
to hold Negroes & plant Cotton till the
day of Judgment!"

Gedemütigter Stolz: Den tiefen Sturz der weißen Herren des Südens verdeutlicht ein Vergleich dieser beiden Karikaturen, von denen die eine vor, die andere nach dem Krieg entstanden ist. Auf der Lithographie von 1848 versucht John C. Calhoun, der tonangebende Theoretiker des Südens, als Josua dem in einer Druckerpresse symbolisierten Zeitgeist Einhalt zu gebieten: »Sonne des intellektuellen Lichts und der Freiheit, stehe still in herrscherlicher Tatenlosigkeit, auf daß die Nation von Carolina fortfahren möge, Neger zu halten und Baumwolle zu pflanzen bis zum Tage des Jüngsten Gerichts!« Die Karikatur von 1867 zeigt Wade Hampton von South Carolina, ehedem einer der reichsten Pflanzer der Südstaaten und einer der erfolgreichsten konföderierten Reiterführer, wie er die politische Unterstützung seiner ehemaligen Sklaven sucht. »Natürlich werdet ihr mit mir am Donnerstag zu Abend speisen«, sagt er händeschüttelnd zu dem als Wähler umworbenen Schwarzen. Der Zeichner mißtraut freilich der Aufrichtigkeit dieser Wandlung, in der Rocktasche des Generals steckt noch die Peitsche.

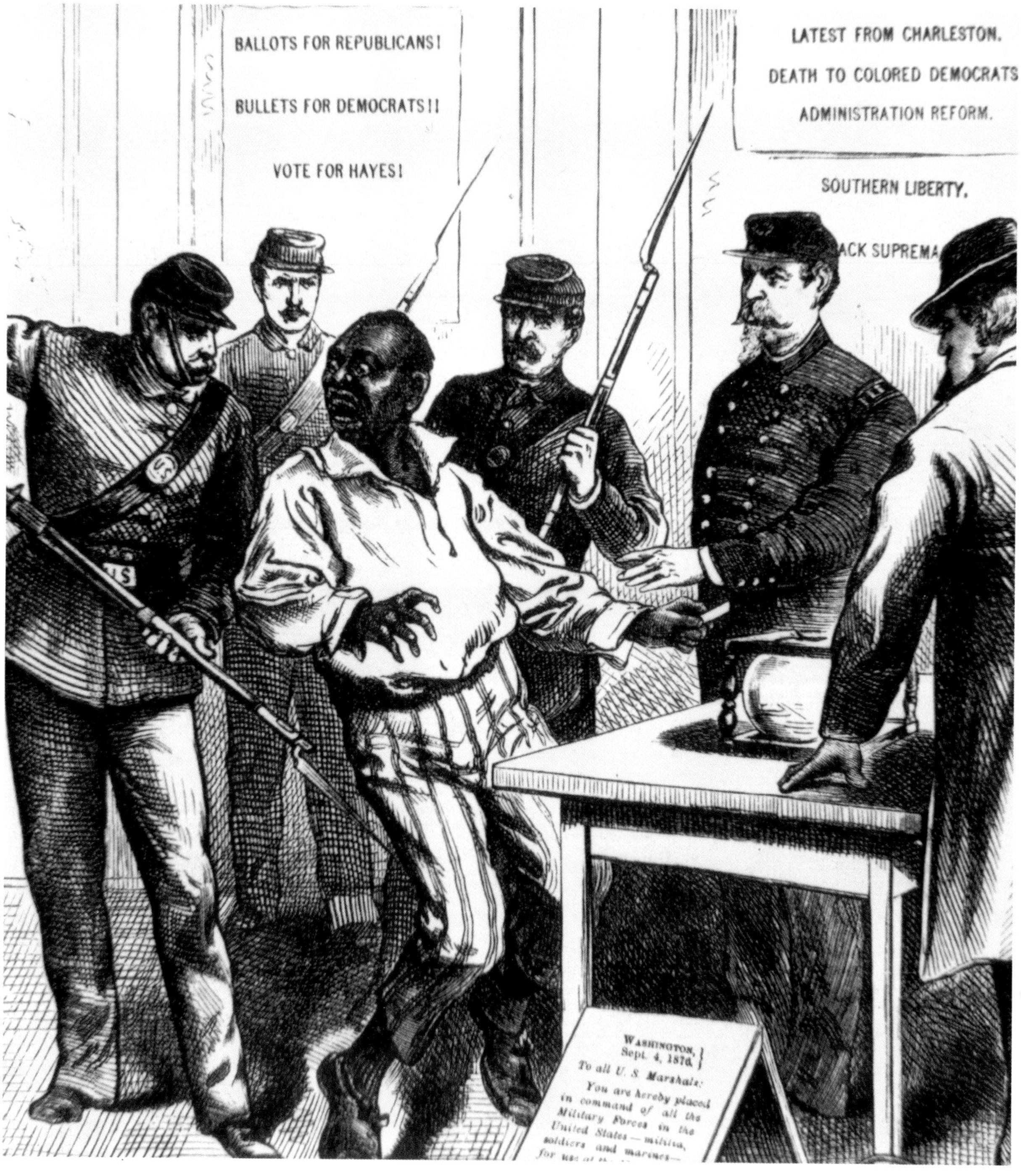
BALLOTS FOR REPUBLICANS!
BULLETS FOR DEMOCRATS!!
VOTE FOR HAYES!
LATEST FROM CHARLESTON.
DEATH TO COLORED DEMOCRATS
ADMINISTRATION REFORM.
SOUTHERN LIBERTY.
US
US
Washington, Sept. 4, 1876.
To all U. S. Marshals:
You are hereby placed in command of all the Military Forces in the United States — militia, soldiers and marines—

Schwarzes Stimmvieh: Die Wahlen in den »rekonstruierten« Südstaaten waren von Betrug und Gewaltanwendung gekennzeichnet, Hauptopfer waren die befreiten Schwarzen. Verständlicherweise neigte die große Mehrheit von ihnen dazu, für die Republikaner zu stimmen, Indoktrinierung bis hin zu Zwangsmaßnahmen durch die neuen Machthaber spielten aber auch eine bedeutende Rolle. Auf der demokratischen Karikatur aus dem erbitterten Präsidentschaftskampf von 1876 wird ein Schwarzer von den Besatzungssoldaten mit dem Bajonett zur »richtigen« Stimmabgabe angehalten. Die weißen Südstaatler griffen systematisch zu Terror und Einschüchterung, um die Schwarzen entweder ganz an der Wahrnehmung ihres Wahlrechts zu hindern oder sie für die demokratische Partei zu »gewinnen«. Die republikanische Karikatur aus dem gleichen Wahlkampf zeigt zwei Südstaatler, die mit ihren Revolvern einem verängstigten Schwarzen klarmachen: »Natürlich möchte er die Demokraten wählen.«

DER PRÄSIDENT UND DIE RADIKALEN

»Wir stimmen alle überein, daß die [Süd-] Staaten sich außerhalb ihrer richtigen, funktionierenden Beziehung mit der Union befinden und daß es die einzige Aufgabe der Regierung sei, sie wieder in diese ordentliche, funktionierende Beziehung zu bringen.«

So charakterisierte Lincoln am 11. April 1865, wenige Tage vor seinem Tod, das drängendste Problem, dem sich die Vereinigten Staaten am Ende ihres großen Bürgerkrieges gegenübersahen. Verfassungsrechtliche Überlegungen, ob die ehemaligen konföderierten Staaten sich nun innerhalb oder außerhalb der Union befänden, hielt er für »verderbliche Abstraktionen«. Das beste war seiner Meinung nach, die Südstaaten so schnell und problemlos wie möglich wieder zu vollwertigen Mitgliedern der Union zu machen. Für die Wiederzulassung sollte es reichen, wenn ein Zehntel der Wählerschaft, die ein Staat im Jahre 1860 besessen hatte, den Treueeid auf die Verfassung leistete.

Die Radikalen gedachten es den Rebellen jedoch nicht so einfach zu machen. In der von ihnen 1864 eingebrachten »Wade-Davis-Bill« verlangten sie den Treueeid von der absoluten Mehrheit eines Staates, ferner sollte allen, die unter der Konföderation Ämter bekleidet oder freiwillig Militärdienst geleistet hatten, das Wahlrecht aberkannt werden. Lincoln ließ die Gesetzesvorlage ohne Stellungnahme ruhen (»pocket veto«) und machte sich in den bereits besetzten Gebieten, vor allem in Louisiana, daran, stillschweigend nach seinen eigenen Vorstellungen vorzugehen. Der Kongreß war jedoch keineswegs bereit, einen Alleingang des Präsidenten in diesen Angelegenheiten hinzunehmen. Damit begann die große Auseinandersetzung zwischen Exekutive und Legislative, zwischen Präsident und Kongreß um die Frage, unter wessen Zuständigkeit der Wiederaufbau, die »Rekonstruktion« des Südens falle. Dieser Kampf, der sich bereits während der Schlußphase des Krieges abgezeichnet hatte, kam dann nach dem Ende der Feindseligkeiten zu vollem Ausbruch. Er traf also nicht mehr Lincoln, sondern seinen Nachfolger, den durch die Ermordung des Präsidenten ins Amt gekommenen Vizepräsidenten Andrew Johnson aus Tennessee.

Der aus einfachsten Verhältnissen stammende Johnson war ein südstaatlerischer Unionist und hegte einen tiefen Groll gegen die Aristokratie seiner Region. Äußerungen, denen zufolge die Anführer der Rebellion streng bestraft werden sollten, ließen die Radikalen zunächst mit großen Hoffnungen auf Lincolns Nachfolger blicken. Die Ernüchterung kam sehr rasch. Während der Kongreß in den Ferien war, machte sich Johnson im Sommer 1865 daran, vollendete Tatsachen zu schaffen. Er gewährte den ehemaligen Konföderierten Pardon, wenn auch mit einer Reihe von gewichtigen Ausnahmen, die vornehmlich hohe Beamte und Offiziere betraf sowie all diejenigen, die vom Bundesdienst in den konföderierten Dienst übergewechselt waren, und, bezeichnend für Johnson, Rebellen mit einem Vermögen von mehr als 20 000 Dollar. Für alle übrigen reichte es, den Treueeid zu leisten, damit sie wieder Bürger der USA wurden, und selbst die Ausgenommenen hatten die Möglichkeit, sich persönlich an den Präsidenten zu wenden, der sie in aller Regel positiv beschied. Gleichzeitig ernannte Johnson provisorische Gouverneure, die Staatskonvente einzuberufen hatten, um den Wiedereintritt in die Union vorzubereiten. Sobald die notwendigen Änderungen in den Staatsverfassungen vorgenommen waren – Widerrufung der Sezession, Abschaffung der Sklaverei, Zurückweisung der konföderierten Schulden –, konnte man zur Wahl neuer Abgeordneter schreiten.

Die Südstaatler nahmen wenig Rücksicht auf mögliche Empfindlichkeiten des siegreichen

Der Racheengel aus dem Norden: Thaddeus Stevens aus Pennsylvania (1792–1868) war der Führer der Radikalen im Kongreß. Fanatisch bekämpfte er die gemäßigte Politik Präsident Johnsons und wollte den Süden für seine Sünden büßen lassen.
(National Archives)

Ein Präsident auf vergeblicher Suche nach Popularität: Andrew Johnson versuchte im Spätsommer 1866 auf einer Rundreise durch die Nordstaaten seine schwindende Beliebtheit zurückzugewinnen. Gedemütigt und herausgefordert von feindseligen Menschenmengen, ließ er sich zu unbedachten Äußerungen hinreißen und fügte seinem Ansehen weiteren Schaden zu. Die Begleitung von Kriegshelden wie Grant, Farragut und Custer half ihm wenig. Die Aufnahme zeigt rechts den Präsidenten, in der Mitte Lincolns bewährten Marineminister Gideon Welles, der auch Johnson unerschütterlich die Treue hielt, und links General Grant, der sich bald von dem unglücklichen Präsidenten zurückzog, um seine eigene Karriere nicht zu gefährden. (Gene Collerd, Caldwell, N. J.)

Nordens. Die Sezession wurde zwar zurückgenommen, ihre Rechtmäßigkeit aber keineswegs in Zweifel gezogen, die Schwarzen erklärte man zwar für frei, unterwarf sie aber in den von den einzelnen Staaten ergänzend erlassenen »Black Codes« zahlreichen Diskriminierungen, an volle Bürgerrechte oder gar das Stimmrecht für die Exsklaven war ohnehin nicht zu denken. Und als Abgeordnete schickte man prompt lauter prominente Konföderierte nach Washington, unter anderen den ehemaligen Vizepräsidenten Stephens, vier Generäle, vier Obristen, neun Kongreßabgeordnete, sieben Staatsbeamte. Kein Wunder, daß nicht nur die Radikalen mißtrauisch wurden und ein baldiges Wiederaufflammen der Rebellion fürchteten.

Als am 4. Dezember 1865 der Kongreß zusammentrat, wurde den neuen Abgeordneten aus den Sezessionsstaaten der Zutritt ins Repräsentantenhaus verweigert. Statt dessen beschloß der Kongreß, eine Kommission einzusetzen, die sich aus sechs Senatoren und neun Mitgliedern des Repräsentantenhauses zusammensetzte und über alle Maßnahmen, die mit der »Rekonstruktion« der Südstaaten zu tun hatten, wachen sollte. Das einflußreichste Mitglied dieser Kommission war der schon erwähnte Thaddeus Stevens, der Führer der Republikaner im Repräsentantenhaus.

Zu diesem Zeitpunkt stellten Radikale wie Stevens noch eine Minderheit innerhalb der Republikanischen Partei dar. Das sollte sich in den nächsten Monaten ändern, als durch den Konflikt

Andrew Johnson und die Verfassung, »eins und unteilbar«: Die Karikatur greift die Hartnäckigkeit an, mit der der Präsident sich während seiner zum Dauerzustand werdenden Auseinandersetzungen mit der Kongreßmehrheit zum alleinigen Verfechter der Verfassung stilisierte.

mit dem Präsidenten mehr und mehr Gemäßigte ins Lager der Radikalen getrieben wurden. Die Schuld hieran traf nicht nur die Radikalen, sondern in gleichem Maße den Präsidenten, einen ehrenhaften und wohlmeinenden Mann, der aber keinerlei Gespür für politische Strömungen und Stimmungen und nicht das geringste Fingerspitzengefühl beim Umgang mit Menschen besaß. Mit seinem ebenso bewundernswerten wie verhängnisvollen Starrsinn und seinem blindwütigen Kämpfergeist ging er keiner Falle aus dem Weg und bot den Radikalen genau das Feindbild, das sie brauchten, um die Mehrheit des Nordens hinter sich zu bringen. Johnson saß zwischen allen Stühlen. Er hatte als Kriegsdemokrat gemeinsame Sache mit den Republikanern gemacht, war aber nie einer der ihren geworden. Die Südstaatler, die ihn zunächst als Verräter betrachtet hatten, unterstützten natürlich seine gemäßigte Politik, aber das war eine wenig opportune Hilfe, die den Präsidenten in den Augen des Nordens nur noch verdächtiger machte. Bei allen Fehlern und Ungeschicklichkeiten, die Johnson dabei beging, gehört der einsame und tapfere Kampf des einer mit beispielloser Infamie betriebenen Hetzkampagne ausgesetzten Mannes zu den menschlich anrührendsten Eindrücken der Nachkriegsjahre.

Johnson hatte den Konflikt mit seiner »Presidential Reconstruction« eröffnet, nun drehte der Kongreß den Spieß um und begann seinerseits Rekonstruktionspolitik zu betreiben. Dabei ging die republikanische Mehrheit von der Doktrin aus, die ehemaligen konföderierten Staaten seien durch die Sezession in einen desorganisierten, verfassungslosen Zustand verfallen – Charles Summer sprach von politischem Selbstmord –, der nur durch den Kongreß verändert werden könne. Bis die Bedingungen, die man ihnen auferlegte, erfüllt waren und man sie wieder in die Union aufgenommen hatte, besaßen diese Staaten faktisch den Status von erobertem Feindesland. Das kam fast einer nachträglichen Anerkennung der Sezession gleich. Noch widersprüchlicher wurde das Verhalten, wenn es darum ging, einen Verfassungszusatz durchzubringen und dafür auch die Zustimmung eines Teils der Südstaaten gebraucht wurde. Von strenger Verfassungsmäßigkeit konnte bei derartigen Praktiken kaum mehr

»Amphitheatrum Johnsonianum – Der bethlehemitische Kindermord«: Thomas Nast lieh seinen vernichtenden Zeichenstift dem Feldzug der Radikalen gegen den Präsidenten. Wieder und wieder prangerte er im »Harper's Weekly« Johnson als selbstherrlichen Monarchen an, der, unterstützt von seinen Hofschranzen Seward und Welles, seine Gegner mit Unterdrükkung und physischer Vernichtung bedroht. »Rego – ich herrsche« ist der Wahlspruch des Imperators »Andy«, der über dem Blutbad in der Arena thront. Anlaß der Karikatur ist ein Massaker in New Orleans, das weiße Südstaatler, unter ihnen viele Polizisten, am 30. Juli 1866 unter Radikalen und Schwarzen anrichteten und bei dem 41 Menschen umkamen. Kurz zuvor war es in Memphis, Tennessee, zu einem ähnlichen Zwischenfall gekommen. Hinter dem Thron steht Johnsons loyaler Außenminister Seward, Marineminister Welles lehnt sich über die Balustrade, während Kriegsminister Stanton (links neben Seward, mit Brille) sich indigniert abwendet. Links im Vordergrund zückt General Sheridan das Schwert gegen den Tyrannen, doch der lorbeerbekränzte Grant hält ihn (noch) zurück. Custer, rechts mit Krokodilshelm und Liktorenbündel, ist dagegen ein ergebener Diener des Imperators, »Policy – Politik« steht auf seinem Brustpanzer geschrieben.

die Rede sein, und die Einsprüche des Präsidenten wie des Obersten Gerichtshofes entbehrten nicht ihrer Berechtigung. Die Radikalen sahen die Vereinigten Staaten jedoch in einer Situation, die von der Verfassung nicht vorgesehen war und die daher mit buchstäblicher Verfassungstreue auch nicht bewältigt werden konnte. Sie scheuten bewußt vor revolutionären Maßnahmen nicht zurück und waren bereit, die Macht des Präsidenten und den Einfluß des Gerichtshofes drastisch zu beschneiden, wenn sich diese ihnen in den Weg stellten.

Nachdem Johnson den Versuch des Kongresses, das Freedmen's Bureau zu einer dauerhaften Einrichtung mit erweiterten Kompetenzen zu machen, durch sein Veto vereitelt hatte, legte er gegen ein Bürgerrechtsgesetz, das die Gleichstellung aller Bürger mit Strafandrohung durchsetzen sollte, gleichfalls sein Veto ein. Sein Einspruch wurde am 9. April 1866 vom Kongreß überstimmt, aber das Verhältnis zwischen Exekutive und Legislative war von da an vergiftet, zumal Johnson seine Gegner öffentlich und namentlich als Feinde der Regierung und des Friedens geschmäht hatte.

Das Bürgerrechtsgesetz wurde bald als unzureichend empfunden, und man brachte einen neuen Verfassungszusatz ein, das 14. Amendment, in dem allen in den USA geborenen oder naturalisierten Personen die Bürgerrechte zugesichert wurden. Sollte ein Staat hier Einschränkungen machen, konnte man ihm die Zahl seiner Repräsentanten beschneiden. Ferner wurde die Bezahlung der konföderierten Schulden zurückgewiesen, die Schulden der Union dagegen garantiert, und man schloß alle, die der Union einen Eid geleistet hatten, bevor sie zu den Konföderierten übergewechselt waren, von der Bekleidung jedweder Ämter aus. Nachdem bis März 1867 zwölf Staaten ihre Zustimmung zu dem neuen Amendment verweigert hatten, war die zur Ratifikation erforderliche Dreiviertelmehrheit vorerst nicht zu erreichen, doch gingen die Bemühungen weiter, eine solche Mehrheit noch zu bewerkstelligen, indem man »rekonstruierte« Südstaaten zuließ, denen man die Annahme des 14. Amendments zur Auflage machte; auch das natürlich ein verfassungswidriges Verfahren.

Mittlerweile verfügten die Republikaner seit den Kongreßwahlen von 1866 in beiden Häusern über eine mehr als zwei Drittel der Sitze umfassende Mehrheit. Am 2. März 1867 beschloß der Kongreß ein »Rekonstruktionsgesetz«, durch das die zehn noch nicht wieder in die Union aufgenommenen Südstaaten – Tennessee war 1866 nach Annahme des 14. Amendments zugelassen worden – in fünf Militärbezirke eingeteilt wurden, deren Kommandeure den provisorischen Staatsregierungen übergeordnet waren. Um die Armee dem direkten Einfluß des Präsidenten zu entziehen, hatte man zuvor schon verfügt, seine Befehle seien nur zu befolgen, nachdem sie vom »General of the Army« – das war Grant – weitergeleitet, das heißt abgesegnet worden waren. Das Rekonstruktionsgesetz machte den zehn besetzten Südstaaten zur Bedingung, das Schwarzenwahlrecht und den Ausschluß der ehemaligen Rebellen von den Ämtern in den Verfassungen zu verankern und dem 14. Amendment zuzustimmen, dann konnte der Kongreß ihnen wieder den Status von Bundesstaaten verleihen, mußte es aber nicht. Das Gesetz ließ die meisten Einzelheiten des Rekonstruktionsprozesses unklar, was später noch mehrere Zusatzgesetze erforderlich machte.

Johnson legte sein gewohntes Veto ein, wurde aber von der republikanischen Mehrheit mühelos überstimmt. Es war jedoch ein anderes, direkt gegen die Position des Präsidenten gerichtetes Gesetz, das zum Entscheidungskampf zwischen Johnson und dem Kongreß führte, nämlich das gleichfalls am 2. März 1867 beschlossene Gesetz über die Amtszeit der Minister (»tenure-of-office act«), das dem Präsidenten verbot, ohne Zustimmung des Senats ein Kabinettsmitglied zu entfernen. Mit Einverständnis seiner Minister erklärte Johnson sein Veto. Er ging aber noch weiter und machte die Probe aufs Exempel, indem er den mit den Radikalen zusammenarbeitenden Kriegsminister Stanton entließ. Der in seiner politischen Haltung unklare General Grant, der dem Präsidenten zunächst zugesagt hatte, die Nachfolge Stantons zu übernehmen, wich zurück, als der Proteststurm der Radikalen einsetzte.

Die Gegner Johnsons strebten jetzt nichts Geringeres als seinen Sturz an. »Verräterisch gegenüber der Partei, falsch gegenüber der großen Sache«, verkündete Charles Summer, »hat er seinen individuellen Willen gesetzt gegen das Volk der Vereinigten Staaten, versammelt im Kongreß. Wahrheit und Anstand vergessend, hat er... den Kongreß selbst als revolutionäre Körperschaft bezeichnet... Dem Präsidenten muß gelehrt werden, daß Usurpation und Abfall keinen Erfolg haben können. Er muß gestürzt werden.«

Am 24. Februar 1868 wurde ohne präzise Angabe von Gründen beschlossen, ein Impeachment, ein Verfahren zur Amtsenthebung gegen Johnson einzuleiten. Eine unter dem dominierenden Einfluß von Thaddeus Stevens stehende Kommission wurde eingesetzt, um die Anklageschrift zu formulieren. Am 16. und 26. Mai 1868 fanden im Senat die entscheidenden Abstimmungen statt. Obwohl auf die wenigen Republikaner, die es wagten, für Johnson zu stimmen, ein ungeheurer

Johnsons Beinahe-Stolperstein: Edwin M. Stanton (1814–1869), Lincolns tüchtiger Kriegsminister, wurde zu einem heftigen Gegner des neuen Präsidenten. Als Johnson seine Entlassung durchzusetzen versuchte, nahm die radikale Mehrheit im Kongreß dies zum Anlaß, gegen den Präsidenten ein Amtsenthebungsverfahren einzuleiten. (National Archives)

Druck ausgeübt wurde, konnte die Anklage mit 35 gegen 19 Stimmen nicht die erforderliche Zweidrittelmehrheit zusammenbringen.

Damit war das Impeachment gescheitert, und der schwerste Angriff, den man bisher nicht nur gegen Johnson persönlich, sondern gegen das Amt des Präsidenten an sich unternommen hatte, war fehlgeschlagen. Stevens starb kurz nach dieser bitteren Niederlage.

Grant, der während dieser Krise allmählich ins Lager der Radikalen übergewechselt war, wurde für die Präsidentschaftswahlen von 1868 zum Kandidaten der Republikaner nominiert. Gegen den großen Kriegshelden der Union hatten die Demokraten keine Aussicht auf Erfolg, sie mochten aufstellen, wen sie wollten. Sie einigten sich auf – den seiner Nominierung heftig Widerstand leistenden – Horatio Seymour. Er wurde als Gouverneur von New York von den Republikanern mit den schweren Krawallen in Verbindung gebracht, die dort 1863 ausgebrochen waren, als die Wehrpflicht eingeführt wurde. Seymour galt somit als verdächtiger Südstaatensympathisant und Kandidat des irischen Straßenmobs. Wie sehr sich die Republikaner mittlerweile als die allein staatstragende Partei empfanden, mag ein Zitat des Gouverneurs von Indiana, Oliver Morton, illustrieren: »Jeder Deserteur, jeder Drückeberger, der vor der Wehrpflicht davonrannte, nennt sich einen Demokraten... Jeder, der für die Rebellion

Die Kongreßkommission zur Amtsenthebung Johnsons: Das Impeachment wurde von einem Ausschuß des Repräsentantenhauses betrieben, den »House Managers«. Seine Mitglieder wurden von Matthew Brady aufgenommen. Hinten stehen von links nach rechts James F. Wilson aus Iowa, George S. Boutwell aus Massachusetts und John A. Logan aus Illinois. Die Sitzenden sind von links nach rechts Benjamin F. Butler aus Massachusetts, Thaddeus Stevens aus Pennsylvania, Thomas Williams aus Pennsylvania und John A. Bingham aus Ohio. (National Archives)

»Spoons« Butler und seine Mannen: Benjamin Butler (1818–1893) war die farbigste und umstrittenste Figur im Ausschuß. Im Bürgerkrieg hatte er sich als einer der im Waffenhandwerk dilettierenden Politiker nicht eben mit Ruhm bedeckt. In New Orleans soll er als Kommandant der Besatzungstruppen sogar silberne Löffel gestohlen haben, der Name »Spoons« (»Löffel«) blieb an ihm haften. Der Karikaturist versetzt Butler und den Ausschuß in die Rekrutierungsszene aus Shakespeares Heinrich IV., 1. Teil, wobei der dickleibige »Spoons« natürlich einen prächtigen Falstaff abgibt. Der Bucklige vor ihm ist Thaddeus Stevens, während der böse Feind, der Präsident, ganz rechts hinter Butlers Rücken eine Nase dreht. Die Schere im Gürtel deutet auf Johnsons früheren Beruf als Schneider hin.

Der Präsident, der gestürzt werden sollte: Andrew Johnson (1808–1875) im Jahre 1868. Die Aufnahme, die zur Zeit des Impeachments entstanden ist, läßt die Bitterkeit des ungeschickten, aber aufrechten Politikers erkennen. (Library of Congress)

Der Mann, der Johnson rettete: Senator Edmund G. Ross aus Kansas war einer von sieben Republikanern, die zugunsten des Präsidenten abstimmten. Da seine Stellungnahme bis zuletzt unbekannt war und da den Radikalen nur eine einzige Stimme zur erforderlichen Zweidrittelmehrheit fehlte, sah sich Ross vor der entscheidenden Abstimmung einem fürchterlichen Druck ausgesetzt. Sein tapferes »Nicht schuldig« brachte das Impeachment zum Scheitern. (Library of Congress)

im Feld stand, der gefangene Unionssoldaten durch Mißhandlung und Hunger ermordet hat, der sich verschwor, um den Bürgerkrieg in die loyalen Staaten zu tragen, ... nennt sich einen Demokraten. Jeder, der 1863 in New York bei den Krawallen mitgemacht und kleine Kinder in den Heimen für Farbige verbrannt hat, der wahllos geraubt, geschändet, gemordet hat, ... nannte sich einen Demokraten. Kurz gesagt, man kann die Demokratische Partei als die Sinkgrube, als das ekelhafte Gefäß bezeichnen, in das sich alle Elemente des Verrates aus dem Norden wie aus dem Süden entleeren, alle Elemente der Unmenschlichkeit und der Barbarei, die unser Zeitalter entehrt haben.«

Aber die Demokraten hatten den ganzen weißen Süden, den größten Teil des städtischen Proletariats im Osten und viele kleine Farmer im Westen hinter sich. Grant siegte mit 3 012 000 Stimmen gegen 2 703 000; ohne das Schwarzenwahlrecht im Süden wäre er unterlegen. Der neue Präsident war persönlich kein Radikaler, aber er war der Kandidat der Radikalen gewesen, und sie hatten keinen großen Widerstand von seiner Seite zu erwarten. Anfang 1869 wurde das 15. Verfassungsamendment eingebracht, das nun klipp und klar festlegte, daß niemand »wegen seiner Rasse, Farbe oder wegen seines früheren Standes als Sklave« an der Wahrnehmung seines Wahlrechts gehindert werden dürfe. Es trat 1870 in Kraft und war gegen die zahlreichen Praktiken gerichtet,

Der Mann, der beinahe Präsident geworden wäre: Benjamin Franklin Wade aus Ohio (1800–1878), einer der aktivsten Wortführer der Radikalen, hätte als amtierender Senatspräsident die Nachfolge Johnsons angetreten, wenn dieser verurteilt worden wäre. (National Archives)

die man sich mittlerweile im Süden hatte einfallen lassen, um die Schwarzen durch Sonderbestimmungen oder Einschüchterung vom Wählen abzuhalten. Im gleichen Jahr, in dem das 15. Amendment Geltung erhielt, verloren die Republikaner ihre Zweidrittelmajorität im Repräsentantenhaus; der Höhepunkt der von den Radikalen ausgeübten Macht war überschritten. In den nächsten Jahren wurde immer deutlicher, daß die Mehrheit der Nation der ständigen Streitereien um die Rekonstruktion leid war und daß sie eine gemäßigtere Politik gegenüber den Südstaaten wünschte.

Wo Radikale und Gemäßigte um die Zukunft der Nation rangen: das Repräsentantenhaus des Kongresses nach dem Umbau des Kapitols während des Bürgerkrieges. (Library of Congress)

»Der Mann der Worte, der Mann der Taten«: Noch lange haftete in den Augen der Republikaner allen Demokraten der Charakter von »Copperheads«, Sympathisanten des Südens und potentiellen Verrätern, an. 1868 nominierten die Demokraten Horatio Seymour, Gouverneur des Staates New York, zum Präsidentschaftskandidaten. 1863 war es in New York zu blutigen Ausschreitungen gekommen, als Arbeitermassen, vor allem Iren, sich gegen die Wehrpflicht empörten, Schwarze lynchten und unter anderem ein Waisenhaus für Farbige in Brand steckten. Die Karikatur unterstellt Seymour, sich bei seinen beschwichtigenden Ansprachen auf die Seite des Mobs gestellt und diesen als »meine Freunde« bezeichnet zu haben. Der republikanische Gegenkandidat, General Grant, erscheint als Kriegsheld, der die Hydra »Rebellion« erschlagen hat und gerade die Kapitulation Lees entgegennimmt.

Der General als Präsident: Ulysses Simpson Grant (1822–1885), der Oberbefehlshaber der Unionsarmeen in der siegreichen Schlußphase des Bürgerkrieges, wurde 1868 zum 18. Präsidenten der Vereinigten Staaten gewählt. Er blieb bis 1877 im Amt. (Library of Congress)

Publizist und Reformer: Horace Greeley (1811–1872), der Gründer und Herausgeber der »New York Tribune«, war einer der einflußreichsten Journalisten der Union. Sein Blatt trat für die Emanzipation der Schwarzen ein und unterstützte engagiert die Arbeiterbewegung. Die Korruptionsskandale der Grant-Regierung und die Rachementalität gegenüber den Südstaaten stießen Greeley jedoch ab, und er ließ sich 1872 als Kandidat der neugegründeten Liberalen Republikaner aufstellen. (Horace Greeley)

»Laßt uns die Hände reichen über dem blutigen Abgrund«: Bei der Präsidentschaftswahl von 1872 trat eine neue Gruppierung auf, die die Gemäßigten beider Parteien vereinigen wollte und sich Liberale Republikaner nannte. Sie wandte sich gegen den Machtmißbrauch und die Korruption der Radikalen Republikaner und wollte dem immer neuen Anheizen der Bürgerkriegsanimositäten ein Ende bereiten. Ihr Kandidat Horace Greeley wollte den Südstaatlern »die Hände reichen über dem blutigen Abgrund«. Diesen Ausspruch machte Thomas Nast zum Gegenstand einer ganzen Reihe böser Karikaturen. Greeley streckt seine Hand aus über das Gräberfeld des berüchtigten Gefangenenlagers Andersonville, aber zu viele Leichen liegen zwischen ihm und dem Südstaatler auf der gegenüberliegenden Palisade. Doch nicht nur die Vergangenheit, auch die Gegenwart macht nach Nast eine Aussöhnung mit dem Süden zu einem naiven Unterfangen. Auf der zweiten Karikatur wollen Greeley und der gleichfalls zu den Republikanern übergegangene Charles Summer einen Schwarzen dazu bewegen, über die Leichen seiner hingemetzelten Familie hinweg die bluttriefenden Hände eines Ku-Klux-Klan-Südstaatlers und eines als Iren gekennzeichneten Copperhead-Demokraten zu schütteln. »Es ist nur ein Waffenstillstand, um wieder an die Macht zu kommen«, steht darunter, und »Das Opossum spielen«, das heißt sich scheintot stellen.

THE UNION AS IT WAS.
THIS IS A WHITE MANS GOVERNMENT
THE LOST CAUSE
WORSE THAN SLAVERY.
WHITE LEAGUE
K.K.K.
SCHOOL HOUSE.

DIE RESTAURATION

Nachdem Tennessee bereits 1866 wieder in die Union aufgenommen worden war, erreichten zwischen 1868 und 1871 auch die anderen zehn Staaten der ehemaligen Konföderation ihre Wiederzulassung als Bundesstaaten. Aber sie blieben nach wie vor besetzt und wurden vom republikanischen »Carpetbagger-Regime« beherrscht, ein Zustand, den die Masse der weißen Bevölkerung als um so demütigender und unerträglicher empfand, je weiter Krieg und Niederlage in die Ferne rückten.

Man nennt die Rekonstruktionszeit im Süden oft die »tragische Ära«, wegen des Hasses und der Erbitterung, die sie in diesem Landesteil zurückgelassen hat. Sieht man von den Indianern ab, waren die Südstaatler die einzigen Amerikaner, die je die Folgen einer Niederlage im eigenen Land auskosten mußten. Das darf aber den Blick nicht verstellen dafür, daß diese Folgen, gemessen an der Schwere des vorangegangenen Krieges und der Schärfe des ideologischen Konflikts, ausgesprochen milde waren. Die ehemaligen Konföderierten galten in den Augen der Nordstaatler immerhin als Verfassungsbrecher und Rebellen, die meisten ihrer politischen und militärischen Führer konnten als ehemalige Beamte, Abgeordnete und Soldaten der USA des Hochverrats beschuldigt werden. Man kann sich kaum ein Land der Erde vorstellen, in dem es in einer vergleichbaren Situation nicht zu Schauprozessen, Massenhinrichtungen und Deportationen gekommen wäre.

Der einzige, der in Amerika der Volkswut geopfert wurde, war der unglückselige Captain Wirz, der Kommandeur des berüchtigten Gefangenenlagers von Andersonville, den man nach einem höchst fragwürdig verlaufenen Prozeß an den Galgen brachte. Die Mitglieder der konföderierten Regierung wurden bald nach ihrer Verhaftung wieder auf freien Fuß gesetzt, lediglich Präsident Davis blieb zwei Jahre lang eingesperrt, bis man zu dem Schluß gekommen war, daß es keinen Sinn hatte, ihm den Prozeß zu machen. Die Generäle hatte man nach ihrer Kapitulation ohnehin sofort und in allen Ehren nach Hause entlassen. Einige wenige konföderierte Anführer, wie Davis' bedeutendster Minister, Judah Benjamin, gingen ins Exil, doch war dies eine völlig freie Entscheidung.

Gewiß, die meisten von ihnen waren durch Krieg, Inflation und Sklavenbefreiung um ihren Wohlstand gekommen, und vielen sprach man mehr oder weniger lang das Wahlrecht und die Möglichkeit, Ämter zu bekleiden, ab, doch hatte das nichts damit zu tun, daß man sie persönlich zur Verantwortung gezogen hätte. Schon gar nicht wurden sie mundtot gemacht, vielmehr konnten sie alle ganz ungehindert ihr restliches Leben damit zubringen, Reden zu halten und dicke Bücher zu schreiben, in denen sie ihr Verhalten rechtfertigten und die Sieger mit allen nur denkbaren Vorwürfen überschütteten.

Aber das Gefühl, bitteres Unrecht und unerträgliche Demütigungen zu erleiden, ist subjektiv und von der konkreten Situation abhängig. Und die ebenso selbstbewußten wie aggressiven Südstaatler, aus ihren stolzen Träumen gerissen, waren ganz zweifellos der Ansicht, daß ihr Schicksal unzumutbar hart sei. Es dauerte nicht lange, und sie begannen sich dagegen zur Wehr zu setzen. Das wurde ihnen sehr erleichtert durch die Tatsache, daß der siegreiche Norden sofort die Masse seiner Truppen nach Hause geschickt hatte und auch in den folgenden Jahren die Stärke der kleinen Berufsarmee von einem sparsamen und militärfeindlichen Kongreß fortlaufend reduziert wurde. Da die Armee gleichzeitig im Westen mit der Niederwerfung der Indianer beschäftigt war, blieben als Besatzungsmacht für den ganzen Süden bald nur mehr 20 000 Mann übrig. Das reichte zwar, um die ehemaligen Rebellen so weit einzuschüchtern, daß sie alles vermieden, was zu einer direkten Konfrontation mit der regulären Armee

»Schlimmer als Sklaverei«: So kommentiert 1874 Thomas Nast die allmähliche Restauration der weißen Macht in den Südstaaten. Stolz reichen sich ein Klansmann und ein Angehöriger der »Weißen Liga« die Hände über einem Wappenschild, das eine terrorisierte schwarze Familie zeigt, die ABC-Fibel liegt am Boden, im Hintergrund schwelen die Trümmer des Schulhauses. Über dem Ganzen heißt es: »Die Union, wie sie war – Dies ist eine Regierung des weißen Mannes – Die ›verlorene Sache‹.«

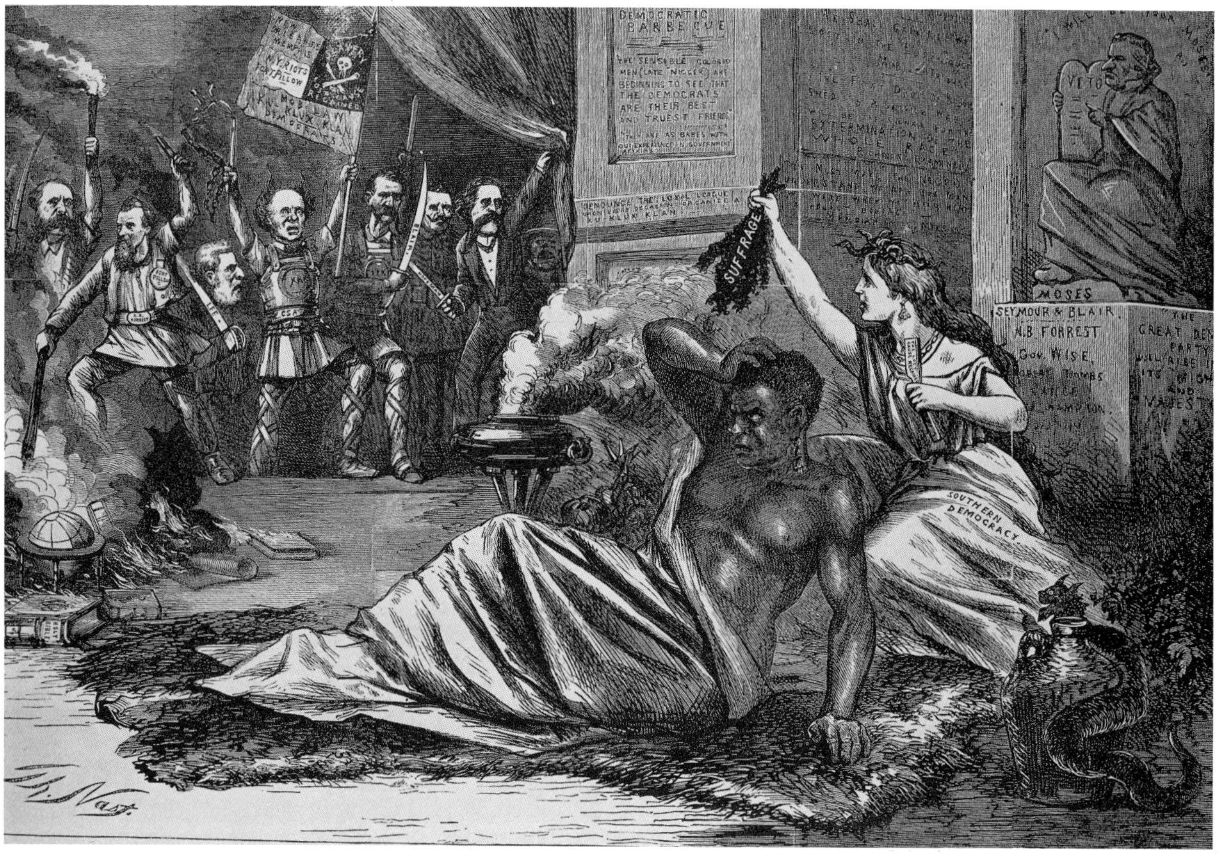

»Der moderne Samson«: Das Wahlrecht für die Schwarzen war die zentrale politische Frage im Süden während der Rekonstruktion. Auf Thomas Nasts Karikatur aus dem Wahlkampf von 1868 hat gerade die als »südstaatlerische Demokratie« bezeichnete Delila dem schwarzen Samson die Haare abgeschnitten, die seine Stärke ausmachen, nämlich das Wahlrecht. Schon stürmen die Philister in Gestalt der ehemaligen Konföderierten und ihrer demokratischen Bundesgenossen aus dem Norden heran. Man erkennt ganz links die beiden Kavalleriegeneräle Wade Hampton und Forrest, die mit ihren Fackeln die Bücher und Geräte anzünden, mit denen der Schwarze sich bilden wollte. Es folgen (im Profil) General Lee und die demokratischen Präsidentschaftskandidaten Seymour und Blair. Seymour schwingt eine konföderierte Fahne mit Aufschriften wie »Sklaverei und die verlorene Sache zurückgewonnen«, »New Orleans und Memphis« (zwei Massaker an Farbigen, 1866), »New Yorker Ausschreitungen« (Tumulte 1863, bei denen Schwarze gelyncht wurden), »Fort Pillow« (Massaker der konföderierten Kavallerie unter Forrest an gefangenen schwarzen Soldaten, 1864), »Gesetz der Straße«, »Ku-Klux-Klan«, »Demokraten«. Rechts thront als Mosesstatue Präsident Johnson, auf den Gebotstafeln steht groß »Veto«, das Mittel, mit dem er immer wieder gegen Gesetzesvorlagen des Kongresses einschritt.

und der Schaffung eines regelrechten Kriegszustandes geführt hätte, aber es war ganz unmöglich, mit dieser Truppenzahl die Vorgänge in einem riesigen Gebiet zu kontrollieren, das von widersetzlichen Elementen nur so wimmelte.

Die republikanischen Gouverneure, die sich nur zu gut der Tatsache bewußt waren, daß sie ohne den Schutz der Bajonette nicht einen Tag würden weiterregieren können, griffen verschiedentlich zu dem Hilfsmittel, Miliztruppen aufzustellen, die sich naturgemäß zum größten Teil aus Schwarzen rekrutierten.

Man kam davon aber immer mehr ab, weil es den Haß der Weißen in einem solchen Maße steigerte, daß ein regelrechter Rassenkrieg befürchtet werden mußte. Zudem waren diese Milizen ihren weißen Gegnern, die größtenteils aus konföderierten Veteranen bestanden, hoffnungslos unterlegen und wurden bei Zusammenstößen immer wieder erbarmungslos massakriert.

Der gewaltsame Widerstand der Südstaatler setzte schon im Winter 1865/66 ein, als klar wurde, daß die Radikalen das Schwarzenwahlrecht mit allen seinen befürchteten Folgen durchzusetzen gedachten. Damals entstand in Tennessee die bekannteste – aber keineswegs einzige – Kampforganisation der Weißen, der berühmt-berüchtigte Ku-Klux-Klan (K. K. K.). In rasendem Tempo breitete sich der Geheimbund, der seine Maskerade und sein Zeremoniell teils der Ritterromantik, teils freimaurerischen Traditionen entlehnt hatte, über den ganzen Süden aus. Auf dem Höhepunkt seiner Macht, Ende der 60er Jahre, scheint seine Gefolgschaft in die Hunderttausende gegangen zu sein. Die Aktivitäten des Klans und anderer Widerstandsorganisationen richteten sich gegen Kollaborateure (»Scalawags«), eingereiste Nordstaatler (»Carpetbaggers«) und, natürlich, gegen aufsässige Schwarze. Ein besonderer Dorn im Auge war dem Klan das Schulprogramm für Farbige. Systematisch wurden in vielen Landesteilen die Lehrer bedroht und auch mißhandelt, die Schulhäuser angezündet.

Die größten und gewalttätigsten Anstrengungen des Klans zielten aber auf die Grundlage der Macht der Radikalen, auf das Schwarzenwahlrecht. Die Erfolge waren beeindruckend. So verwandelte sich 1868 in Louisiana eine republikanische Mehrheit von 58% bei den Staatswahlen vom April in eine demokratische Mehrheit von 71% bei den Präsidentschaftswahlen im November. In 21 Gemeinden, in denen es im April noch 28814 Stimmen für die Republikaner gegeben hatte, waren es ein halbes Jahr später nur mehr 501, in 7 anderen sank der republikanische Anteil gar von 4707 Stimmen auf Null. Um dieses Ziel zu erreichen, hatten der Klan und andere Organisationen in diesen wenigen Monaten und in diesem einzigen Staat über 1000 Menschen umgebracht und ein Vielfaches dieser Zahl ausgepeitscht oder sonstwie mißhandelt. Der größte Teil der Opfer waren Schwarze.

Oft wird die Vermutung geäußert, der Klan sei nur von den armen Weißen, die die Konkurrenz der Schwarzen fürchteten, getragen worden. Das ist unzutreffend. Der K. K. K. und die weißen Milizen erhielten Zulauf aus allen Gesellschaftsschichten, und die Anführer entstammten meist der traditionellen weißen Elite. Anders als der neu gegründete Klan des 20. Jahrhunderts verfolgte der südstaatlerische Kampfbund der Rekonstruktionszeit keine nativistischen Ziele, sondern konzentrierte sich ganz auf die Aufgabe, die radikalen Regierungen zu stürzen und so viel von der ursprünglichen Gesellschaftsstruktur zu erhalten, wie nur möglich war. Und das waren Ziele, die der weißen Führungsschicht noch mehr am Herzen lagen als den Armen.

Die blutigen Exzesse, von denen die Südstaaten vornehmlich während der Wahlkämpfe heimgesucht wurden, riefen im Norden natürlich Abscheu hervor. 1870 und 1871 ergingen mehrere Gesetze, die die Unterdrückung des Ku-Klux-Klan zum Ziel hatten. Sie ermächtigten den Präsidenten, in besonders übel heimgesuchten Gebieten die Armee mit Kriegsrecht gegen den Geheimbund vorgehen zu lassen. Es gab Tausende von Verhaftungen, aber fast durchweg äußerst milde Urteile. Die Aktivitäten des Klan kamen nach 1871 zwar fast völlig zum Erliegen, dafür aber traten als Schützenvereine oder Blaskapellen getarnte paramilitärische Vereinigungen wie die Rothemden South Carolinas auf, die ihrerseits eine Art Kriegsrecht verhängten.

Während die Demokraten des Südens die Wahlen durch Terror zu manipulieren versuchten, verfolgten die Republikaner das gleiche Ziel mit dem Mittel des Betruges. In schamlosester Weise wurden Wahlzettel gefälscht, Wähler zu mehrfacher Stimmabgabe von Lokal zu Lokal gefahren und Prüfungskommissionen eingesetzt, die mißliebige Wahlergebnisse einfach für ungültig erklärten. In den 70er Jahren wurde es für die radikalen Regierungen allmählich zum mit allen Mitteln verfolgten Selbstzweck, an der Macht zu bleiben. Der ursprünglich vorhandene Schwung und Idealismus hatten zynischer Ernüchterung, Opportunismus und nackter Angst Platz gemacht. Gemäßigt konservative Südstaatler, die zunächst kooperationswillig gewesen waren, zogen sich zurück und schwenkten ins Lager der Opposition ab.

Der Große Hexenmeister des Unsichtbaren Imperiums: Nathan Bedford Forrest aus Tennessee (1821–1877), hier noch in konföderierter Uniform, übernahm 1866 die Führung des Ku-Klux-Klan. Der Selfmademan und Autodidakt war vor dem Krieg als Pflanzer und vielseitiger Geschäftsmann – auch Sklavenhändler – zu großem Reichtum gekommen, hatte sich dann als Gemeiner zur Armee gemeldet und war bis Kriegsende zum Generalleutnant aufgestiegen. »Ich ging zur Armee, 1½ Millionen Dollar wert, ich verließ sie als Bettler.« Der hünenhafte Reitergeneral, den Joe Johnston einmal als die größte militärische Begabung des Bürgerkrieges bezeichnet hat, brachte es im Eisenbahngeschäft aber alsbald wieder zu beachtlichem Wohlstand. Seine Rolle beim Ku-Klux-Klan hat man ihm zu Lebzeiten nicht sicher nachweisen können, sie dürfte mittlerweile jedoch als gesichert gelten. (Alabama Department of Archives and History, Montgomery)

Ein Kapuzenmann des Klan vor der Kamera: Das Bild zeigt einen gefangenen Angehörigen des Geheimbundes in typischer Ausstaffierung. Die Aufnahme entstand im Dezember 1871 in Holly Springs, Mississippi. (Herb Peck jr.)

Weißer Terror: Drohung und Einschüchterung waren die Hauptmethoden des Ku-Klux-Klan und ähnlicher Vereinigungen im Süden. Der Drohbrief links wurde am 1. September 1868 im »Independent Monitor« von Tuscaloosa, Alabama, abgedruckt. Das mit den Initialen des Klan versehene Maultier läuft davon und läßt zwei Männer an einem Ast baumeln, von denen einer durch seine Reisetasche mit Aufschrift »Ohio« als Carpetbagger gekennzeichnet ist. Im Text darunter heißt es: »Hängt, Verfluchte, hängt! Ihre Gesichter sind vollendete Galgengesichter. Sei unbeirrbar, gutes Glück, und lasse sie hängen! Wenn sie nicht dafür geboren sind, gehängt zu werden, dann ist unsere Sache eine elende! Obiger Holzschnitt stellt das Schicksal dar, das auf die beiden großen Pestbeulen der südstaatlerischen Gesellschaft wartet, den Carpetbagger und den Scalawag, sollten sie sich nach Tagesanbruch des 4. März nächsten Jahres noch in Dixie's Land finden lassen.«
In vielen Tausenden von Fällen blieb es nicht bei bloßen Drohungen. Die Bilder rechts zeigen die »Erfahrungen eines Nordstaatlers beim Ku-Klux«, veröffentlicht in Hartford, Connecticut, 1872.

Der gleiche Prozeß der Desillusionierung ließ sich auch auf nationaler Ebene beobachten. Die Erregung des Krieges war vorüber, und man war es leid, immer wieder mit neuen Krawallen aus dem Süden belästigt zu werden. Erst wenn die Radikalen aufhörten, die Südstaatler zu reizen, war zu hoffen, daß endlich einmal Ruhe einkehren würde. Ein wirkliches Interesse am Wohlergehen der Schwarzen hatten ohnehin die wenigsten. Eine versöhnliche Stimmung erfaßte selbst so überzeugte Parteigänger der Radikalen wie Horace Greeley, Carl Schurz und Charles Summer. Letzterer hatte sich ohnehin zu einem geradezu fanatischen Gegner der Grant-Regierung und all ihrer innen- und außenpolitischen Maßnahmen entwickelt. Was diesen rigorosen Moralisten am meisten abstieß, war die geradezu ungeheuerliche Korruption, die in einer nicht enden wollenden Reihe von Skandalen offenbar wurde. Grant selbst war zweifellos ein integrer Mann, aber bar jeder Menschenkenntnis duldete er selbst in seinem engsten Vertrautenkreis Leute, die Betrügereien und Korruption in einer fast schon imponierenden Größenordnung betrieben, und in falsch verstandener Loyalität stellte er sich dann auch noch schützend vor sie.

Die von der Entwicklung ihrer Partei enttäuschten Republikaner spalteten sich schließlich ab und gründeten die Liberale Republikanische Partei. Gemeinsam mit den Demokraten nominierten sie 1872 Horace Greeley zum Präsidentschaftskandidaten, eine unglückliche Wahl, da Greeley mit seinem unberechenbaren idealistischen Reformeifer den Demokraten suspekt war. Grant siegte mit 3597000 Stimmen gegen 2834 00 überlegen, und die Liberalen Republikaner, die eine reine Protestpartei ohne positives Programm gewesen waren, verschwanden wieder von der Bildfläche.

Die zweite Amtszeit Grants war noch unglücklicher als die erste. Die Korruptionsskandale rissen nicht ab, und 1873 brach eine schwere, jahrelang anhaltende Wirtschaftskrise aus. Die Wahlen von 1874 brachten dann eine böse Niederlage für die Regierungspartei. Die Demokraten errangen eine Mehrheit von 70 Sitzen im Repräsentantenhaus, im Senat verfehlten sie nur knapp die Majorität. Die radikalen Positionen waren am Zerbröckeln.

In diesem Klima war die Neigung unwiderstehlich, sich die Südstaatenprobleme vom Hals zu schaffen, indem man die Bundestruppen abzog und die Konsequenz hinnahm, daß mit der »Home Rule« die Demokraten wieder ans Ruder kamen und die im Stich gelassenen Schwarzen auf »ihre Plätze« verwiesen wurden. 1876 standen nur mehr in Louisiana, Florida und South Carolina Besatzungstruppen. Die Wahlen dieses Jahres sollten zum abschließenden Drama der Rekonstruktionsära werden.

Eine umstrittene Wahl: Der Demokrat Samuel Tilden und der Republikaner Rutherford B. Hayes lieferten sich nach einem der erbittertsten Wahlkämpfe der amerikanischen Geschichte ein totes Rennen. Die Manipulationen im Wahlmännerkollegium brachten 1877 Hayes die Präsidentschaft und den Südstaaten als Gegenleistung die Befreiung von den Besatzungstruppen. (Library of Congress)

Erstmals seit dem Krieg sahen sich die Demokraten mit ihrem Kandidaten Samuel Tilden in der Rolle der Favoriten, in den umkämpften Südstaaten herrschte eine Stimmung des »Jetzt oder nie«. Überall im Süden erwachten die paramilitärischen Schützenvereine zu voller Aktivität, in South Carolina, wo gleichzeitig der konföderierte Kavallerieheld Wade Hampton für das Gouverneursamt kandidierte, zog unter anderen der »Hampton-und-Tilden-Musikklub mit zwölf vierpfündigen Flöten« in den Wahlkampf. Die zwölf Flöten waren natürlich Kanonen.

Der Wahltag schien mit einem klaren Sieg für Tilden zu enden, der eine Mehrheit von über 250000 Stimmen hatte und zusätzlich zu sämtlichen Südstaaten noch New York, New Jersey, Connecticut, Oregon und Indiana gewonnen hatte. Aber die Republikaner fochten die Ergeb-

Grants Bürde: Eine Horde von kläffenden Pinschern – die amerikanische Presse – hat sich an die Fersen des Präsidenten geheftet, der wie ein Atlas schwer an der Last der vielen Probleme und Krisen seiner zweiten Amtszeit zu tragen hat – Finanzkrise, Korruptionsskandale, außenpolitische Querelen, Widerstand im Süden. Columbia, die Verkörperung der USA, wendet sich weinend ab. »Und sie sagen: ›Er will noch eine dritte Amtszeit‹«, lautet der ironische Kommentar unter Nasts Karikatur von 1874.

Der Pyrrhussieg: 1874 hatte Nast zum erstenmal den Elefanten als Symboltier für die republikanische Wählerschaft und dann bald auch für die Partei benutzt. Nach der Präsidentschaftswahl von 1876 sitzt der Elefant bekränzt, aber schwer angeschlagen am Grab des demokratischen Tigers (den Esel als Gegenstück zum Elefanten erfand Nast erst 1879). »Noch ein solcher Sieg, und ich bin erledigt«, steht darunter.

JUSTICE
RULE OR RUIN
CARPET BAG AND BAYONET RULE
THE SOLID SOUTH

Das Ende der Rekonstruktion: Mit Erleichterung reagierte die Mehrheit der Nordstaatler, als Hayes die Bundestruppen aus dem Süden abzog und die ehemaligen Rebellen ihrer »Home Rule« überließ. Links schleppt die in Ketten gelegte Verkörperung des »soliden Südens« unter Bewachung von Besatzungssoldaten eine gewaltige, die »Carpetbagger-und-Bajonett-Herrschaft« symbolisierende Tasche, auf der der ehemalige Präsident Grant thront. Rechts hat der neue Präsident Schwerter zu Pflugscharen gemacht und pflügt die Tasche ein und mit ihr die »Bajonettherrschaft« und das »blutige Hemd«, das die rachedürstenden Radikalen zu schwenken pflegten. Auf dem Pflug steht: »Laßt-sie-in-Ruhe-Politik.«

Machtwechsel in South Carolina: Das Resultat der Gouverneurswahlen im Ausgangsstaat der Sezession war 1876 nicht weniger umstritten als das der Präsidentschaftswahlen im gleichen Jahr. Der Abzug der Besatzungstruppen im Frühjahr 1877 klärte die Lage. Mit dem ehemaligen konföderierten Kavalleriegeneral Wade Hampton (1818–1902), der einst einer der größten Sklavenbesitzer im Süden gewesen war, übernahmen die Konservativen nach 12 Jahren Carpetbagger-Herrschaft wieder die Regierung, die Ära der Rekonstruktion war beendet. (Miller's Photographic History of the Civil War)

nisse in South Carolina, Florida, Louisiana und Oregon an. Die unter ihrer Kontrolle stehenden Prüfungskommissionen korrigierten die Ergebnisse so, daß nun ihr Kandidat Rutherford Hayes der Wahlsieger war. Da die Demokraten das nicht zu akzeptieren gedachten, kam es zu einem Streit, für den es keine Verfassungsregelung gab. Eine Schiedskommission, auf die man sich einigte, entschied mit einer Stimme Mehrheit zugunsten von Hayes. Die Demokraten gingen zum Filibuster über, das heißt, sie blockierten durch endlose Reden eine endgültige Abstimmung.

Die Lösung brachte schließlich ein mündlich ausgehandelter Kompromiß. Hayes wurde Präsident, als Gegenleistung waren die letzten Bundestruppen abzuziehen, ein Südstaatler ins Kabinett aufzunehmen und wirtschaftsfördernde Maßnahmen für den Süden zu beschließen. Wie zu erwarten, brachen die republikanischen Regierungen in Louisiana, Florida und South Carolina mit einem Schlag zusammen, kaum daß die Besatzungssoldaten abmarschiert waren. Als Wade Hampton am 24. April 1877 in den Gouverneurspalast von South Carolina, dem Staat, in dem die Sezession und der Krieg begonnen hatten, einzog, war die Rekonstruktion im Süden beendet und hatte sich zur Restauration gewandelt.

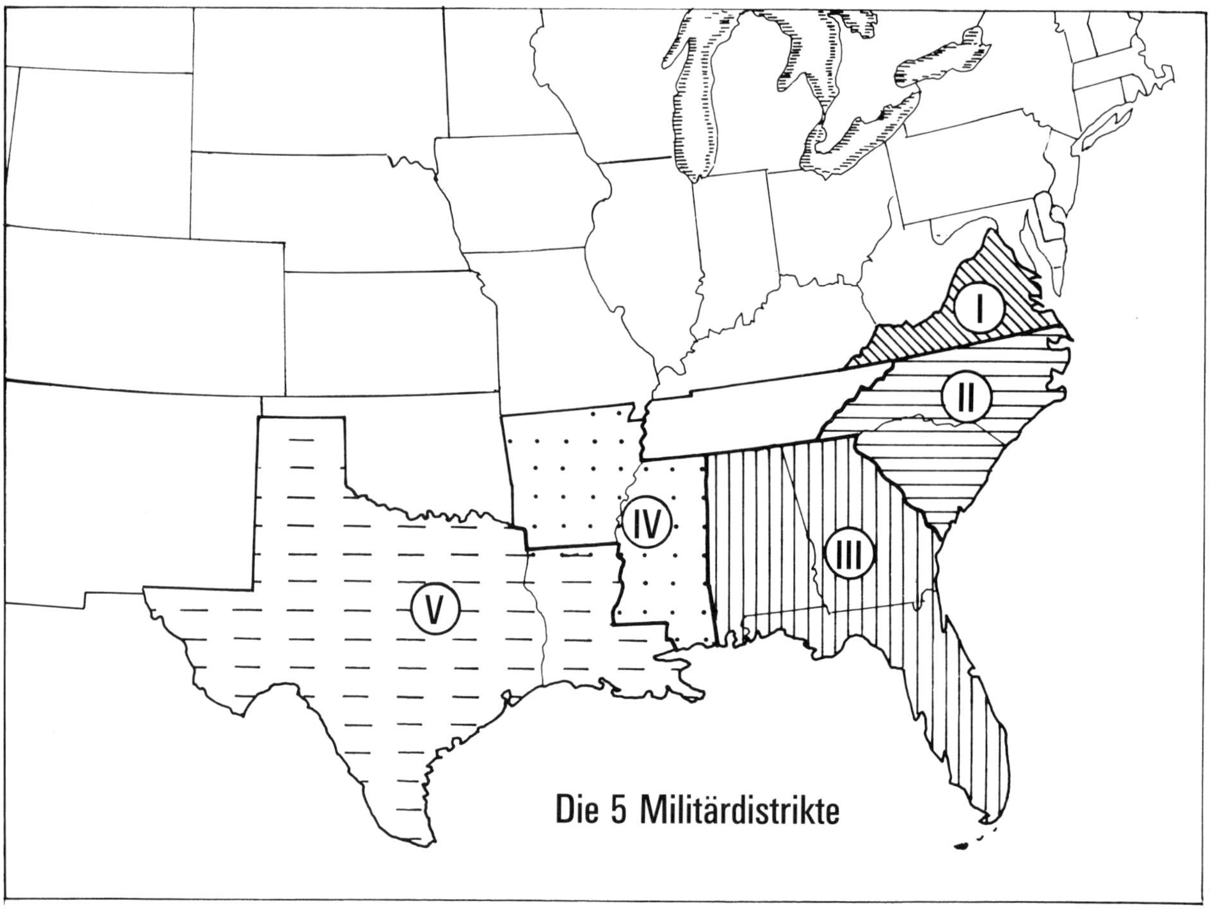

Im Schatten des Fortschritts: Trotz des optimistischen Schlagwortes vom Neuen Süden gelang es dem größten Teil der Südstaaten ein Jahrhundert lang nicht, den wirtschaftlichen Vorsprung des Nordens auch nur im entferntesten einzuholen. Das Bild zeigt eine primitive Baumwollpresse in Alabama um 1875. (Lightfoot Collection)

Der Hauch des Alten Südens: Ankunft eines Dampfers bei Silver Springs, Florida. Die Dampferlinie auf den Flüssen St. Johns, Oklawaha und Silver wurde von 1860 bis 1920 betrieben. (Library of Congress)

KING COTTON
1861
1882

Der Neue Süden: Auch Thomas Nast begann nach 1876 die Südstaaten mit etwas freundlicheren Augen zu betrachten. Vor allem setzte er seine Hoffnung auf die zunehmende Industrialisierung, die die letzten Reste des alten Feudalsystems beseitigen würde. »Die Königin der Industrie oder der Neue Süden« steht fleißig an der Baumwollspinnmaschine, oben wird die finstere Tyrannei des sklavenhaltenden »King Cotton« von 1861 mit der glückverheißenden Industrielandschaft von 1882 kontrastiert. Auf der anderen Zeichnung defilieren »Nord« und »Süd«, durch zwei Bürgerkriegsveteranen verkörpert, einträchtig Arm in Arm vor dem Präsidenten. »Industrie«, »Kapital« und »Arbeit« haben das Wunder ermöglicht.

KIERNAN'S
TELEGRAPHIC
TITUS & THOMAS

»DAS VERGOLDETE ZEITALTER«

Das Finanzzentrum der Nation: Wall Street, New York City, im Jahre 1870. (New York Historical Society)

Für die Nation als Ganzes war der Süden, soviel Aufregung er auch verursachte, nurmehr eine zweitrangige Randregion, die zukunftsweisenden Entwicklungen spielten sich anderswo ab, im Norden und im Westen. Der Krieg, der den Süden um Jahrzehnte zurückgeworfen hatte, war für die Wirtschaft des siegreichen Nordens eine ungeheure Stimulation gewesen. Zwar hatten die enormen Kosten des Krieges zur Ausgabe von ungedecktem Papiergeld durch die Nationalbank und damit zu einer Inflation geführt, die zeitweise den Papierdollar auf weniger als den halben Wert des Golddollars sinken ließ, aber das konnte den allgemeinen Aufschwung nicht bremsen. Industrie und Kapital profitierten nicht nur dadurch vom Krieg, daß sie den gewaltigen Materialbedarf von Armee und Marine deckten, sondern auch, indem sie den Krieg durch Anleihen finanzierten, die sich nach dem Sieg als hervorragende Geldanlagen erwiesen. Die hohen Kriegszölle, die man noch jahrelang beibehielt, schützten die Unternehmer in einem Maße vor ausländischer Konkurrenz, das vor dem Krieg wegen der Opposition des agrarischen Südens nicht möglich gewesen wäre.

1870 hatte sich das Pro-Kopf-Einkommen in den Nordstaaten gegenüber 1860 verdoppelt, die Zahl der Industriebetriebe war im gleichen Zeitraum um 80% gestiegen, das geschätzte Volksvermögen im Norden und Westen hatte sich von 10 auf 25 Milliarden Dollar erhöht. Für die Mentalität der Zeit ist es auch typisch, daß 1870 dreimal so viele Patente erteilt wurden wie zehn Jahre zuvor. Fast alle Wirtschaftszweige und Landesteile – außer dem Süden – waren von diesem atemberaubenden Aufschwung betroffen, er verlief jedoch für einige junge Industrien besonders spektakulär. Die Förderung von Erdöl im Westen Pennsylvanias, mit der man erst Ende der 50er Jahre begonnen hatte, vervierfachte sich im Laufe des Krieges. Der Ertrag der Silberminen in Nevada und anderen Staaten des Westens kletterte von 150 000 Dollar im Jahre 1860 auf 38 Millionen im Jahre 1876. Eisen und Kohle erlebten in den Nachkriegsjahren einen ungeheuren Boom, als man am Oberen See immer neue Lager hochwertigen und leicht abbaubaren Eisenerzes fand und gleichzeitig neue Methoden der Stahlherstellung entwickelt wurden, die den amerikanischen Verhältnissen entgegenkamen. Der sehr geringe Gehalt an Phosphor, den das Erz vom Oberen See aufwies, ermöglichte es, das billige Bessemer-Verfahren anzuwenden, bei dem Luft durch das geschmolzene Eisen geblasen wurde, um die unreinen Bestandteile zu entfernen. Auf dem Wasser- und Schienenweg transportierte man das Eisen nach Chicago, Cleveland, Milwaukee und vor allem nach Pittsburgh, das in der Nähe der großen Kohlenfelder von Westpennsylvania lag. Diese günstigen Gegebenheiten, die Initiative großer Unternehmer wie Andrew Carnegie und Abraham Hewitt und nicht zuletzt der Schutzzoll ließen die USA, die noch 1860 fast alle ihre Eisenbahnschienen aus England bezogen hatten, in den 70er Jahren neben Großbritannien und Deutschland zum größten Eisen- und Stahlproduzenten der Welt werden, zur Jahrhundertwende sollten sie unangefochten an der Spitze stehen. Hand in Hand mit dem Aufstieg der Stahlindustrie ging die Ausdehnung des Kohleabbaus, der sich zwischen 1865 und 1880 verdreifachte. Dazu trug auch bei, daß Kohle generell in jenen Jahren Holz als Energiequelle ablöste.

Grundlage des industriellen Aufschwungs war der Ausbau der Transportmittel, vor allem der Eisenbahn. Allein zwischen 1865 und 1873 verdoppelte sich das Schienennetz von 53 000 km auf über 100 000. Die Eisenbahn war es, die die enorme Expansion der Erdöl-, Eisen- und Kohlenindustrie ermöglichte, die die Produkte der Far-

New York City noch ohne Wolkenkratzer: Die Bilder sind Teil eines Panoramas, das Josuah H. Beal 1876 von einem Pfeiler der unvollendeten Brooklyn Bridge aus photographierte. Seit 1860 hatte sich die Einwohnerzahl der größten Stadt der Union verdoppelt und näherte sich der Zweimillionengrenze. Der Reichtum von New York City übertraf den aller elf ehemaligen konföderierten Staaten zusammengenommen. (New York Historical Society)

Werbung an jedem Haus: Die Aufnahme von Marcus Ormsbree aus dem Jahre 1865 zeigt New Yorks Lower Hudson Street. (New York Historical Society)

mer und Viehzüchter des Westens in die Ballungszentren und Häfen des Ostens brachte und dadurch überhaupt erst absetzbar machte und die von allen Industriezweigen die meisten Arbeitsplätze schuf.

Bis in die frühen 70er Jahre hinein war die amerikanische Industrie von einer großen Vielzahl miteinander konkurrierender, meist kleiner und mittlerer Unternehmen gekennzeichnet. Dann begann ein Konzentrationsprozeß, dem viele der Kleinen zum Opfer fielen und der auf die Bildung von sogenannten Trusts zurückzuführen war. Darunter verstand man Interessengruppen von Industriezweigen, die ihre Preisstrategie untereinander absprachen, um die Risiken ungeregelten Wettbewerbs zu vermeiden und möglichst ökonomisch zu produzieren. Die Folge war, daß durch Zusammenschlüsse gewaltige Industrieimperien entstanden, die von wenigen Gesellschaften und Großkapitalisten kontrolliert wurden. Der Pionier der Trustbildung war John D. Rockefeller mit seiner Standard Oil Company, die er 1870 in Cleveland, Ohio, ins Leben rief. Innerhalb eines Jahrzehnts machte er Standard Oil zur größten und reichsten Industrieorganisation der Welt und beherrschte die ganze amerikanische Ölindustrie. Er erreichte das durch ein Höchstmaß an innerbetrieblicher Effizienz und eine gnadenlose Verdrängungspolitik gegenüber seinen Konkurrenten. Entscheidend war es, daß es ihm gelang, die Eisenbahngesellschaften, die sein Öl transportierten, gegeneinander auszuspielen und niedrigere Frachtgebühren zu erhalten als die anderen Ölfirmen, deren Preise er dann in ihren Absatzgebieten so lange unterbot, bis er ihnen den Markt abgenommen hatte.

Rockefeller gehörte zu einem neuen Typ von Unternehmern, von denen Senator John Sherman in einem Brief an seinen Bruder, den großen General, schrieb: »Die Wahrheit ist, daß das Ende des Krieges unsere Schätze noch unangetastet sieht und unsere führenden Kapitalisten in einem großartigen Maßstab denken läßt, der über alles hinausgeht, was in diesem Land bis jetzt unternommen worden ist. Sie sprechen von Millionen mit einer Zuversicht wie früher von Tausenden.« Männer wie John D. Rockefeller, Andrew Carnegie, John Pierpont Morgan, Jay Cooke, Cornelius Vanderbilt, George Pullman, Cyrus H. McCormick, Gustavus Swift, Jay Could und Abraham

Experimente im Straßenverkehr: Um die Straßen vom Verkehr zu entlasten und um ein schnelles Massenverkehrsmittel zu schaffen, baute man in New York ab den 60er Jahren ein verzweigtes Netz von hochgelegten Eisenbahnstrecken auf. Normalerweise fuhren auf ihnen von kleinen Dampflokomotiven gezogene Züge, eines der Bilder zeigt jedoch den Erfinder Colonel Harvey bei einer Testfahrt mit seinem Kabelwagen auf der Greenwich Street, um 1867.
(New York Historical Society und Lightfoot Collection)

Städtewachstum und Verkehrserschließung auch im Mittleren Westen: Bau der »Newport and Cincinnati Railroad and Wagon Road Bridge« in Cincinnati, Ohio. Aufnahme von Charles Waldock aus dem Jahre 1870. (National Archives)

Hewitt waren die eigentlichen Helden einer Ära, die man das heroische Zeitalter des amerikanischen Großkapitalismus nennen könnte. Bewundert und gehaßt, übertrafen sie die meisten Politiker ihrer Zeit bei weitem an wirklichem Einfluß und wurden zu Leitbildern, denen alle nacheiferten, die den Traum vom Selfmademan teilten.

Während des Bürgerkrieges und des ersten Nachkriegsjahrzehnts legten sie die Grundsteine zu den gigantischen Vermögen der ersten Familien der amerikanischen Plutokratie.

Der schwindelerregende Erfolg und Reichtum dieser Männer bildete das eine Extrem eines von krassestem Sozialdarwinismus geprägten Wirtschaftssystems. Das andere war der Abstieg vieler Kleinunternehmer und das Elend der ganz unverhohlen ausgebeuteten Arbeitermassen. Parallel zu einer – gewissen – Nivellierung der sozialen Gegensätze im Süden spielte sich im Norden also gerade das Gegenteil ab. Man darf freilich dabei nicht übersehen, daß, jedenfalls materiell betrachtet, für die Mehrzahl der Bevölkerung die Vorteile überwogen. Massenproduktion und Massentransport durch Großindustrie und Eisenbahn senkten die Preise für viele Konsumgüter und trugen zum steigenden Lebensstandard der Zeit bei.

Die soziale Polarisierung gab den Anstoß zur Organisation von Selbsthilfe- und Interessenverbänden. Die Arbeiterbewegung zerfiel in zwei Flügel. Der eine, der bis in die 70er Jahre dominierte und dann von der Zeit überrollt wurde, war der reformerische, der die Arbeiterschaft im weitesten Sinne vertrat, die Großindustrie ablehnte und dem Arbeiter den Status eines Handwerkers erhalten wollte. Die von William Sylvis 1866 gegründete »National Labor Union« und der von Uriah S. Stephens 1869 ins Leben gerufene »Noble Order of the Knights of Labor« gehörten diesem Flügel an. Dann gewannen »Trade Unions« an Einfluß, Einzelgewerkschaften, die um konkrete Ziele wie Lohnerhöhungen und Arbeitszeitverkürzungen kämpften. Die Verhältnisse waren in vielen Industriezweigen schlimm genug. So hatte in der Stahlindustrie die Woche sieben Arbeitstage zu zwölf Stunden, in der Textilindustrie schwankte die Zahl der Arbeitsstunden pro Woche zwischen 60 und 84, obwohl ein großer Teil der Arbeitenden in dieser Branche Frauen und Kinder waren.

Greifbare Erfolge stellten sich für die Arbeiterbewegung nur sehr langsam ein. Sie zerfiel in einander befehdende Gruppen, hatte keine klare Zielsetzung und wurde vom überwiegenden Teil der Öffentlichkeit mit großer Skepsis betrachtet. Auch die lange Wirtschaftskrise nach 1873 und die mit ihr zusammenhängende Massenarbeitslosigkeit schwächten die Position der Gewerkschaften. Der erste große Arbeitskampf brach 1877 aus, als vier Eisenbahngesellschaften im Osten die

Kohle und Eisen: Der Krieg hatte den Rohstoffbedarf noch gesteigert und der Schwerindustrie zusätzliche Impulse gegeben. Das eine Bild zeigt Kohlenhalden, die für den Verbrauch der Unionsmarine in Alexandria, Virginia, angehäuft worden sind, das andere den Abbau von Eisenerz in der Jackson-Mine im nördlichen Michigan. (U. S. Army Military History Institute, Carlisle Barracks, Pa., und Marquette County Historical Society, Marquette, Mich.)

Herr des Ölimperiums: Die Petroleumlampen schufen den ersten großen Anreiz zur Ausbeutung der Erdölquellen. Die Verfahren waren primitiv und verschwenderisch. Den rasch zunehmenden Erdölboom im westlichen Pennsylvania verdeutlicht ein Vergleich der Bilder, die einige der ersten Öltürme am Oil Creek nahe Titusville im Jahre 1861 und den Wald von Türmen am Pioneer Run vier Jahre später zeigen. Zwischen 1859 und 1870 stieg die Erdölproduktion der Vereinigten Staaten von 2000 Barrels im Jahr auf 10 Millionen. (Mather Photo from Drake Museum und American Petroleum Institute)

John Davison Rockefeller (1839–1937) erkannte zur Zeit des Bürgerkrieges als kleiner Angestellter die Marktchancen für raffiniertes Erdöl. Die Kontrolle über die Raffinerien verschaffte der von ihm 1870 gegründeten Standard Oil Company die Kontrolle über die ganze Ölindustrie der USA. Rockefeller, der später auch in das Eisen- und Bankgeschäft einstieg, war Ende des Jahrhunderts mit einem Vermögen von über einer Milliarde Dollar der reichste Mann der Welt. Einen Teil seines Geldes verwandte er, wie viele der Großindustriellen, für soziale Zwecke (Rockefeller Foundation). Das Photo zeigt den Begründer der Rockefeller-Dynastie im Alter von etwa 45 Jahren. (Alan Nevins)

Herr des Stahlimperiums: Andrew Carnegie (1835–1919) war der Sohn eines Handwebers aus Dunfermline in Schottland. Nach der Auswanderung der Familie im Jahre 1848 fing er als Gelegenheitsarbeiter an, erregte aber durch seine Tüchtigkeit bald die Aufmerksamkeit seiner Arbeitgeber. Während des Bürgerkrieges war er im zivil-militärischen Eisenbahnmanagement tätig. Dann verlegte er seine Tätigkeit vor allem aufs Stahl- und Eisengeschäft. Durch neue Herstellungsmethoden reduzierte er die Produktionskosten und verbesserte die Qualität, durch eine aggressive Verkaufspolitik verdrängte er die Konkurrenz und wurde zum führenden Stahlproduzenten Amerikas. In mehreren Büchern wie »The Gospel of Wealth« (»Das Evangelium des Reichtums«) vertrat der zugleich sozial und patriarchalisch denkende Liberale die Auffassung, die Reichen hätten die Pflicht, ihr Vermögen noch zu Lebzeiten für soziale Aufgaben zu verwenden. Er selbst engagierte sich in vielfältiger Weise in den USA wie in Schottland. Das Bild zeigt Andrew Carnegie im Alter von 27 Jahren. (Carnegie Steel Corporation International Museum of Photography, Rochester, N. J.)

Löhne um 10% senkten. Eine ganze Juliwoche hindurch wurde ein großer Teil des Eisenbahnnetzes von spontanen Streiks und zum Teil blutigen Unruhen lahmgelegt. Erreicht wurde wenig, und erst Mitte der 80er Jahre kam es wieder zu größeren Streiks.

Auch die Farmer begannen sich nach dem Bürgerkrieg zu organisieren. Statistisch betrachtet machte die Landwirtschaft laufend eindrucksvolle Fortschritte. Die Westexpansion brachte Jahr für Jahr riesige Flächen jungfräulichen Bodens unter den Pflug, zwischen 1866 und 1878 verdreifachte sich die Weizenproduktion, die Eisenbahn sorgte dafür, daß der gewaltige Überschuß zum Konsumenten in die Städte und zum Exporteur in die Häfen transportiert wurde. Diese Industrialisierung der Landwirtschaft wurde durch ihre rasch zunehmende Mechanisierung noch forciert. Die kriegsbedingte Knappheit an Arbeitskräften hatte von 1861 bis 1865 die Zahl der Erntemaschinen von 100 000 auf 250 000 zunehmen lassen. In den menschenleeren Gebieten des Westens hielt diese Tendenz nach dem Krieg ungebrochen an.

Aber gerade diese Fortschritte waren es, die die Position der Farmer schwächten und viele von ihnen zu Opfern des sich wandelnden Wirtschaftssystems werden ließen. Der Export bedingte eine schwer berechenbare Abhängigkeit vom Weltmarkt, die Überproduktion führte zu Preisverfall, der Schienentransport lieferte den Farmer den Eisenbahngesellschaften aus, die ihm in ihrer Monopolstellung die Preise diktieren konnten. 1870 brachte der Weizen nur mehr den halben Preis von 1867. Die unter dem Namen »The Grange« bekannte Farmerorganisation, die 1867 zur Selbsthilfe der Landwirtschaft gegründet wurde, war eine Vorhut zur aggressiveren agrarischen Bewegung des späten 19. und des 20. Jahrhunderts.

Ein besonders brennendes Anliegen der Farmer, wie anderer unter Kapitalknappheit leidender Kreise der Bevölkerung, war der Kampf um billiges Geld. Der Währungsstreit bewegte nach dem Krieg auf viele Jahre die Gemüter. Ausgangspunkt waren die 450 Millionen Dollar ungedecktes Papiergeld (»Greenbacks«), die während des Krieges auf verfassungsmäßig fragwürdiger Grundlage ausgegeben worden waren. Die Vertreter von Finanz und Handel wünschten nun wieder zu einer soliden Goldwährung zurückzukehren, da die dauernd schwankende Relation zwischen Papier- und Goldwährung für ihre Geschäfte irritierend war. Nicht zuletzt hätte es für das Großkapital einen enormen Gewinn bedeutet, wenn der Staat die in Papiergeld eingegangenen Kriegsschulden in Gold hätte zurückzahlen müssen. Die meist verschuldeten Farmer im Süden und Westen wollten dagegen das Papiergeld bei-

Eisenfabriken in Pennsylvania: Die Gegend um Pittsburgh wurde zum Zentrum der Eisen- und Stahlproduktion. Die Bilder zeigen die Edgar-Thomson-Werke der Carnegie Steel Company im Jahre 1875 und die Glendon-Eisenwerke, ebenfalls ungefähr um 1875. (Carnegie Steel Corporation International Museum of Photography, Rochester, N. J., und Lightfoot Collection)

Alte und neue Verkehrswege: ein Zug der »Camden and Amboy Railroad« bei Reparaturarbeiten am Delaware-und-Raritan-Canal, um 1866. Im Jahrzehnt nach dem Bürgerkrieg verdoppelten die USA ihr Eisenbahnnetz auf fast 80 000 Meilen. Das war annähernd die Hälfte des Eisenbahnnetzes der ganzen Welt.
(Culver Service)

Eisenbahnluxus: George Pullmans Schlafwagen und »Palastwaggons« boten den Neureichen des »vergoldeten Zeitalters« die angemessene Reisemöglichkeit. Das Innere dieses »Palace Car« der Ohio Railway wurde 1875 aufgenommen.
(National Archives)

Herr des Bankimperiums: John Pierpont Morgan (1837–1913) aus Hartford, Connecticut, stammte aus einer Familie von vermögenden Händlern und Bankiers, die beiderseits des Atlantiks ihre Geschäfte betrieben. Seine Jugend verbrachte er teilweise in der Schweiz und in Deutschland. 1857 begann seine eigentliche Karriere als Bankmann, die ihn in den nächsten Jahrzehnten zum größten Kreditgeber Amerikas und ungekrönten König der Wall Street machte. Morgan war einer der größten Kunstsammler aller Zeiten. Das linke Photo zeigt ihn im Alter von 16 Jahren als Mathematikstudenten in Göttingen, das rechte 11 Jahre später in Paris. (The Pierpont Morgan Library und Culver Pictures)

behalten und möglichst sogar neues billiges Geld ausgegeben sehen, auch wenn das die Inflation anheizen mußte. Der Zwang, ihre Verbindlichkeiten in Gold zurückzuzahlen, wäre für sie ruinös gewesen. Die Industrie war sich uneins, die kreditbedürftigen, stark expandierenden Unternehmen wie die Eisenbahn und die Stahlindustrie waren gleichfalls für billiges Geld. 1875 beschloß der Kongreß, das Papiergeld beizubehalten und für dieses zum 1. Januar 1879 die Golddeckung herzustellen. Endgültig ausgestanden war damit die Währungsfrage freilich noch lange nicht.

Zu diesem Zwischenergebnis hatte ganz wesentlich die schwere Wirtschaftskrise beigetragen, die auf die »Panik« von 1873 folgte. Beginnend mit dem Zusammenbruch der großen Kreditfirma Jay Cookes im September 1873, war es zu einer langen Reihe von Pleiten gekommen, die besonders viele der allzu verschuldeten Eisenbahngesellschaften traf.

Die Krise, die jährlich Tausende von Unternehmen zerstörte und eine Arbeitslosigkeit verursachte, die sich 1876 auf 14% belief, kam erst 1879 zum Stillstand. Sie war nicht das einzige Symptom des ungesund überheizten Wirtschaftsklimas unter der Präsidentschaft Grants. Ab 1870 erschütterte ein Korruptionsskandal nach dem anderen das Land und machte die zynische Gewinnsucht weiter Kreise in Wirtschaft und Politik deutlich. Die Republikaner zeigten alle Symptome einer Partei, die der Verführung einer allzulange unangefochten genossenen Macht erlegen war, doch auch demokratische Staatsregierungen waren nicht frei von diesem Zeitübel, wie der Tweed-Skandal in New York zeigte.

Aber all diese Mißstände konnten der Attraktivität der USA für den Rest der Welt wenig Abbruch tun, zumal die Wirtschaftskrise der 70er Jahre Europa nicht weniger heimsuchte als die Neue Welt. Mehr denn je strömten die Einwanderer in das Land der unbegrenzten Möglichkeiten. Die Zusammensetzung dieser Massen von Neubürgern begann sich zu verschieben und das von den Angelsachsen mit starken irischen und deutschen Beimengungen dominierte Bevölkerungsbild zu verändern. Damit zeichnete sich das wahrhaft kosmopolitische Völkergemisch ab, zu dem die Vereinigten Staaten in den Jahrzehnten vor und nach der Jahrhundertwende werden sollten.

Treffpunkt der High Society: Saratoga Springs im Staate New York war das beliebteste Kurbad der Ära. Die Aufnahme ist bald nach dem Bürgerkrieg entstanden. (George Eastman House)

Die Kehrseite der Medaille: Hütten des Industrieproletariats entlang der Eighth Avenue in New York, um 1875. (Lightfoot Collection)

Der Kampf um die Währungspolitik: Golddollar oder Silberdollar, Deflation oder Inflation, das waren Fragen, die in den 70er Jahren hitzig debattiert wurden, vor allem seit der Wirtschaftspanik von 1873. Mit der abgebildeten Karikatur warnte Thomas Nast vor »billigem« Geld und Inflation. »Du dummer Geldsack!« sagt Uncle Sam, »es ist schon so viel Geld in dir, du kannst nicht mehr daraus machen, wenn du dich aufbläst!«

»Boss« Tweed: Von den vielen Korruptionsskandalen der Grant-Ära erregte keiner solches Aufsehen wie die Ausplünderung der Stadt New York durch W. M. Tweed und seinen Tammany-Ring. Dies war vor allem das Verdienst von Thomas Nast, der den »Boss« und seine Spießgesellen zum Gegenstand eines vernichtenden Karikaturfeldzuges machte und damit wesentlich zum Sturz der Bande im Jahre 1871 beitrug. Die ans Geniale grenzende Schamlosigkeit Tweeds und seiner Männer, mit der sie den politischen Apparat der Stadt kontrollierten und zu ihrer Bereicherung ausnutz-

ten, war selbst für diese Zeit staunenerregend. Für die neunmonatige Beschäftigung eines Pflasterers berechneten sie der Verwaltung nicht weniger als 2 870 464,06 Dollar – man konnte es sich leisten, die 0,06 Dollar für wohltätige Zwecke zu spenden, wie die »New York Times« bemerkte.

Mit den Tweed-Karikaturen erreichte Nast den Höhepunkt seiner Karriere. Die Brillantkrawattennadel und die Statur reichten hin, um jedem Betrachter klarzumachen, daß der Mann mit dem Geldsackkopf auf der Zeichnung »Das Gehirn« nur der »Boss« sein konnte. »Let Us Prey« – »Laßt uns aasen« (statt »Pray« – »beten«) heißt es unter der Karikatur, die Tweed und seine Kumpane als Geier zeigt. Auf den Knochen ihrer Opfer steht zu lesen: »New York City«, »Stadtkasse«, »Rentenzahler«, »Steuerzahler«, »Gesetz«, »Gerechtigkeit«, »Freiheit« und »Wahlrecht«. Die Karikatur entstand zu einem Zeitpunkt, als Tweed bereits schwer unter Beschuß stand, angedeutet durch Blitze, die in die Schlucht fahren, und durch den Text unter dem Bild: »Eine Gruppe von Geiern wartet darauf, daß der Sturm über sie hinwegzieht.«

Mechanisierte Landwirtschaft: eine frühe Erntemaschine der Firma McCormick im Einsatz. Die Weite des Landes und die Knappheit an Arbeitskräften boten in Amerika besonderen Anreiz, Maschinen in der Landwirtschaft einzusetzen. Cyrus McCormick ließ sich seinen »Reaper« 1834 patentieren, 1860 stellte er in seiner Fabrik in Chicago 4000 Stück im Jahr her. Der Menschenbedarf des Bürgerkrieges und die Erschließung riesiger neuer Gebiete im Westen steigerten noch die Tendenz zur Mechanisierung des Farmbetriebs. (Brown Brothers)

Farmer gegen Eisenbahn: Der technische Fortschritt brachte den Farmern nicht nur Segen. Die Mechanisierung der Landwirtschaft und die ungeheure Ausdehnung der Anbauflächen führten zu Überproduktion und Preisverfall. Die Eisenbahngesellschaften mißbrauchten vielfach ihre Monopolstellung zur Ausbeutung der bedrängten Bauern. Die Karikatur aus den 70er Jahren zeigt einen Lastzug mit Waggons wie »Erpressung«, »Bestechung«, »Usurpierung«, der über die als Schwellen mißbrauchten Körper der ahnungslos Ausgenutzten hinwegrollt. Ein Mitglied der Granger-Bewegung, einer 1867 gegründeten Vereinigung zur Wahrnehmung der Farmerinteressen, versucht, die Opfer aus ihrer Lethargie zu wecken.

Der erste große Streik: Im Juli 1877 setzten sich die Eisenbahnarbeiter gegen Lohnkürzungen zur Wehr. In Baltimore, Pittsburgh, Chicago und anderen Städten kam es zu blutigen Unruhen. Viele Eisenbahnanlagen boten danach einen Anblick wie zu Zeiten des Bürgerkrieges. Das Photo zeigt Zerstörungen in Pittsburgh. (Library of Congress)

Amerikas erster großer Arbeiterführer: William H. Sylvis aus Pennsylvania (1828–1869, auf dem Bild sitzend) war der Präsident der 1866 gegründeten »National Labor Union«, die 600 000 Mitglieder zählte. Er kämpfte für den Achtstundentag und vertrat, zumindest theoretisch, einen gemäßigten, streikfeindlichen Standpunkt. (Taniment Library of New York University, N.Y.C.)

Einwanderer: 800 000 Menschen waren während des Krieges in die USA geströmt, 3,23 Millionen folgten im Jahrzehnt nach dem Krieg. Der Anteil der Angelsachsen und Deutschen sank, Iren waren weiterhin stark vertreten, Süd- und Osteuropäer, vor allem Polen, begannen erstmals in großer Zahl ins Land zu kommen. (Byron Collection, Museum of the City of New York)

Thomas Nast und die Minderheiten: Mit »Uncle Sam's Thanksgiving Dinner« entwirft der Karikaturist das traditionelle Idealbild. Alle sind willkommen im Hause Uncle Sams, Italiener, Spanier, Iren, Deutsche, Chinesen, Schwarze. In der Mitte der Tafel hat Thomas Nast auf seiner Karikatur von 1869 einen Aufbau gesetzt mit den Aufschriften »Allgemeines Wahlrecht« und »Selbstregierung«.

Die Wirklichkeit war nicht immer so ideal. Die nichtangelsächsischen und nichtprotestantischen Einwanderer wurden schon vor dem Krieg von vielen als Fremdkörper und Eindringlinge empfunden. Die »Nichtswisser«-Bewegung der 50er Jahre richtete sich vor allem gegen Iren und Katholiken. Thomas Nast, auch hierin ein typischer Liberaler seiner Zeit, teilte diese Abneigungaus ganzem Herzen. Der katholische Ire erscheint auf seinen Karikaturen als abstoßend primitives Geschöpf, der weiße Nigger des Nordens, ein unwissendes Stimmvieh in der Hand der Kirche und der demokratischen

Politiker. Als Italien 1870 Rom besetzte, entstanden Befürchtungen, der Papst erwäge, in die Vereinigten Staaten auszuwandern. Nast verlieh dem erneut hochschlagenden Antikatholizismus krassen Ausdruck. Vor allem fürchtete er, die Kirche würde sich in das öffentliche Schulwesen drängen. Auf seiner Karikatur »Der amerikanische Ganges – die Priester und die Kinder« von 1871 entsteigen dem Fluß Bischöfe, deren Mitren zu Krokodilsmäulern umgestaltet sind. Während die Lehrerin der in Trümmern liegenden »Public School« von Tweeds Schergen zum Galgen geführt wird, erhebt sich im Hintergrund die »Political Roman Catholic School« in Gestalt der Peterskirche. Die am schwersten zu lösenden Probleme gab es jedoch mit den andersrassigen Bevölkerungsteilen, Schwarzen, Indianern und Chinesen. Letztere gelangten in wachsender Zahl von der Westküste aus ins Land und wurden vornehmlich im Eisenbahnbau beschäftigt. Auf Nasts Karikatur von 1879 stehen ein Indianer und ein Chinese vor einer Wand mit fremdenfeindlichen Plakaten, im Hintergrund schläft ein Schwarzer, neben ihm steht: »Mein Tag wird kommen.« Ein Bild zeigt eine Lokomotive, die den Indianer nach Westen scheucht, während der Chinese der Eisenbahn nach Osten folgt. Der rote Gentleman sagt zum gelben: »Bleichgesicht hat Angst, daß du ihn mit deinen vielen Leuten hinausdrängst, wie er mich hinausgedrängt hat.«

NACH WESTEN!

»Go west, young man, go west!« – »Geh nach Westen, junger Mann, geh nach Westen!«

Horace Greeleys Aufruf drückte plakativ die große Alternative aus, die jedem Amerikaner offenstand und die sein Lebensgefühl grundsätzlich von dem des Europäers unterschied. An der Westgrenze erstreckten sich die unendlichen Weiten freien Landes und boten dem Unternehmungslustigen immer wieder die Möglichkeit zum Neuanfang. Von dem Beginn der Kolonialzeit an bestand so das Wesen der Landnahme in zwei verschiedenen, einander ergänzenden großen Wanderbewegungen. Über den Atlantik strömten die europäischen Einwanderer und ließen die Bevölkerungszahl weit über die natürliche Zunahme hinaus anwachsen, und aus den besiedelten Gebieten des Ostens ergoß sich eine Flut von Pionieren in das Land im Westen. Zunächst langsam, dann immer schneller schoben sie die Grenzen der Zivilisation nach Westen vor, eine Grenze löste die andere ab.

Bis in die Mitte des 18. Jahrhunderts stellten die Appalachen die große Barriere dar, früh im 19. Jahrhundert wurde der Mississippi erreicht, um 1850 erfolgte dann ein gewaltiger Sprung – die Wagenzüge der Auswanderer durchquerten die Ebenen und Gebirge des Westens, nicht um sich dort niederzulassen, sondern um die Pazifikküste zu erreichen. So gab es in den 50er und frühen 60er Jahren an der Westküste, in Kalifornien und Oregon, bereits eine nach Hunderttausenden zählende und rasch weiter zunehmende weiße Bevölkerung, die durch einen weit über 2000 km breiten Streifen menschenleerer Prärien, Wüsten und Felsengebirge von der eigentlichen Grenze getrennt war, die damals durch Minnesota, Kansas und Osttexas lief.

Der ferne Westen stellte die Grenzer vor ganz neue Probleme. Hatte man es bisher mit den feuchten und dicht bewachsenen Gebieten des östlichen Waldlandes und der fruchtbaren Prärien zu beiden Seiten des Mississippi zu tun gehabt, die nur gerodet und umgepflügt zu werden brauchten, um ertragreiches Ackerland abzugeben, stieß man jetzt auf die weiten, regenarmen Ebenen des Westens mit ihren harten, ausgetrockneten Böden, auf Wüsten und auf hohe Gebirge. Erst jenseits der Rocky Mountains, an der Pazifikküste, gab es wieder klimatisch begünstigte Landstriche mit einer üppigen natürlichen Vegetation. Es war daher keine reine Heuchelei, wenn man glaubte, den Indianern den ewigen Besitz der westlichen Plains zusichern zu können.

Aber die Verhältnisse änderten sich sehr rasch. Die USA hatten kaum den spanisch-mexikanischen Südwesten erobert, da löste der große Goldrausch in Kalifornien die erste Massenwanderung an die Westküste aus. Das wenig später den Briten abgetrotzte fruchtbare Oregon lockte sogleich Scharen von Farmern in den nördlichen Teil des Küstengebiets. Nach dem Bürgerkrieg sorgten eine Reihe von Erfindungen dafür, daß auch die trockenen Flächen der westlichen Plains für den Farmer und Rancher interessant wurden. Verbesserte Pflüge, windmühlenbetriebene tiefe Brunnen, die Technik des Trockenanbaus, bei der die Saat durch Abdecken mit Staub vor dem Austrocknen geschützt wurde, ermöglichten es, große Teile der kargen Graslandschaft in Getreidefelder zu verwandeln. Oder man nutzte das Land zur Viehzucht größten Stils. Das Einzäunungsproblem in dem holzarmen Gebiet wurde für Farmer und Rancher 1874 gelöst, als J.F. Glidden den Stacheldraht auf den Markt brachte. Die Versorgung mit Industriegütern und vor allem den Abtransport der Produkte übernahmen die Eisenbahnlinien, die ab den 60er Jahren in die Weiten des Westens vorgeschoben wurden.

Das alles erklärt, daß die Landnahme gerade in den klimatisch am wenigsten begünstigten Regionen des Kontinents in einer noch nie dagewese-

Die Weite des Westens: Zwei Mitglieder der Hayden-Erkundungsexpedition blicken von Devil's Gate, Wyoming, in das Tal des Sweetwater River.
Aufnahme von William Henry Jackson, 1871.
(National Archives)

Erfassung des Unbekannten: Zu den staatlichen Expeditionen, die in den 60er und 70er Jahren in die unerschlossenen Gebiete des Westens aufbrachen, gehörten Pfadfinder, Soldaten, Kartographen, Ethnologen, Geologen und nicht zuletzt Photographen. Die Bilder von William Henry Jackson zeigen die Hayden-Expedition in den Jahren 1870 und 1871. (Academy of Natural Sciences, Philadelphia)

Die Riesenhaftigkeit der Natur: Alles im Westen war gigantisch, die Entfernungen, die Berge, die Bäume.
Auf der Aufnahme von C. E. Watkins aus dem Jahre 1866 steht der Forstbeamte Galen Clark zu Füßen der Sequoia »Grizzly Giant« im Mariposa Grove, Kalifornien; auf William Bells undatierter Aufnahme blicken zwei Männer in die Tiefe des Grand Canyon in Colorado. (Library of Congress und The Metropolitan Museum of Art)

nen Geschwindigkeit erfolgte. Ohne daß man die noch etwa 300 000 freien Indianer mitzählte, lebten 1860 westlich des Mississippi 3 744 000 Menschen, von denen aber gut drei Viertel auf die in einem Streifen von etwa 600 km Breite im Westen des Stroms gelegenen, schon seit Jahrzehnten besiedelten Gebiete entfielen, allein 1 182 000 auf den Staat Missouri.

1870 gab es zwischen Mississippi und Pazifik 6 877 000 Menschen, 1890 waren es 16 775 000. In diesem Jahr stellte die Zensusbehörde in ihrem Jahresbericht fest:

»Bis einschließlich 1880 besaß das Land eine Grenze der besiedelten Zone, aber jetzt ist das unbesiedelte Gebiet dermaßen von isolierten Siedlungsräumen durchsetzt, daß man schwerlich noch von einer Grenzlinie sprechen kann.«

Die Eroberung des Kontinents war abgeschlossen, die seit fast drei Jahrhunderten stetig nach Westen wandernde Grenze hatte ihr Ziel gefunden und war verschwunden.

Landschaftsmalerei mit der Kamera: Die unberührte Natur des Westens war eine der großen Herausforderungen für die sich entwickelnde Kunstgattung.
E. J. Muybridges Aufnahme von 1872 zeigt die Wasserfälle des Yosemite in Kalifornien von Glacier Rock aus.
(Department of Special Collections Research Library, University of California, Los Angeles)

Felsendome: Canyon de Chelly, Colorado, und Castle Rocks, Green River Valley, Utah.
(Photos von Timothy O'Sullivan, 1873, Privatsammlung, und von A. J. Russell, 1867/68, Western American Collection, Yale University, New Haven)

Der erste Nationalpark: In atemberaubender Geschwindigkeit brach der Mensch in die freie Landschaft des Westens ein, holzte Wälder ab, pflügte Prärien um, dezimierte das Wild. Doch gab es auch schon ein Empfinden dafür, daß die Naturwunder der neuen Territorien ein stolzes und erhaltenswertes Eigentum der Nation wie der Menschheit waren. So gelang es 1872, ein über 2 Millionen Morgen großes Gebiet in Wyoming dem Zugriff des »Fortschritts« zu entreißen und zum Yellowstone-Nationalpark zu machen, dem ersten der Welt.
Die beiden Aufnahmen von W. H. Jackson aus den Jahren 1874 und 1881 zeigen den Yellowstone-Park-Ranger Harry Yount am Berthoud-Paß und einen Schlammgeysir in Aktion.
(National Archives)

Spuren der ersten Eroberer: Noch vor den Entdeckern und Siedlern aus England, Frankreich, Holland waren die Spanier auf das Gebiet der späteren USA vorgedrungen. Von Mexiko aus stießen die Konquistadoren weit in den Südwesten und in den Südosten des Kontinents vor.
Timothy O'Sullivan photographierte am »Inscription Rock« in New Mexiko 1873 diese Inschrift vom 18. Februar 1526.
(Library of Congress)

Der spanisch-mexikanische Südwesten: Die Konquistadoren hatten im 16. Jahrhundert ein riesiges Gebiet für die spanische Krone in Besitz genommen, eine eigentliche Besiedlung erfolgte jedoch nicht. Die spanische Präsenz beschränkte sich weitgehend auf einige Militär- und Handelsposten sowie Missionsstationen. Das Photo von Timothy O'Sullivan zeigt die Barockkirche der San-Xavier-Mission in Tucson, Arizona, im Jahre 1871.
(National Archives)

Eine Missionsstation, die zum Nationalheiligtum wurde: der Alamo in San Antonio in Texas.
Vom 24. Februar bis 6. März 1836 verteidigten sich hier im texanischen Unabhängigkeitskrieg 182 überwiegend aus den USA stammende Freiheitskämpfer gegen die Streitmacht des mexikanischen Diktators Santa Ana.
Sie fielen bis zum letzten Mann. Das Photo ist um 1853 entstanden.
(Library, Daughters of the Republic of Texas at the Alamo)

Indianische Idylle: Der in Solingen geborene und in Darmstadt und Rom ausgebildete Albert Bierstadt reiste seit den 50er Jahren wiederholt in den Westen, um die Landschaft und die Menschen mit dem Pinsel und mit der Kamera festzuhalten. 1859 entstand das Bild »Wolf River, Kansas«. (Detroit Museum of Fine Arts)

Grandiosität und Melodram des Westens: Albert Bierstadt war überwältigt von der großartigen Landschaft im fernen Westen des Landes. Das Yosemite-Tal in Kalifornien beeindruckte ihn besonders. Das oben abgebildete Gemälde »Kuppeln des Yosemite« stammt aus dem Jahr 1867. So populär seine Bilder waren, haftete den Szenerien Bierstadts doch meist etwas Theatralisches, Kulissenhaftes an. Das gilt auch für sein 1863 konzipiertes, 1889 ausgeführtes Gemälde »Der letzte der Büffel«. Der Künstler wollte mit dem Bild ernsthaft auf den drohenden Untergang der Bisonherden aufmerksam machen, doch die romantische Heroisierung des Sujets wirkt dem beabsichtigten Eindruck entgegen. (Saint Johnsbury Athenaeum, Vt.; Buffalo Bill Historical Center, Cody, Wy.)

Der Vormarsch der Zivilisation: Wenige zeitgenössische Maler dokumentierten die Erschließung des Westens in den 60er und 70er Jahren des 19. Jahrhunderts. Einer von ihnen war William Cary. Den Missouri reiste er zweimal entlang, 1860 und 1874. Sein undatiertes Bild »Büffel beim Durchqueren des Missouri« zeigt den Zusammenprall von Urwelt und Technik. Das darunter abgebildete Gemälde von Samuel Colman aus dem Jahre 1872 stellt die klassische Szene der Westwanderung dar, den endlosen Wagenzug der Pioniere. Es trägt den Titel »Schiffe der Ebenen«.
(The Thomas Gilcrease Institute of American History and Art, Tulsa, Oklahoma; Union League Club, New York)

Der große Maler des Westens: Frederic Remington, der unser Bild vom Westen geprägt hat wie kein zweiter Künstler, war nur mehr kurz Augenzeuge der Zustände, die er so oft auf die Leinwand bannen sollte. 1880 reiste Remington erstmals in den Westen, die meisten seiner Gemälde entstanden um die Jahrhundertwende. Mit fanatischem Eifer war er bemüht, das Bild einer entschwindenden Ära so wirklichkeitsgetreu wie möglich festzuhalten. Sein Gemälde »Kommen und Gehen des Pony-Express« stammt aus dem Jahr 1900 und stellt eine Szene aus den Jahren 1860 und 1861 dar, als eine Staffette von Reitern die Nachrichtenverbindung zwischen Ost- und Westküste gewährleistete. Die Unternehmer garantierten, daß ein Brief aus New York innerhalb von 240 Stunden San Francisco erreichen würde. Der Pony-Expreß wurde sehr rasch durch den Ausbau der Telegraphenverbindung überholt. »Das Ende der Cowboys«, ein 1895 gemaltes Bild, beruht dagegen auf eigener Anschauung Remingtons. Zwei Cowboys, denen die neuen Stacheldrahtzäune der Siedler den Weg verlegen, stehen vor einem Durchlaß, den einer von ihnen öffnet. Die trostlose Schneelandschaft erinnert an den furchtbaren Winter von 1885/86, der einen großen Teil der Herden auf den nördlichen Plains vernichtete. (The Thomas Gilcrease Institute of American History and Art, Tulsa, Oklahoma, und Amon Carter Museum, Fort Worth, Texas)

Das Ende des Weges: Die Flucht der Cheyenne aus dem Indianerterritorium in ihre angestammte Heimat fand mit dem Ausbruch aus Fort Robinson und dem Massaker am War Bonnet Creek 1878 ihr Ende. Frederic Remingtons eindrucksvolles undatiertes Bild »Die Schlacht am War Bonnet Creek« zeigt die dunklen Reihen der abgesessen vordringenden Kavalleristen siegreich und ratlos vor dem Leichenfeld im Schnee innehalten. (The Thomas Gilcrease Institute of American History and Art, Tulsa, Oklahoma)

Expansion durch Krieg: 1845 annektierten die USA auf eigenen Wunsch die seit 1836 unabhängige Republik Texas, 1846 kam es zum offenen Krieg mit Mexiko, der ein Jahr später mit der vollständigen Niederlage Mexikos und der Annexion des ganzen Südwestens der USA einschließlich Kaliforniens endete. Die Karikatur aus der New Yorker Zeitschrift »Yankee Doodle« zeigt den mexikanischen Adler vor und nach dem Krieg.

THE MEXICAN EAGLE BEFORE THE WAR!

THE MEXICAN EAGLE AFTER THE WAR!

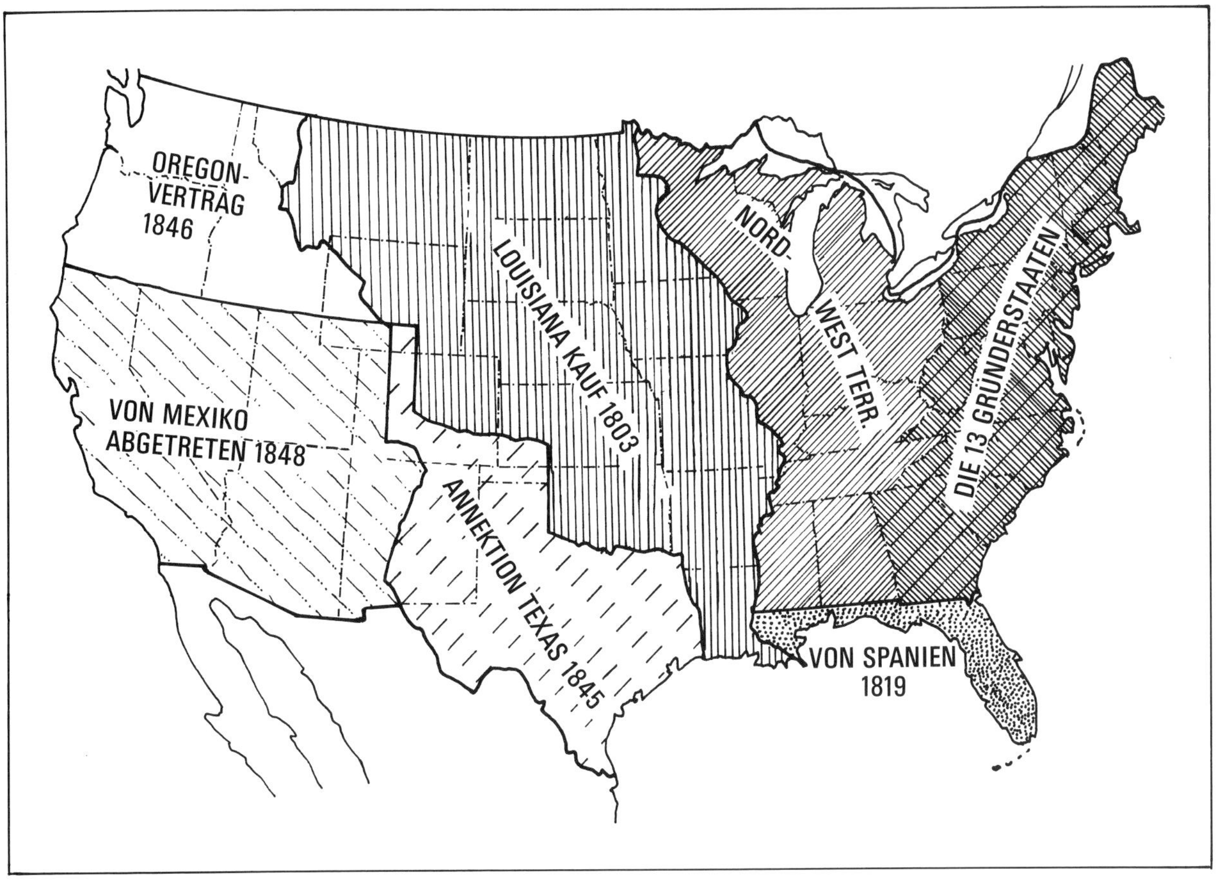

Die Etappen der Westexpansion 1783–1848.

Die Eisenbahnen sind die Erschließung des Westens, 1850–1900. Die Karte zeigt die in der zweiten Hälfte des 19. Jahrhunderts westlich des Mississippi angelegten Eisenbahnlinien. Die Jahreszahlen neben den Bundesstaaten geben das Jahr an, in dem das Territorium als Staat in die Union aufgenommen wurde.

Expansion durch Kompromiß: Der Verlauf der Grenze zu Kanada war seit der Unabhängigkeit der USA ein Streitpunkt zwischen Washington und London gewesen. Den Krieg von 1812 hatten die USA wesentlich zu dem Zweck geführt, Kanada zu erobern. Nachdem dies gescheitert war, gelang es später, sich für die Strecke zwischen den Großen Seen und den Rocky Mountains auf eine Grenzlinie bei 49° nördlicher Breite zu einigen. Im Oregon-Gebiet, das damals außer dem Gebiet des heutigen Staates dieses Namens die künftigen Territorien von Washington, Idaho, British Columbia und eines Teils von Montana umfaßte, stießen amerikanische, britische, spanische und russische Ansprüche aufeinander. Die beiden letzteren Mächte zogen sich aus dem Konflikt zurück, aber zwischen den USA und Großbritannien kam es zu einem heftigen Gerangel, das schließlich mit dem Oregon-Vertrag von 1846 beigelegt werden konnte: Die 49°-Grenze wurde bis an den Pazifik verlängert. Auf dem einen Photo sehen wir britische Offiziere im Jahre 1858 bei der Vermessung der Grenze in Oregon, auf dem anderen die Blaskapelle und die Feuerwehr von Portland, Oregon, die im gleichen Jahr aufmarschiert sind, um – noch etwas verfrüht – die Zulassung von Oregon als Bundesstaat zu feiern. Es war eine Falschmeldung – erst 8 Monate später wurde aus dem Territorium ein Staat.
(The Victoria and Albert Museum, London, und Library of Congress)

Expansion durch Kauf: 1867 erwarben die USA vom russischen Zaren für 7,2 Millionen Dollar das ganze Gebiet von Alaska. Der Handel war das Werk von Außenminister William Henry Seward (1801–1872), der schon während des Bürgerkrieges die äußeren Beziehungen der USA mit großem Geschick gelenkt hatte. Der Gewinn Alaskas, in der populären Vorstellung einer eisigen, unfruchtbaren, abgelegenen Einöde, erschien den meisten Amerikanern jedoch von recht zweifelhaftem Wert, und man sprach allgemein von »Seward's Folly«, »Sewards Narrenstreich«.
Die Karikatur zeigt Seward (links) und Präsident Johnson bei der Begrüßung »unserer neuen Senatoren«, eines Eskimos und eines als Seehund bezeichneten, vom Zeichner aus der Antarktis nach Alaska verpflanzten Pinguins.
Die Aufnahme des Hafens von Sitka in Alaska von E. J. Muybridge entstand 1868, ein Jahr nachdem das Gebiet amerikanisch geworden war.
(National Archives und Privatsammlung)

DIE PIONIERE

Das »eiserne Pferd«: Arbeiter verlegen die Schienen der ersten Transkontinentaleisenbahn. Das Schienennetz ermöglichte die Erschließung der weiten Gebiete des Westens innerhalb einer Generation. (Union Pacific Railroad)

Vorhut der Zivilisation: Jäger und Fallensteller waren die ersten Weißen, die in die unberührte Wildnis vordrangen. Sie kämpften mit den Indianern und lebten gemeinsam mit ihnen. Der Lebensstil und das Äußere dieser einzelgängerischen Trapper und Mountain Men entsprach weit mehr dem der ursprünglichen Bevölkerung als dem der Farmer und Städter im Osten. Ihren Lebensunterhalt verdienten sie mit den Fellen von Bibern und anderen Pelztieren, die sie an die großen Pelzhandelsgesellschaften verkauften. Das Bild zeigt Major W. F. M. Arny, den Indianeragenten des Territoriums von New Mexico. (Southern Historical Collection, University of North Carolina, Chapel Hill)

Die Erschließung des Westens erfolgte in mehreren aufeinanderfolgenden Wellen. Die Vorhut der Zivilisation – Entdecker, Kartographen, Missionare, Soldaten, Jäger, Trapper und Händler – sickerte noch in die freie Wildnis ein, ohne die Indianer zu verdrängen. Die Zahl dieser Pioniere der ersten Stunde war niedrig, und sie verfolgten Interessen und pflegten eine Lebensweise, die keine systematische Landnahme erforderten, im Gegenteil, viele von ihnen, vor allem die Jäger, Trapper und Pelzhändler, waren darauf angewiesen, daß das Land in seinem ursprünglichen Zustand blieb. Als dann die zweite Welle, die der Siedler, kam, waren die ersten Pioniere kaum weniger genötigt, Platz zu machen und weiter nach Westen zu ziehen, als die Indianer.

Die raumgreifende Besiedlung, der die erste Welle den Weg gewiesen hatte, begann gewöhnlich mit den »squatters«, Familien, die sich in dem freien Land nahmen, was ihnen paßte, ohne sich viel um die von der Regierung geplante Parzellierung und Zuteilung der Flächen zu kümmern. Es waren einsam und primitiv lebende Menschen, die oft Jagd und Ackerbau zugleich betrieben und von denen gleichfalls viele weiterzuziehen pflegten, wenn das Gebiet gründlicher »zivilisiert« wurde. Iro-schottische Familien machten den größten Teil dieser harten Pioniere aus.

Dann kam der Strom der ordentlichen Siedler, die die ihnen zugewiesenen Landparzellen in Besitz nahmen und bebauten, und nun dauerte es nicht mehr lange, bis die ersten Dörfer, Kirchen und Schulhäuser entstanden. Spätestens zu Beginn dieser Phase wurden die Indianer endgültig vertrieben. Nachdem es diese Aufgabe erfüllt hatte, konnte auch das Militär weiterziehen, um den Schutz einer neuen Grenze zu übernehmen. Die ungebärdigen Elemente der weißen Bevölkerung, die inmitten der sich ordnenden und stabilisierenden Verhältnisse zurückgeblieben waren, wurden früher oder später von Sheriffs und Marshals oder von Selbsthilfeorganisationen (»Vigilanten«) zur Raison gebracht oder eliminiert.

Dieses vertraute Schema der sich überlagernden Grenzen erfuhr ab Mitte des 19. Jahrhunderts einige bedeutsame Modifikationen und Bereicherungen. Der kalifornische Goldrausch von 1849 schuf einen neuen Typ des Pioniers, den Schatzsucher, und damit eine neue Spielart der Grenze, die »mining frontier«, die Grenze der Gold-, Silber- und Kupferminen. Die Nachricht, daß irgendwo im Westen Edelmetall gefunden worden sei, löste augenblicklich einen Ansturm

Die Bahnbrecher: Auf die vereinzelten Trapper und Scouts folgte die erste Welle des Massenansturms, die der Gold- und Silbersucher. Der große kalifornische Goldrausch von 1849 wurde in seinen Dimensionen und politischen Konsequenzen zwar nicht wieder erreicht, aber er wiederholte sich in kleinerem Maßstab doch immer wieder, in Colorado, in Nevada, in Wyoming, in Montana, schließlich in Alaska. Meist dauerte der chaotische Boom nur wenige Jahre, bis die Minen in die Hände industriell geführter Gesellschaften übergingen oder erschöpft waren, aber die Goldwäscher und Silberschürfer bahnten den Weg für die nachfolgenden Siedler. Die Daguerreotypie zeigt George W. Northrup aus Minnesota in voller Ausrüstung. Northrup war ein typischer Vertreter der abenteuernden Grenzbevölkerung. Er betätigte sich abwechselnd als Pelzhändler, Scout für die Armee, Lehrer an einer Indianermission und Goldsucher. Indianische Pfeile machten 1864 seinem Leben im Alter von 27 Jahren ein Ende. (Minnesota Historical Society)

Dichter und Scout: Captain Jack Crawford diente der Armee als Pfadfinder und veröffentlichte gleichzeitig seine Prärielyrik. (National Archives)

Eine Wildwestheldin: Martha Jane Canarray (etwa 1848–1903) erlangte als »Calamity Jane« große Berühmtheit. Sie trug Männerkleidung und war beim Bau der Union Pacific und bei einigen Feldzügen der Armee dabei. Später stellte sie ihre Abenteuer in einer Show dem Publikum vor. (Hebard Collection, University of Wyoming)

von Glücksrittern aus, der über Nacht ganze Städte aus dem Boden schießen ließ. Nicht nur die Goldwäscher und Silberschürfer erschienen auf der Bildfläche, sondern auch ein zahlreiches und vielfach zwielichtiges Gefolge von Menschen, die an dem plötzlichen Reichtum teilzuhaben hofften, Händler, Schankwirte, Spieler, leichte Mädchen, Diebe und Räuber. Um der chaotischen Zustände einigermaßen Herr zu werden, gaben sich viele der Schatzsucherstädte selbst Gesetze, die von gleichfalls selbsternannten Organisationen wie den Vigilanten durchgesetzt wurden, oft genug mit Mitteln der Lynchjustiz.

Erschöpften sich die Gold- und Silbervorkommen nach kurzer Zeit, verschwanden diese Schatzsucherkommunen so schnell, wie sie entstanden waren, und ließen »Geisterstädte« in der Einöde zurück. Hielt der Boom jedoch über mehrere Jahre an oder befanden sich landwirtschaftlich nutzbare Flächen in der Nähe, dann wurden die Lager und Städte der Mineure zur Keimzelle dauerhafter Ansiedlungen, die durch den Zuzug anderer Elemente allmählich ihren ursprünglichen Charakter verloren.

Neben Kalifornien waren es vor allem die Territorien von Colorado und Nevada, die der Entdeckung von Bodenschätzen ihren raschen Aufschwung zu verdanken hatten. 1859 fand man in Colorado bei Pike's Peak Gold, aber der sofort einsetzende Goldrausch, der Städte wie Denver und Colorado City entstehen ließ, war nur kurzlebig. Als viel bedeutsamer erwiesen sich die in den 70er Jahren entdeckten Silbervorkommen. In Nevada ging es von Anfang an nur um Silber.

Die 1859 gefundene Comestock Lode in der Nähe des Tahoe-Sees entwickelte sich rasch zu einer der reichsten Minen der Erde.

Das Silber wurde in richtigen Bergwerken abgebaut. Der individuelle Schatzsucher mit Pikkel und Waschschüssel hatte hier nichts mehr verloren. Große Firmen aus Kalifornien und aus dem Osten übernahmen das Geschäft, und der Abbau des Edelmetalls wurde zu einem regelrechten Industriezweig.

Andere Territorien, in deren Frühgeschichte Gold und Silber eine wesentliche Rolle spielten, waren Idaho, Montana, Wyoming, Arizona, Dakota und schließlich Alaska. Während sich der Edelmetallboom gewöhnlich als ebenso spektakulär wie kurzlebig erwies, warfen die in Montana und später in Arizona abgebauten Kupferbestände über Jahrzehnte hinweg hohe Summen ab.

Die Geschichte der »mining frontier« war nicht nur bedeutsam für die Entwicklung des fer-

Outlaws: Manche der berühmten »Helden« des Westens waren Banditen, die sich die rechtlosen Verhältnisse der Grenze zunutze machten. Zu ihnen zählten die James-Brüder, deren Karrieren in Missouri zur Zeit des Bürgerkrieges begannen. Sie kämpften in der berüchtigten konföderierten Partisanentruppe William C. Quantrills und spezialisierten sich dann auf Banküberfälle. Das Photo zeigt von links nach rechts Fletcher Taylor, Frank James (in der angemaßten Uniform eines konföderierten Generals) und Jesse James. (State Historical Society of Missouri)

nen Westens, sondern auch für die finanzpolitische Gesundung der Nation. Ohne die 1¼ Milliarden Dollar in Gold und die fast 1 Milliarde in Silber, die zwischen 1860 und 1890 gewonnen wurden, hätte die durch den Bürgerkrieg ausgelöste Währungsreform nur schwer bewältigt werden können.

Der große Sprung, den die Grenze mit der Erschließung von Kalifornien und Oregon machte, schuf das Problem, die Verbindung zwischen Osten und Westen über mehr als 2000 km Einöde hinweg herzustellen und aufrechtzuerhalten. Das dichte Netz von Wasserwegen, das im Osten den Verkehr sehr erleichtert hatte, gab es westlich des Mississippi nicht, man war also ganz auf die Überlandrouten angewiesen. Die Siedler überquerten in Monate dauernden Wagentrecks die Ebenen und Gebirge, schweres Frachtgut mußte auf dem langwierigen Schiffsweg um den ganzen Doppelkontinent herumtransportiert werden. Die Postverbindung und den Individualverkehr übernahmen Kutschen und die pittoreske, aber kurzlebige Meldereiterstaffette des »Pony-Express«.

Eine wirkliche Lösung des Problems konnte indes nur der Bau von transkontinentalen Eisenbahnen bringen. Damit betrat der Eisenbahnpionier die Bühne des Westens.

Nachdem der jahrelange Streit zwischen den Interessenvertretern des Nordens und des Südens, welcher Route die erste Transkontinentalbahn folgen sollte, durch den Bürgerkrieg gegenstandslos geworden war, wurde 1862 das Pazifikeisenbahn-Gesetz von Lincoln unterzeichnet. Zwei Linien arbeiteten sich ab 1865 einander entgegen, die Union Pacific von Council Bluffs in Iowa aus, die Central Pacific von Sacramento in Kalifornien aus. Der Bund zahlte hohe Kredite an die Bahngesellschaften und gab ihnen das Land in einer Breite von zehn, später zwanzig Meilen beiderseits der Strecke für jede gebaute Eisenbahnmeile. Das erklärt die fieberhafte Eile, mit der beide Gesellschaften die Arbeiten vorantrieben.

Das Rinderkönigreich: Cowboys und ihre Herde in der Nähe von Dodge City, Kansas, Ende der 70er Jahre. (Dodge City Public Library, Kansas)

Ziel der Cowboys: Dodge City in Kansas war eine der großen Rinderstädte, von denen aus die Tiere mit der Eisenbahn in den Osten gebracht wurden. Einer der wichtigsten Gebrauchsartikel des täglichen Lebens waren Waffen. Eine einschlägige Handlung an der Front Street wirbt mit einem großen Holzgewehr. Aufnahme aus dem Jahre 1873. (Kansas Historical Society)

Am 10. Mai 1869 war das Ziel erreicht, als bei Promontory Point in Utah der Ost und West verbindende goldene Nagel eingeschlagen wurde.

In den 70er Jahren machten sich weitere Gesellschaften ans Werk, um drei ergänzende Transkontinentallinien zu bauen, die Northern Pacific, die Southern Pacific und die Santa Fe. Alle drei wurden Anfang der 80er Jahre fertiggestellt. Der reiche Landbesitz, mit dem die Eisenbahngesellschaften vom Bund und von den Einzelstaaten ausgestattet wurden, legte die erste Organisation der Westbesiedlung zum Gutteil in ihre Hände. Sie warben Siedler an, transportierten sie mit ihrer Habe nach Westen, verteilten Land an sie, hielten anderes aus Gründen der Spekulation zurück. Die wichtigsten Bahnhöfe an diesen Strekken entwickelten sich innerhalb weniger Jahre zu Großstädten – Omaha, Kansas City, Duluth, Oakland, Portland, Seattle, Tacoma, um die wichtigsten zu nennen.

Nur die Eisenbahn machte es sinnvoll, daß der Siedler des Westens mehr produzierte, als er für den Eigenbedarf benötigte. Das galt nicht nur für den Weizen und den Mais der Farmer, sondern ganz besonders auch für das Vieh der Rancher. Das »Cattle Kingdom«, das »Rinderkönigreich«, das sich nach dem Bürgerkrieg in Texas, Wyoming, Colorado und Montana entwickelte, verdankte seine Entstehung und kurze Blüte einigen ganz besonderen Umständen. Das waren die Freigabe des öffentlichen Landes im Westen als Weideland, die Verdrängung der Indianer, die Ausrottung der Büffel, die Entwicklung der Fleischindustrie einschließlich Konservenherstellung und der Erfindung von Kühlwagen, vor allem aber der Bau der Transkontinentalbahnen. Zunächst Zehntausende, bald aber schon Hunderttausende von Rindern wurden alljährlich den Chisholm Trail und andere Routen entlang in das üppige Grasland von Kansas, Nebraska und Colorado getrieben, wo sie gemästet wurden, bevor man sie

Der »Oregon-Trail«: Goldsucher und Siedler strömten zuerst in die Gebiete jenseits der Rocky Mountains, nach Kalifornien und Oregon. Um diese zu erreichen, mußten sie Tausende von Kilometern über menschenleere Prärien, Hochflächen, Wüsten und Gebirge zurücklegen. Der »Oregon-Trail« begann am Missouri bei Independence und führte über Fort Laramie an den Snake und schließlich an den Columbia River. Die erste Planwagenkarawane befuhr ihn 1841. Gewöhnlich brauchte man für die mehr als 3000 km etwa ein halbes Jahr. Rock Creek Station, Nebraska, die auf dieser Ende der 50er Jahre entstandenen Daguerreotypie zu sehen ist, lag am »Oregon-Trail« und diente den Kutschen der »Overland Stage Company« als Halteplatz zum Pferdewechseln. Hier tötete »Wild Bill« Hickok drei Mitglieder der McCanles-Bande. (California State Library)

zum Verkauf in die großen Zentren des Rinderhandels brachte, nach Abilene, Dodge City oder Newton in Kansas. Von dort wurden die Tiere dann mit der Bahn in die Schlachthöfe von Chicago gefahren. So romantisch und urwüchsig die Welt des Cowboys erscheinen mag, tatsächlich war sie von Anfang an Teil einer industrialisierten Landwirtschaft, in der Kapital aus dem Osten und sogar aus England eine große Rolle spielte.

Der Cowboy, der sein Geschäft vom mexikanischen »vaquero« gelernt hatte und der sich zu der neben dem Indianer populärsten Figur des Westens entwickeln sollte, war ein hart schuftender Lohnarbeiter und nur sehr selten ein Kunstschütze mit dem Revolver. Solche fand man eher unter den Spielern und Abenteurern, die in Dodge City oder Abilene auf die Rinderleute warteten, um ihnen ihr Geld abzunehmen, oder unter den Gesetzeshütern, die für Recht und Ordnung in diesen wilden Rinderstädten sorgen sollten.

Die große Zeit der Cowboys dauerte nicht lange. Zunächst machten ihnen Schafhirten bittere Konkurrenz, dann die in immer größeren Scharen eintreffenden Siedler. Weidekriege brachen aus, in denen die Viehkönige und Cowboys den Fortschritt und die staatliche Macht gegen sich hatten. Da das Land mehr und mehr eingezäunt wurde, erwies es sich schließlich als unmöglich, riesige Herden quer über das Land zu den Bahnhöfen zu treiben. Als zwei extrem harte Winter Mitte der 80er Jahre einen großen Teil der bereits durch Rinderseuchen dezimierten Herden vernichteten, war es mit dem »Cattle Kingdom« vorbei. Die Viehzucht geriet, wie die ganze Grenze, in reglementierte, ordentliche Bahnen. Der Westen hörte auf, ein »Wilder Westen« zu sein.

Symbol der wandernden Grenze: Ein Planwagen in den Straßen von Helena, Montana, 1874. Wenige Jahre zuvor hatte die Stadt noch »Last Chance Gulch«, »Loch der letzten Gelegenheit«, geheißen. (Northern Pacific Railroad)

Auf dem Weg nach Westen: Wagenburg in einer Straße von Denver, Colorada, 1866. (Denver Public Library)

Grenzarchitektur: Die Bautätigkeit begann gewöhnlich mit der Errichtung primitiver »Log Cabins«, Blockhütten in der Art des auf einem Photo von 1871 abgebildeten ersten Hauses von Colorado Springs. Auf den Prärien und Plains fehlte es jedoch oft an Bäumen, so daß der Siedler zunächst mit einer aus Grassoden gebauten Hütte vorliebnehmen mußte, wie sie auf dem anderen Bild zu sehen ist. (Colorado Div. State Archives and Public Records und Culver Service)

Innenraum einer Ranch: Das Mobiliar besteht hauptsächlich aus einer interessanten Ansammlung von Feuerwaffen, die von Schrotflinten und Vorderladergewehren über Perkussionsrevolver der Marken Colt und Remington bis zum Sharps-Hinterlader und Spencer-Repetierer reicht. W. H. Jackson machte diese Aufnahme 1872 im Idaho-Territorium. (National Archives)

Aus dem Boden gestampfte Städte: Wo sich der Bedarf ergab – und das war zunächst in der Nähe von neuen Minen –, schossen binnen weniger Wochen Städte in die Höhe. Sie bestanden aus roh zusammengenagelten Bretterbuden, und »fast jedes dritte Haus war ein Saloon«, wie es im Bericht eines Reisenden heißt, aber nach einigen Jahren gab es auch Kirchen, Schulen, Theater, Verwaltungsgebäude, manche sogar aus Stein gebaut. Das Bild links zeigt Denver, Colorado, im Jahre 1864, rechts ist die Stadt 11 Jahre später zu sehen. (Library of Congress und George Eastman House)

In der Silbermine: Was die Goldfunde in Kalifornien für die 1849er waren, wurde für die 60er und 70er Jahre die Ausbeutung der gewaltigen Silbervorkommen in einigen Territorien des fernen Westens, vor allem in Nevada, doch ging es diesmal weit geordneter, industriemäßiger zu. Timothy O'Sullivan, ein Veteran der Bürgerkriegsphotographie, machte diese Aufnahme 1868 in der Comestock-Lode-Silbermine, Nevada. (International Museum of Photography, Rochester, NY)

Stadt der Silbergräber: Eine der ersten Aufnahmen von Virginia City, Nevada, aus dem Jahre 1862. Im Vordergrund die Feuerwehrkompanie. (Nevada Historical Society, Reno)

Granitquader für den Mormonentempel: 1846 hatten die Mormonen ihr erstes Zentrum in Illinois verlassen und waren in das Becken des Großen Salzsees im späteren Staat Utah gezogen. Der von Brigham Young und seinen Nachfolgern straff und effizient geführten Sekte gelang es, der Wüste blühende Farmen abzutrotzen und zu beachtlichem Wohlstand zu gelangen. Auf dem Bild von W. H. Jackson aus dem Jahre 1872 sind Arbeiter damit beschäftigt, Steine zu brechen für den großen Tempel in Salt Lake City. (National Archives)

Kutsche und Lokomotive: Postkutschen der Wells-Fargo-Kompanie am Bahnhof der Central Pacific Company in Cisco, Kalifornien. 1858 war der erste transkontinentale Kutschenbetrieb aufgenommen worden, die »Overland Mail Company«. Als 11 Jahre später die Transkontinentalbahn fertiggestellt war, sank der Kutschenbetrieb wieder zu bloß regionaler Bedeutung ab. (Southern Pacific, San Francisco)

Dem Fortschritt eine Bahn: Burning Rock Cut, nahe Green River Station, Wyoming. Aufnahme von W. H. Jackson, 1869. (Academy of Natural Sciences, Philadelphia)

Gelbe Eisenbahnarbeiter: Arbeitskräfte waren knapp im fernen Westen. Die Central Pacific heuerte 15 000 chinesische »Kulis« an. Über 500 von ihnen kamen bei Sprengarbeiten ums Leben.
(The Society of California Pioneers)

Brückenschlag: Bautrupp der Union Pacific am Devil's Gate, Utah.
(Union Pacific Omaha)

Rekord: Eine Mannschaft der Central Pacific verlegte in der Wüste von Utah 1868 an einem einzigen Tag zehn Meilen Geleise und gewann damit eine Wette um 10 000 Dollar. Die höchste Tagesleistung der Union-Pacific-Leute betrug 8,5 Meilen. Der Durchschnitt lag bei 2,5 Meilen. (Southern Pacific, San Francisco)

Die Transkontinentalbahn ist eröffnet: Plakat mit der Bekanntgabe, daß der Eisenbahnverkehr von Küste zu Küste aufgenommen wird. (The Bettmann Archive)

Der große Augenblick: Bei Promontory, Utah, treffen am 10. Mai 1869 die Mannschaften der Union Pacific und der Central Pacific aufeinander, ein goldener Nagel wird in die letzte Schwelle getrieben, die fehlte, um Ost- und Westküste zu verbinden. Auf Andrew J. Russells Photos steht links die Lokomotive »Jupiter« der Central Pacific, rechts die Lokomotive »No. 119« der Union Pacific. Nachdem der Nagel an seinem Platz ist, fahren die Maschinen aufeinander zu, die Lokomotivführer schwingen Champagnerflaschen, Grenville Dodge, der Chefingenieur der Union Pacific (rechts), und sein Kollege von der Central Pacific, Samuel Montague, schütteln sich die Hände.
(Oakland Museum, Andrew J. Russell Collection)

Durch Wüsten und Gebirge: provisorische und endgültige Brücke nebeneinander im Green-River-Tal, Wyoming, im Hintergrund Citadel Rock. Aufnahme von A. J. Russell, 1867/68.
(Western Americana Collection, Yale University, New Haven)

DIE ECHTEN AMERIKANER

Die von General Lee bei Appomattox unterzeichnete Kapitulationsurkunde trug die Handschrift eines Indianers, des Colonel Ely Samuel Parker vom Stamm der Seneca-Irokesen, der General Grant als Sekretär diente. Als Parker dem konföderierten Oberbefehlshaber vorgestellt wurde, sagte dieser: »Ah, wenigstens ein echter Amerikaner.« Parker antwortete höflich: »Wir sind alle Amerikaner.«

Grants Sekretär war das Paradebeispiel eines in die weiße Gesellschaft integrierten, gebildeten Indianers, wie er den humanitär gesonnenen Reformern des 19. Jahrhunderts als Ideal vorschwebte. Die im Westen des Staates New York lebenden Irokesen gehörten zu den ganz wenigen Stämmen aus dem Osten der USA, die noch in ihren ursprünglichen Gebieten saßen. Über 200 Jahre Krieg mit Spaniern, Franzosen, Engländern und Amerikanern und die Umsiedlungspolitik der 30er und 40er Jahre des 19. Jahrhunderts hatten die Vereinigten Staaten östlich des Mississippi zur Zeit des Bürgerkrieges fast völlig »indianerfrei« gemacht.

Die Geschichte der stetig nach Westen vorrückenden Grenze ist zugleich eine Geschichte des ebenso stetigen Rückzugs der verdrängten Indianerstämme gewesen. Mit dem Ende des Bürgerkrieges kam das letzte Kapitel dieses gigantischen Landraubs, die »Erschließung« des fernen Westens. Denkt man an Indianer und Indianerkriege, meint man stets die Zeit zwischen 1865 und 1890, die eigentlich nur den Abschluß einer langen und tragischen Geschichte bildeten, die mit der Ankunft der ersten Entdecker und Aussiedler begonnen hatte.

Die Fixierung des allgemeinen Interesses auf die späten Indianerkämpfe im fernen Westen hatte auch zur Folge, daß das populäre Bild vom federgeschmückten, mustangreitenden, büffeljagenden, in Zelten nomadisierenden Indianers ganz einseitig dominiert und die Vielfalt der ursprünglichen indianischen Kultur in Vergessenheit geraten ist. Eigentlich beginnt der Irrtum schon damit, daß man von »den Indianern« spricht. Die ursprünglichen Bewohner Nordamerikas haben sich vor dem Ende der Indianerkriege zu keinem Zeitpunkt als eine Einheit gefühlt und stellten auch keine dar, weder in politischer noch in kultureller, noch in sprachlicher Hinsicht. So lassen sich für die Zeit der Entdeckung in Nordamerika nördlich von Mexiko etwa 200 verschiedene Sprachen nachweisen, von denen über die Hälfte noch heute gesprochen wird. Die größte Sprachfamilie war die der Algonkin, die vor allem im Nordosten und Mittleren Westen der heutigen USA und im Süden und Osten von Kanada beheimatet waren (etwa Miami, Delaware, Shawnee, Sauk und Fox, Cheyenne, Blackfoot). Andere große Sprachgruppen bildeten die Athabasken (Na-Déné) in Alaska und Nordwestkanada, von denen aber auch einige Stämme nach Süden abgewandert waren (Apache, Navajo), die Siouan im Mittleren und fernen Westen der USA (Sioux, Osage, Crow, Mandan), die Uto-Azteken im Südwesten der USA (Ute, Shoshone, Comanche, Kiowa, Hopi), die Irokesen im Nordosten und Südosten der USA (Irokesenliga, Huronen, Cherokee) und die Muskogi im Südosten der USA (Creek, Seminolen).

Noch unübersichtlicher als dieses babylonische Sprachengewirr war die Stammesstruktur. Völker ein und derselben Sprachfamilie konnten, wie die Irokesenliga und die Huronen, die Sioux und die Crow, in Todfeindschaft miteinander leben. Die Stämme stellten nur mehr oder weniger lose Zusammenschlüsse kleiner Gruppen dar, die Autorität der Häuptlinge hing meist mehr von ihrer Persönlichkeit als von ihrem Amt ab. Man kann die grobe Regel aufstellen, daß die Festigkeit der Stammesstrukturen von Osten nach We-

Siouxgrab auf der Prärie: Viele Stämme des Westens pflegten ihre Toten zu bestatten, indem sie sie in Leder eingeschnürt auf ein Gerüst legten. Zu Füßen der Grabstätte liegen Bisonschädel. Aufnahme von William R. Pywell. (Wilfred Thompson Collection)

Waldlandindianer: Longhorn, ein Angehöriger des Algonkinstammes der Sauk und Fox aus Wisconsin und Illinois, zeigt die übliche Aufmachung eines indianischen Kriegers aus den Wald- und Präriegebieten des Ostens und des Mittleren Westens. Das Haar ist bis auf die mit Hirschschwanzgrannen verzierte Skalplocke abrasiert, die Ohren sind mit Muschelperlschnüren geschmückt. Die Waffe ist ein eingetauschter eiserner Pfeifentomahawk. Die Sauk und Fox gehörten zu den letzten östlich des Mississippi lebenden Indianern, die den Weißen Widerstand leisteten. Nach dem Black-Hawk-Krieg von 1832 wurden sie ins Indianerterritorium gebracht, wo Thomas M. Easterly 1846 oder 1847 diese Aufnahme gemacht hat. (Smithsonian Institution)

Indianer aus dem Große-Seen-Gebiet: Sour Spittle vom Algonkinstamm der Chippewa. Er trägt ein bemaltes und besticktes Lederhemd, die Wolldecke hat er von weißen Händlern erworben. Aufnahme um 1870. (Smithsonian Institution)

Ostküstenindianer: Die Algonkinstämme an der Nordostküste der späteren USA wurden schon im 17. Jahrhundert ausgerottet oder vertrieben. Zu den wenigen, die die Kämpfe mit den puritanischen Siedlern und die Umsiedlungspolitik des 19. Jahrhunderts überstanden, gehörten die Abenaki (Passamquoddy) in Maine. Die Aufnahme aus den 60er Jahren zeigt drei von ihnen zusammen mit einem Jesuitenpater. Die katholischen Missionare hatten meist eine wesentlich glücklichere Hand mit den Indianern als ihre protestantischen Konkurrenten, auch Sitting Bull wollte bei seinen Sioux nur katholische Geistliche zulassen, da er diesen allein Vertrauen entgegenbringen könne. (Smithsonian Institution)

sten abnahm. Die höchststehende politische und militärische Organisation besaß die Irokesenliga, was sie zum Schrecken des östlichen Waldlandes gemacht und im 18. Jahrhundert in den Kolonialkriegen der Weißen als traditionelle Verbündete der Engländer eine bedeutende Rolle hatte spielen lassen.

Die lockere Stammesstruktur und der Mangel an durchsetzungsfähiger Autorität stellte ein großes Problem in den Beziehungen zwischen Indianern und Weißen dar. Man schloß Verträge mit Häuptlingen ab, in der Annahme, diese seien autorisiert, so verbindlich für ihr ganzes Volk zu sprechen wie weiße Amtsinhaber, und war dann überrascht, wenn sich viele Stammesmitglieder an diese Abmachungen nicht gebunden fühlten. Es war fast unmöglich, zwischen den feindlichen und den freundlichen Stämmen klar zu unterscheiden, da es oft innerhalb einer Gruppierung gleichzeitig beide Elemente gab, ohne daß sie einander ihre Sicht der Dinge hätten aufzwingen können.

Kulturell lassen sich mehrere Großräume unterscheiden, die aber sprachlich und politisch in sich ganz uneinheitlich strukturiert waren. Klammern wir Alaska, Kanada und Mexiko aus, dann gab es auf dem Gebiet der heutigen USA die Kultur des östlichen Waldlandes im Raum zwischen Atlantik, St. Lorenz-Strom, Große-Seen-Gebiet, oberem Mississippi und Ohio, die des Südostens zwischen Atlantik, Ohio, unterem Mississippi und dem Golf von Mexiko, die der Plains und Prärien zwischen Mississippi, den Rocky Mountains, dem Golf von Mexiko und Südkanada, die des Südwestens beiderseits der Grenze zu Mexiko, die des Großen Beckens im südlichen Rocky-Mountains-Gebiet, die von Kalifornien, die des nördlichen Plateaus im nördlichen Rocky-Mountains-Gebiet und die der Nordwestküste am Pazifik nördlich von Kalifornien.

Im östlichen Waldland und im Südosten wohnten Stämme, die neben Jagd und Fischfang und dem Sammeln von Wildfrüchten den Hackbau von Mais, Kürbissen, Bohnen, Sonnenblumen und Tabak betrieben, der Sache der Frauen war. Sie wohnten in festen Dörfern aus großen, meist länglichen Häusern, die mit Rinde, Holz oder Schilf gedeckt waren, im Mittleren Westen waren runde Erdhäuser verbreitet. Auch den Missouri entlang gab es ursprünglich eine auf Jagd und Hackbau basierende Mischkultur, die aber im 18. Jahrhundert von der neuen Lebensweise der nomadisierenden Büffeljäger verdrängt wurde, die unser Bild vom nordamerikanischen Indianer so nachhaltig geprägt hat. Die Kultur der berittenen Büffeljäger auf den Plains und Prärien war erst durch die Weißen ermöglicht worden, genauer genommen durch das Pferd, das diese in Amerika eingeführt hatten. Verwilderte spanische Pferde breiteten sich im 17. und 18. Jahrhundert in großen Herden auf den Grasflächen des Westens aus und führten einen tiefgreifenden kulturellen Umschwung bei den dort lebenden Stämmen herbei.

Ein Indianer aus den Südstaaten: Der Seminolenhäuptling Billy Bowlegs, 1852 aufgenommen in New Orleans. Die Seminolen waren ein Zweig der Creek und lebten in Florida. Sie leisteten der Umsiedlung in das Indianerterritorium erbitterten Widerstand und lieferten der US-Armee 1835–1843 den schwersten aller Indianerkriege. Ein Teil der Seminolen lebt heute noch in Florida. Billy Bowlegs trägt die Ausstaffierung, die für Häuptlinge im Südosten während des 18. Jahrhunderts typisch geworden war, turbanartig verschlungene Kopftücher, Straußenfedern, gestickte Schärpen und Silberschmuck, vor allem Ringkragen. (Smithsonian Institution)

Die Puebloindianer des Südwestens waren stark von den Hochkulturen Mexikos beeinflußt. Sie lebten vor allem vom Hackbau und bewohnten seit langem in Stein oder Lehm gebaute feste Dörfer. Die Stämme Kaliforniens und des Großen Beckens waren dagegen reine Jäger und, weit mehr noch, Sammler. Nach dem Auftauchen des Pferdes wurden die im Osten dieser Zone lebenden Gruppen in den Bannkreis der Büffeljägerkultur gezogen. Ähnliches gilt für die Plateauindianer. Eine ganz eigene Kultur hatten die Stämme an der Pazifikküste. Sie lebten vor allem vom Walund Fischfang, den sie in mächtigen Holzkanus betrieben, wohnten in großen Holzhäusern und besaßen ein hochstehendes Kunsthandwerk.

Um die Mitte des 19. Jahrhunderts waren die Kulturen des östlichen Waldlandes und des Südostens faktisch verschwunden. Was von diesen Stämmen übriggeblieben war, hatte man größtenteils in das Indianerterritorium, das heutige Oklahoma, zwangsumgesiedelt. 1871 schätzte man die Zahl der in Stammesverbänden organisierten Indianer auf dem Gebiet der USA auf 321 000, 1885 sollen es noch 260 000 gewesen sein.

Konföderierte Indianer: Die von Georgia ins Indianerterritorium umgesiedelten »Fünf zivilisierten Nationen«, die zum Teil Negersklaven besaßen, verbündeten sich während des Bürgerkrieges mit den Südstaaten. Stand Watie (1806–1871), Häuptling der Cherokee, führte eines der sieben konföderierten Indianerregimenter, brachte es als erster Indianer in einer amerikanischen Armee zum General und war der letzte südstaatlerische Kommandeur, der die Waffen streckte. Ihre Parteinahme für die Konföderation kam diese Stämme nach dem Krieg teuer zu stehen. (Oklahoma Historical Society)

Ein integrierter Indianer: Colonel Ely Samuel Parker (1828–1895), Häuptling des Irokesenstamms der Seneca, diente während des Bürgerkrieges im Stab Grants und gehörte zum engsten Vertrautenkreis des Generals. Nach dem Krieg stand er zeitweise dem Amt für Indianerangelegenheiten vor. Die Irokesen, einst der kriegerischste und mächtigste Stammesbund im Osten und alte Verbündete der Engländer, konnten ihre Reservate im Staate New York behaupten und bilden noch heute eine der wenigen intakten Indianergemeinschaften östlich des Mississippi. (National Archives)

Das war der kümmerliche Rest einer in vorkolumbischer Zeit mehrere Millionen zählenden Bevölkerung.

Wie viele Indianer vor der Ankunft der Weißen in Nordamerika gelebt haben, ist natürlich eine nur mit groben Schätzwerten zu beantwortende Frage. Meist wird eine Zahl von etwa einer Million angegeben, doch dürfte das nach neueren Untersuchungen viel zu niedrig gegriffen sein. Ihnen zufolge dürfte man von 10 Millionen, eher mehr als weniger, ausgehen. Was die ersten weißen Augenzeugen in Nordamerika vorfanden und als Urzustand beschrieben, war nämlich nur noch ein Trümmerhaufen der vorkolumbischen Zeit. Schon wenige Jahre nachdem die Spanier in Mittelamerika und Mexiko gelandet waren, breiteten sich die von diesen eingeschleppten Seuchen wie ein Buschfeuer unter allen Völkern des Doppelkontinents aus. Die Ureinwohner erlagen den Pocken, der schwarzen Pest, der Cholera, dem Scharlach, den Masern und anderen Krankheiten, die alle in Amerika unbekannt gewesen waren, zu ungezählten Millionen. Es war eines der größten Massensterben aller Zeiten, doch ging es nicht in die Geschichtsschreibung ein, da es sich fast ganz außerhalb des Gesichtskreises der Weißen abspielte. Auch nach dem 16. Jahrhundert wüteten immer wieder Epidemien unter den Indianern, die gegen die für sie neuen Krankheiten keine Abwehrstoffe entwickelt hatten. Wie vernichtend diese Seuchen wirken konnten, zeigen Beispiele aus dem 19. Jahrhundert, die von den Weißen beobachtet wurden. So verringerte die Pockenepidemie von 1837 den einst mächtigen Stamm der Mandan am oberen Missouri von 1600 Menschen auf 150.

Waffengewalt spielte bei dem katastrophalen Bevölkerungsschwund der Indianer während der weißen Landnahme im Vergleich zu den Seuchen nur eine ganz geringe Rolle. Einigen Stämmen des östlichen Waldlandes wurden die Indianerkriege des 17. und 18. Jahrhunderts, die an beiderseitiger Brutalität die des 19. Jahrhunderts weit in den Schatten stellten, zum endgültigen Verhängnis, insgesamt betrachtet aber waren die Verluste durch Krieg und Gewaltanwendung nicht gravierend, oder sie wurden nur gravierend, weil die Population bereits durch die Krankheiten dramatisch dezimiert worden war.

Ende des 19. Jahrhunderts war die Zahl der in den USA registrierten Indianer mit kaum über einer Viertelmillion auf dem Tiefststand angelangt; mittlerweile sind die Ureinwohner jedoch zu dem sich am raschesten vermehrenden Teil der amerikanischen Bevölkerung geworden und nähern sich der Millionengrenze.

Eine alte Kultur im Südwesten: Die Puebloindianer trieben einen hochentwickelten Ackerbau und bewohnten seit Jahrhunderten aus Lehmziegeln oder Steinen gebaute Dörfer (»pueblos«). Das Photo von William Henry Jackson entstand 1876 und zeigt den Walpi-Pueblo in Arizona. (Smithsonian Institution)

Nomadisierende Nachbarn: Gleichfalls im Südwesten lebten die Navajo und Apachen, beides kriegerische Athabaskenstämme, die erst spät aus dem Norden eingewandert waren. Die seßhaften Puebloindianer und später die spanischen und amerikanischen Siedler mußten stets mit ihren räuberischen Überfällen rechnen. Das Photo von Ben Wittick aus dem Jahr 1885 zeigt Apachen in der San Carlos Reservation vor einem Wikkiup, der für diese Gruppe von Stämmen typischen Hütte aus Zweigen und Decken. (Museum of New Mexico)

Holzhäuser und Totempfähle: An der Nordwestküste wohnten Stämme, die in großen seetüchtigen Kanus Jagd auf Fische und Wale machten. Sie besaßen eine differenzierte Sozialstruktur und fertigten großartige Skulpturen aus Holz und Schiefer an. Zwischen die alten Häuser in dem von N. B. Miller um 1888 aufgenommenen Dorf der Kwakiutl in British Columbia haben sich bereits von Weißen errichtete Gebäude gemischt. (Smithsonian Institution)

Seßhafte Prärieindianer: Die Stämme am Missouri lebten ursprünglich in festen Dörfern aus Erdhäusern. Die Aufnahme von Henry Jackson aus dem Jahre 1871 zeigt Erdhäuser der Pawnee in Loup Folk, Nebraska. (Smithsonian Institution)

Die Büffeljägerkultur: Zwar hatten die Prärieindianer schon immer den Bison gejagt, aber erst, als sie zu Beginn des 18. Jahrhunderts in den Besitz des Pferdes gelangten, wurde der Büffel zur fast ausschließlichen Grundlage ihrer Lebensführung. L. A. Huffmans Aufnahme zeigt einige der Millionen von Bisons, die bis in die 60er Jahre des 19. Jahrhunderts die Plains und Prärien bevölkerten. Auf dem Photo von Alexander Gardner von 1870 sind Sioux-Squaws dabei, Büffelhäute am Boden aufzuspannen. Im Hintergrund trocknen Streifen von Büffelfleisch, aus denen Pemmikan gemacht werden soll, eine Art konzentrierte Fleischkonserve. Das Pferd war nicht nur als Hilfsmittel bei Jagd und Krieg von entscheidender Bedeutung; es gab den Präriestämmen auch die Mobilität, die ihnen ermöglichte, nomadisierend den Herden zu folgen. Auf einem Photo aus den 70er Jahren zieht ein von einer Blackfoot-Squaw gerittenes Pferd einen Travois, ein aus zwei Zeltstangen hergestelltes Schleiffahrzeug.
(Title Insurance and Trust Company, Los Angeles, und Smithsonian Institution)

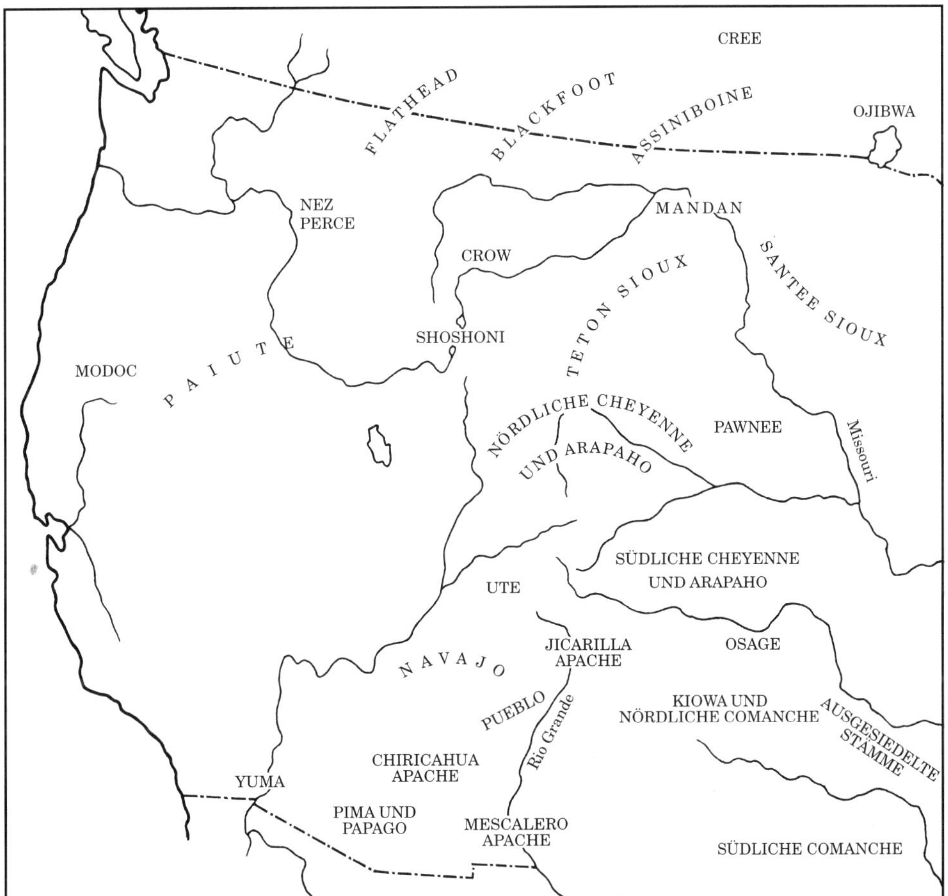

Die wichtigsten Indianerstämme der westlichen USA um die Mitte des 19. Jahrhunderts.

Bilderbuchindianer: Die berittenen Büffeljäger der Prärien, die weitaus jüngste unter den Indianerkulturen Nordamerikas, haben in der ganzen Welt das Bild vom Indianer geprägt. Der federgeschmückte, in Zelten wohnende, büffeljagende Reiterkrieger ist zum Indianer par excellence geworden, die anderen Kulturen sind in Vergessenheit geraten.
Die büffelledergedeckten Zelte (Tipis) auf W. H. Jacksons Photo von 1870 gehören den Schoschonen des Häuptlings Washakie in Fort Stambough, Wyoming. Alexander Gardners Porträtphotos des Hunkpapa-Sioux Running Antelope (1870) und des Brule-Sioux Iron Shell (1872) halten das großartige Erscheinungsbild dieser Krieger fest. Iron Shell trägt einen Festkopfschmuck aus Hermelinschwänzen und Adlerfedern. (Smithsonian Institution)

Die Indianerkriege im Westen der USA, 1862–1890

Die Indianerkriege im Westen der USA, 1862–1890

■ Forts
▲ Indianeragenturen
● Städte
⚔ Gefechte

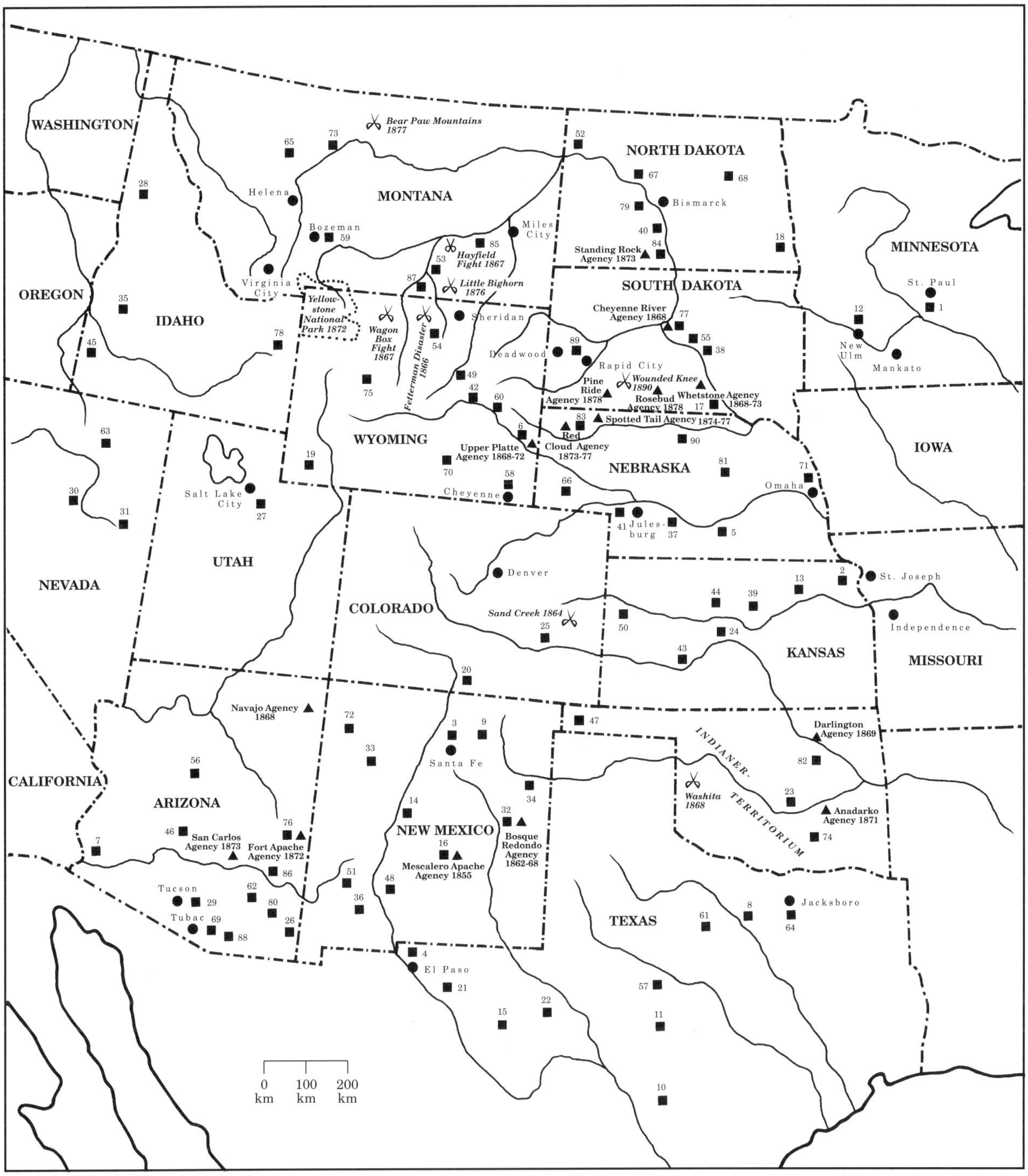

1 Fort Snelling 1819
2 Fort Leavenworth 1827
3 Fort Marcy 1846–67, 1875–94
4 Fort Bliss 1848
5 Fort Kearny 1848–71
6 Fort Laramie 1849–90
7 Fort Yuma 1850–82
8 Fort Belknap 1851–67
9 Fort Union 1851
10 Fort Clark 1852
11 Fort McKavett 1852–83
12 Fort Ridgely 1853–67
13 Fort Riley 1853
14 Fort Craig 1854–84
15 Fort Davis 1854
16 Fort Stanton 1855
17 Fort Randall 1856
18 Fort Abercrombie 1858
19 Fort Bridger 1858–90
20 Fort Garland 1858–83
21 Fort Quitman 1858–77
22 Fort Stockton 1858–86
23 Fort Cobb 1859–69
24 Fort Larned 1859–78
25 Fort Lyon 1860–89
26 Fort Bowie 1862
27 Fort Douglas 1862
28 Fort Lapwai 1862
29 Fort Lowell 1862
30 Fort Ruby 1862–69
31 Camp Schellbourne 1862–1869
32 Fort Sumner 1862–69
33 Fort Wingate 1862–68
34 Fort Bascom 1863–70
35 Fort Boise 1863
36 Fort Cummings 1863–86
37 Fort McPherson 1863–80
38 Fort Sully (No. 1) 1863–66
39 Fort Harker 1864
40 Fort Rice 1864–78
41 Fort Sedgwick 1864
42 Fort Casper 1865–67
43 Fort Dodge 1865–82
44 Fort Hays 1865
45 Camp Lyon 1865–69
46 Fort McDowell 1865
47 Camp Nichols 1865
48 Fort Selden 1865–90
49 Fort Reno 1865–68
50 Fort Wallace 1865
51 Fort Bayard 1866
52 Fort Buford 1866
53 Fort C. F. Smith 1866–68
54 Fort Phil Kearny 1866–68
55 Fort Sully (No. 2) 1866
56 Camp Verde 1866
57 Fort Concho 1867–89
58 Fort D. A. Russell 1867
59 Fort Ellis 1867-86
60 Fort Fetterman 1867-82
61 Fort Griffin 1867–81
62 Camp Grant 1867
63 Fort Halleck 1867
64 Fort Richardson 1867–78
65 Fort Shaw 1867
66 Fort Sidney 1867
67 Fort Stevenson 1867–83
68 Fort Totten 1867–90
69 Camp Crittenden 1868–73
70 Fort Fred Steele 1868–86
71 Fort Omaha 1868
72 Fort Wingate 1868
73 Fort Benton 1869–81
74 Fort Sill 1869
75 Fort Washakie 1869
76 Fort Apache 1870
77 Fort Bennett 1870
78 Fort Hall 1870
79 Fort A. Lincoln 1872
80 Fort Grant 1872
81 Fort Hartsuff 1874–81
82 Fort Reno 1874
83 Fort Robinson 1874
84 Fort Yates 1874
85 Fort Keogh 1876
86 Fort Thomas 1876–90
87 Fort Custer 1877
88 Fort Huachuca 1877
89 Fort Meade 1878
90 Fort Niobrara 1880

DER LETZTE KAMPF DES ROTEN MANNES

»Welches Recht hat ein Jäger auf tausend Meilen von Wald, die er ab und zu auf seinen Beutezügen durchstreift hat?... Sollen das Feld und die Täler, die ein gütiger Gott schuf, um erfüllt zu sein mit dem Leben unzählbarer Scharen, dazu verdammt bleiben, auf ewig brachzuliegen?«

Mit diesen Worten faßte John Quincy Adams 1802 sehr gut die Grundansicht der meisten seiner Landsleute über das »Indianerproblem« zusammen. Die verstreut lebenden Horden von Wilden besaßen kein Recht, das Land dem weißen Siedler und damit dem gottgewollten menschlichen Fortschritt vorzuenthalten. Staatsrechtlich galten die Indianerstämme der US-Regierung als halbsouveräne, abhängige Nationen, weshalb ihre Mitglieder auch nicht amerikanische Bürger werden konnten. Ein gewisses Eigentumsrecht an ihrem Land war nicht zu leugnen. Aber ebenso klar war, daß dieses Eigentumsrecht von den nach Westen drängenden landhungrigen Siedlern nicht respektiert werden würde, gleichgültig, wie sich die Regierung verhielt.

Das gegebene Mittel, an das unvermeidliche Ziel zu kommen, nämlich den Indianern ihr Land abzunehmen, und dennoch den Anschein von Recht und Ehre zu wahren, bestand im Abschluß von Verträgen. Man darf gewiß nicht unterstellen, daß all die ungezählten Abmachungen, die im Laufe der Westexpansion mit den Indianern getroffen, beschworen und nach meist kurzer Zeit gebrochen wurden, von vornherein nicht ernst gemeint gewesen seien – auch wenn das oft genug der Fall war –, aber die Entwicklung ging über vertragliche Fixierungen hinweg und wäre nur mit einem Maß an Gewalt aufzuhalten gewesen, das die wenigen, untereinander zerstrittenen Ureinwohner nicht aufzubringen vermochten und das die Regierung in Washington gegen ihre eigenen Leute anzuwenden weder bereit noch in der Lage war.

Hinzu kam, daß auch die Indianer gegen die Verträge zu verstoßen pflegten, einmal weil die Kompetenz und Autorität der Häuptlinge nicht ausreichte, die Einhaltung der Bestimmungen bei allen ihren Gruppen durchzusetzen, zum anderen weil sie sich meist gar nicht ganz darüber im klaren waren, worauf sie sich eingelassen hatten – häufig hatten die Weißen es auch wohlweislich versäumt, sie korrekt über das zu informieren, was sie unterzeichnen sollten.

So war eine Indianergrenze auf die andere gefolgt. Als früh im 19. Jahrhundert der Mississippi erreicht wurde, war die Ansicht verbreitet, damit sei man an die endgültige Grenze gestoßen. Die Konsequenz war der Wunsch, klare Verhältnisse zu schaffen und die noch östlich des Mississippi lebenden Indianer in das sogenannte Indianerterritorium, den späteren Staat Oklahoma, auszusiedeln. Über 50 000 Menschen traf im Laufe der 30er und 40er Jahre dieses Schicksal, aber die neue Grenze war so wenig von Dauer wie die früheren. Die Annexion von Texas, die Eroberung des Südwestens und vor allem der kalifornische Goldrausch ließen alsbald Scharen von Weißen über den Mississippi strömen. Als die Indianer sich zur Wehr setzten, wurde natürlich sofort nach der Armee gerufen – der letzte Akt der Indianerkriege hatte begonnen.

Im Südwesten erbten die Amerikaner von den Spaniern und Mexikanern den dauernden Kleinkrieg mit den räuberischen Komantschen, Kiowa und Apachen, auf den nördlichen Plains und Prärien entzündeten sich Kämpfe mit den Sioux und Cheyenne an dem Problem der Durchgangswege nach Kalifornien und Oregon. Nach dem Bürgerkrieg kam der von den Indianern erbittert bekämpfte Bau von Eisenbahnlinien hinzu. Die Armee errichtete zahlreiche Forts, um die Auswandererkolonnen und die Eisenbahner zu schützen. In einer Doppelpolitik von Verhand-

Gefangenschaft: Eine Navajo-Frau mit Kind während der Internierung des Stammes in Bosque Redondo, New Mexico, 1864–1868. (Laboratory of Anthropology)

Versuch einer friedlichen Lösung: die Verhandlungen von Fort Laramie, Wyoming, im Mai 1868. Als dritter von links in der weißen Friedenskommission ist General Sherman zu sehen (sitzend, im Profil). Die prominenten Führer der »Hostiles«, der »Feindlichen«, die sich weigerten, in die Reservationen zu gehen, waren nicht nach Laramie gekommen, akzeptierten jedoch den für die Indianer vorteilhaften Vertrag. Beide Aufnahmen stammen von Alexander Gardner, der sich mit seinen Photos während des Bürgerkrieges einen großen Namen gemachte hatte. (Smithsonian Institution)

In Washington: Nach dem Vertrag von Laramie besuchte eine Delegation der Sioux den Präsidenten. Sogar Red Cloud, der Führer der »Feindlichen«, gehörte ihr an. Der große Häuptling sitzt in der Mitte. Aufnahme von Matthew Brady.
(Bureau of American Ethnology)

lungen und militärischer Gewaltanwendung versuchte man, die Indianer zur Aufgabe der für die Weißen interessanten Gebiete zu bringen – und der Umfang dieser Gebiete nahm ständig zu.

Gleichzeitig wurde die Indianerfrage zum Politikum. Es waren vor allem zwei Ereignisse, die die Öffentlichkeit auf dieses Problem aufmerksam machten, das »Sand-Creek-Massaker« von 1864, in dem über 200 friedliche Cheyenne von Unionsfreiwilligen in der barbarischsten Weise niedergemetzelt wurden, und das »Fetterman-Massaker« von 1866, in dem die Sioux eine Militärabteilung von 80 Soldaten unter Captain Fetterman bis zum letzten Mann vernichteten. Während die Armee und die Bevölkerung an der Westgrenze eine Politik der Härte befürworteten, gewannen im Osten Strömungen an Einfluß, die die Indianerfrage friedlich und schonend gelöst sehen wollten. Schlechtes Gewissen und humanitäre Beweggründe standen hinter den Bestrebungen der Friedenspartei, an echtem Verständnis für die Eigenart und die Kultur der Indianer fehlte es ihr kaum weniger als den Kriegsfalken. Die Indianer sollten mit sanfter Gewalt zu ihrem Glück gezwungen und von primitiven Wilden in fleißige christliche Farmer umerzogen werden.

Verantwortlich für die Durchführung der Indianerpolitik war das 1824 gegründete Büro für indianische Angelegenheiten (»Bureau of Indian Affairs«), das dem Innenministerium angegliedert war. Selten mit kompetenten Männern besetzt und immer wieder von Korruptionsskandalen geschüttelt, war das Büro, schon im Interesse der Selbsterhaltung, bestrebt, die Armee daran zu hindern, die Regelung des Indianerproblems im Alleingang zu übernehmen.

Das Ergebnis all dieser Querelen war die Reservationspolitik, die die Behandlung der Indianerstämme bis in unser Jahrhundert bestimmen sollte. Durch Verhandlungen und notfalls mit Gewalt waren die Indianer dazu zu bringen, auf die von den Weißen benötigten Teile der ihnen noch verbliebenen Gebiete zu verzichten. Als Ersatz dafür bot ihnen die Regierung an, für ihren Unterhalt zu sorgen und ihnen jährliche Zahlungen zu leisten. Ihre Restterritorien wurden zu Reservationen erklärt, in denen sie vor weißen Siedlern geschützt waren und mit der Hilfe von Indianeragenten, Soldaten und Missionaren zu »zivilisierten« und friedlichen Menschen gemacht werden sollten.

Ein trügerischer Friedensschluß: Das indianisch-weiße Gruppenbild entstand im September 1864 in Denver, Colorado. Eine Delegation von südlichen Cheyenne und Arapaho unter Führung des friedliebenden Häuptlings Black Kettle hat versprochen, feindselige Handlungen einzustellen und sich unter den Schutz der Truppen zu stellen. Black Kettle ist der dritte sitzende Indianer von links. Unmittelbar vor ihm kauert Major W. Wynkoop (mit Hut), der nicht weniger um Ausgleich und Frieden bemüht war. In Abwesenheit Wynkoops ergriff dann Colonel John M. Chivington die Initiative. Der zum Waffenhandwerk übergewechselte Methodistenpfarrer Chivington, den das Porträtphoto zeigt, führte die für die Nordstaaten kämpfenden Colorado-Freiwilligen an und wollte vor deren Entlassung noch einen großen Erfolg erringen und der von Indianerhysterie ergriffenen Bevölkerung imponieren. Am 29. November fiel er mit seiner Kavallerie über das ahnungslose Dorf Black Kettles her. Über 200 Indianer, überwiegend Frauen und Kinder, wurden auf bestialische Weise massakriert und verstümmelt. (Colorado Historical Society)

Das Problem war, daß die ihrer bisherigen Lebensweise entwurzelten Indianer in den Reservationen nur ganz unzureichend und zudem unzweckmäßig versorgt und ohne Verständnis für ihre Denkweise, wenn auch nicht immer ohne guten Willen, behandelt wurden. Natürlich zeigten sie wenig Neigung, ihre Traditionen einschließlich Jagd und Krieg aufzugeben, und so war die Armee in den zwanzig Jahren nach dem Bürgerkrieg fortlaufend damit beschäftigt, die widerspenstigen Teile der Indianerstämme zu bewachen und sie wieder einzufangen und zurückzubringen, wenn sie das Elend und die Langeweile des Reservationsdaseins nicht mehr aushielten und in ihre alten, mittlerweile von den Weißen beanspruchten Gebiete zurückkehrten, wobei die Grenze zwischen »feindlichen« Indianern und Reservationsindianern stets fließend war und eine klare Unterscheidung unmöglich machte. Solche Ausbruchs- und Verfolgungsaktionen bildeten das Schema fast aller Indianerkriege von den späten 60er bis in die 80er Jahre des Jahrhunderts.

Daß es den wenigen, vernachlässigten Einheiten der Armee in relativ so kurzer Zeit gelang, in dem riesigen und unerschlossenen Gebiet den Widerstand kriegerischer, schwer faßbarer Reiternomaden endgültig zu brechen, hatte ganz wesentlich einen gravierenden Eingriff in die Umweltbedingungen des Westens zur Voraussetzung, der der Lebensweise der meisten dieser Indianer den Boden entzog, und das war die Ausrottung der Büffelherden.

Schätzungsweise 30 Millionen Bisons hatten ursprünglich die Plains und Prärien bevölkert. 1832 waren die letzten Individuen östlich des Mississippi verschwunden, in den 70er Jahren wurden die Herden in Kansas und Texas eliminiert, allein die Santa-Fe-Bahn transportierte zwischen 1872 und 1874 459 453 Büffelfelle. Anfang der 80er Jahre kam die nördliche Herde in Montana und Umgebung an die Reihe, Ende des Jahrzehnts zählte man in den ganzen USA gerade noch 86 frei und ungeschützt lebende Exemplare und nicht ganz 1000 Stück in diversen Parks und Privatzoos. 1894 stellte der Kongreß die Spezies unter Naturschutz und rettete sie damit vor der völligen Ausrottung. Trotz den Millionen von Büffeln, die Jäger wegen ihrer Häute, ihrer Zungen, weit seltener wegen ihres Fleisches und oft genug einfach nur zum Spaß abgeknallt hatten, war es nicht das Gewehr allein, das den Niedergang des stolzesten Wildtieres Nordamerikas bewirkt hatte. Mindestens im gleichen Maße hatten eingeschleppte Viehseuchen, die durch die gigantischen Rinderzüge in den Jahren nach dem Bürgerkrieg verbreitet wurden, dieses Ergebnis mitverursacht.

Mit dem Verschwinden des Bisons war der Existenz der Prärieindianer die materielle Grundlage entzogen, und der Widerstand brach zusammen. Nicht umsonst gehörte die Rückkunft der Büffelherden zu den zentralen Wunschbildern der aus der Resignation und Verzweiflung des Reservationslebens geborenen Geistertanzbewegung mit ihrer messianischen Erwartung der Wiederkehr einer von Weißen freien indianischen Welt, die 1890 zu einem letzten tragischen Aufflackern der Indianerkriege führte.

Die »Umerziehung« der Navajo: Christopher »Kit« Carson, Trapper, Scout, Indianeragent und während des Bürgerkrieges Colonel der New-Mexico-Freiwilligen – in dieser Uniform zeigt ihn das Bild –, gelang es 1864, den größten Teil der Navajo zur Kapitulation zu zwingen. Dieser Stamm war unter spanischem Einfluß zu einer halb seßhaften Lebensweise als Viehzüchter übergegangen. Das machte ihn verwundbar für die Angriffe der Soldaten, die die Viehherden forttrieben oder vernichteten. Die Navajo wurden aus ihrer Heimat verjagt und sollten unter Anleitung der Armee auf der Reservation Bosque Redondo zu friedlichen Ackerbauern umerzogen werden. Es fehlten alle Voraussetzungen, und die Indianer starben massenhaft an Hunger und Krankheiten. 1868 sah man den Fehler ein und ließ die Navajo in ihre alte Heimat zurückkehren. Das fürchterliche Erlebnis hatte jedoch den Widerstandswillen der Navajo gebrochen, sie verhielten sich von nun an friedlich. Auch der große Häuptling Manuelito, den das Photo von Charles Bell aus dem Jahre 1874 zeigt und der zunächst ein hartnäckiger Führer der Kriegspartei gewesen war, wurde zu einem Vertreter einer sich ins Unvermeidliche fügenden Friedenspolitik. (Museum of New Mexico)

»Geduld, bis der Indianer zivilisiert ist – sozusagen«: Diese beruhigenden Worte spricht Innenminister Carl Schurz zu einem frisch skalpierten Siedler. Mit dieser Karikatur von 1878 stellte sich Thomas Nast gegen die von Präsident Grant eingeleitete und von Innenminister Schurz fortgeführte Friedens- und Reformpolitik gegenüber den Indianern und befürwortete eine auf die Armee gestützte Politik der Stärke.

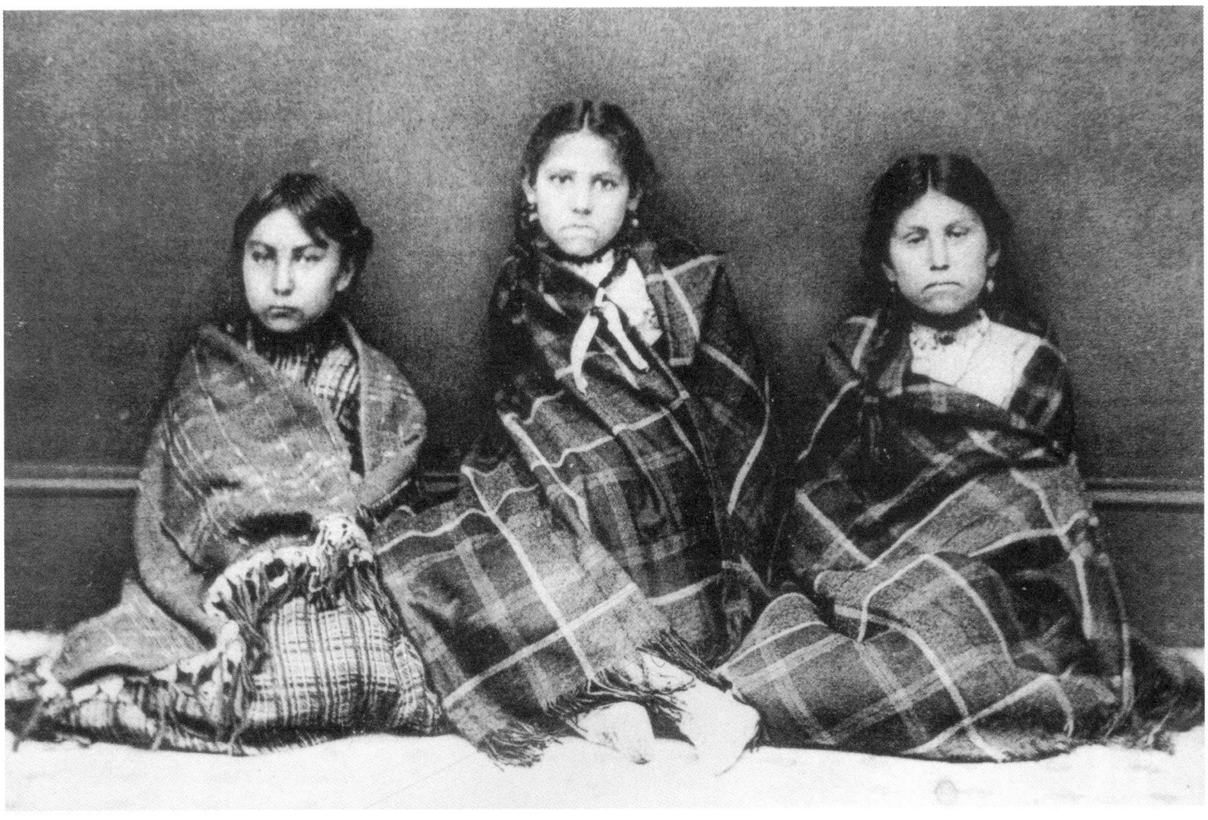

Zivilisierung: Philanthropische Reformer richteten Schulen ein, in denen aus den »Wilden« Christen und nützliche Glieder der Gesellschaft gemacht werden sollten. Die größte war das von Richard Henry Pratt 1878 in Hampton, Virginia, eingerichtete und dann nach Carlisle, Pennsylvania, überführte Institut. Die beiden Photos zeigen die Indianermädchen Carrie Anderson, Annie Dawson und Sarah Walker 1878 bei ihrer Einlieferung in das Institut und 15 Monate später. (Smithsonian Institution)

Ersatz für das Büffelfleisch: Verteilung von Lebensmitteln an Sioux. Die ungewohnte Art und meist erbärmliche Qualität der in den Reservationen an die Indianer ausgegebenen Verpflegung war eine der vielen Ursachen für Unzufriedenheit und Krankheiten. (Smithsonian Institution)

Zerstörung der Lebensgrundlage: »Die Büffeljäger haben in den letzten zwei Jahren mehr getan und werden im nächsten Jahr noch mehr tun, um die vertrackte Indianerfrage zu lösen, als die ganze reguläre Armee. Sie vernichten den Proviantmeister der Indianer... im Interesse eines dauerhaften Friedens, laßt sie töten, häuten und verkaufen, bis die Büffel ausgerottet sind. Dann können sich die Prärien mit Fleckvieh und Cowboys bedekken, die den Jägern folgen als zweite Vorhut einer höheren Kultur.« So äußerte sich General Philip Sheridan vor der Volksvertretung von Texas, um ihnen die Idee auszureden, die letzten Büffel in ihrem Staat unter Schutz zu stellen. (Photographie von L. A. Huffman, Title Insurance and Trust Company, Los Angeles)

Ein aufregender Sport: Viele hochgestellte Persönlichkeiten aus Amerika und Europa eilten auf die Prärien, um sich dem Abenteuer einer Bisonjagd hinzugeben. Auch in der bei Fort Hays 1868 aufgenommenen Jagdgesellschaft befindet sich ein prominentes Mitglied, General George Armstrong Custer (helle Figur über dem Bisonkopf). Die Studioaufnahme aus dem Jahr 1872 zeigt Custer (links) in Gesellschaft des Großherzogs Alexis von Rußland, den er zusammen mit Buffalo Bill auf der Bisonjagd begleitete. Der General hält einen zur Jagdwaffe modifizierten Springfield-Hinterlader in der Hand. (Custer Battlefield Museum)

Die Büffeljäger an der Arbeit: Die Aufnahmen entstanden in Montana während des Winters 1881/82, der letzten großen Saison, bevor man mit Verblüffung die fast völlige Ausrottung der Spezies feststellte. (The Huffman Pictures, Miles City, Montana)

Verwertung: Die meisten Bisons wurden wegen ihrer Felle abgeschossen, das Fleisch ließ man auf der Prärie verfaulen. 40 000 Häute stapeln sich auf einem Bild, das einen Bootslandeplatz am Mississippi zeigt. Nach wenigen Jahren blieben nurmehr die Gerippe zur wirtschaftlichen Ausbeutung übrig. Man schickte ganze Eisenbahnzüge von ihnen in den Osten, wo sie zu Düngemitteln verarbeitet wurden. (Montana Historical Society)

Karriere eines Büffeljägers: William F. Cody (1846–1917), bekannt als »Buffalo Bill«, betätigte sich als Pony-Express-Reiter, Armee-Scout und vor allem als Büffeljäger für die Eisenbahnarbeiter. In acht Monaten erlegte er nach eigenen Angaben nicht weniger als 4280 Tiere. Seine herausragende Berühmtheit verdankte er jedoch weniger seinen Taten im Westen als dem publizistischen Talent von Ned Buntline, der ihn zum Helden einer Zeitungsserie machte, und seinem eigenen Showtalent. 30 Jahre lang zog er mit »Buffalo Bill's Original Wild West Show« durch die USA und Europa, trat vor Königin Victoria, Kaiser Wilhelm II. und dem Schah von Persien auf und machte den Wilden Westen zu einem Teil der Weltkultur, wie das außer ihm allenfalls noch James Fenimore Cooper und John Ford geschafft haben.

Ein angehender Held: William F. Cody am Anfang seiner Karriere. (The Denver Public Library, Western History Department)

Der Showman und der Häuptling: »Buffalo Bill« Cody und Sitting Bull reichen sich die Hand. Es gelang Cody, den großen Sioux-Häuptling zeitweise für seine Wildwestshow zu gewinnen. (Denver Public Library, Western History Department)

Der Wilde Westen auf Tournee: Buffalo Bill reiste mit einem spektakulären Aufgebot von Indianern, Cowboys, Scouts und Tieren durch die USA und durch Europa und machte, wie kein zweiter, den Wilden Westen zu einem populären Thema in aller Welt. Auf dem Photo von 1907 präsentiert der inzwischen weißhaarige Held stolz seine Reiterscharen in einer Arena in Omaha, Nebraska. Authentische Vorfälle wurden nachgestellt, meist mit dramatischen Ausschmückungen.
1913 führte Cody noch einmal vor, wie er als Scout der Armee in der Schlacht von Summit Springs am 11. Juli 1869 den Cheyenne-Häuptling Tall Bull niedergeschossen hatte, angeblich gerade in dem Augenblick, als dieser die gefangene Maria Weichell erschlagen wollte.
(Wyoming State Museum und Norman Alley Cody Collection)

DIE GRENZARMEE

Die ersten hundert Jahre ihrer Existenz hindurch führte die US-Armee fast andauernd Krieg mit den Indianern; der Krieg von 1812, der Mexikanische Krieg und der Bürgerkrieg bildeten nur kurze Zwischenspiele in der monotonen Reihe von Einsätzen an der Westgrenze. Merkwürdigerweise stellte sich die Armee aber nie auf diese besondere Art der Kriegführung ein und trug ihr in Ausbildung und Gliederung der Truppe kaum Rechnung. Die Kämpfe mit den Eingeborenen waren ein mit Improvisationen bewältigtes notwendiges Übel, das man kaum richtig zur Kenntnis nahm. Da keine Kriegserklärungen vorlagen, galten Indianerkämpfe nicht einmal als eigentliche Kriegführung und berechtigten den Soldaten nicht zu den Ehren und Vergünstigungen, die ein regulärer Krieg mit sich zu bringen pflegte.

Die Indianerkriegsphase von 1865 bis 1890 zerstörte wieder den intensiven Kontakt der Armee mit der Masse der Bevölkerung, den der Bürgerkrieg herbeigeführt hatte. Die Truppen standen in einsamen Garnisonen am Rande der Zivilisation, fast vergessen vom Rest des Landes. In die Wildnis verbannt, schlecht bezahlt, wenig geachtet und anerkannt, fortwährend von weiteren Stärkereduzierungen und Soldkürzungen durch einen sparsamen, militärfeindlichen Kongreß bedroht, fristete der reguläre Soldat jener Jahre ein weit weniger ruhmvolles Dasein, als es in den meisten Kavallerie-Western den Anschein hat. Kein Wunder, daß die Desertionsrate enorm war. Von 255 712 Rekruten, die die amerikanische Armee zwischen 1867 und 1891 einstellte, sind nicht weniger als 88 475 desertiert, also mehr als ein Drittel.

Nimmt man Todesfälle und Entlassungen dazu, dann verlor die Armee alljährlich zwischen 25 und 40% ihres ohnehin geringen Bestandes. Selten zählte die Mitte der 70er Jahre auf 25 000 Mann zusammengestutzte Truppe mehr als 18 000 bis 19 000 einsatzbereite Soldaten. Verhältnismäßig wenige Männer verpflichteten sich ein zweites Mal, so daß der Anteil an erfahrenen Soldaten weit geringer war, als man es bei einer Söldnerarmee eigentlich erwarten würde. Eine bezeichnende Ausnahme bildeten die vier Schwarzenregimenter, die trotz vielfacher Diskriminierung einen ausgezeichneten Korpsgeist entwickelten und in der Armee eine echte Heimat und die Gelegenheit zum sozialen Aufstieg erblickten.

Anders als die Freiwilligenarmeen des Bürgerkrieges waren Farmer im Heer der Nachkriegszeit nur schwach vertreten, die Masse rekrutierte sich aus dem städtischen Proletariat und aus Einwanderern. Schon vor dem Bürgerkrieg hatte fast die Hälfte der regulären Armee aus Iren und Deutschen bestanden, dabei blieb es auch nach dem Krieg. Besonders hoch war der Anteil irischer und deutscher Soldaten unter den Unteroffizieren, da viele von ihnen schon in ihrer alten Heimat Militärdienst geleistet hatten.

Im Gegensatz zu den Mannschaften wurde der Großteil des Offizierskorps von Bürgerkriegsveteranen gebildet, teils von West-Point-Absolventen, teils von nach einer gesetzlich festgelegten Quote in den regulären Dienst übernommenen Offizieren von Freiwilligenverbänden. Viele von diesen waren in den ersten Jahren nach dem Krieg noch sehr jung; da es aber wenige Entlassungen und Ausfälle und dementsprechend auch nur wenige Neueinstellungen gab, überalterte das Offizierskorps im Laufe der Jahre mehr und mehr. Eine weitere Folge dieser Zustände war ein frustrierender Beförderungsstau. Man rechnete, daß ein Leutnant, der 1877 in die Armee eintrat, 24 bis 26 Jahre brauchen würde, um – vielleicht – den Rang eines Majors zu erreichen. Das wurde als um so härter empfunden, als fast alle der Veteranen bei ihrer Übernahme in die kleine Nach-

Die Kavallerie: Parade in Fort Custer, Montana, Anfang der 80er Jahre.
(National Archives)

»Schäbig sind wir gar nicht – wozu der Kongreß unsere Armee und unsere Marine reduzieren will«: Thomas Nast wollte eine starke, bewaffnete Republik. Als der Kongreß aufgrund der horrenden Kosten des Bürgerkrieges dazu überging, den Verteidigungshaushalt auf ein Minimum zusammenzustutzen und die Streitkräfte auf Minimalstärke zu setzen, fand er die erbitterte Kritik des Karikaturisten.
»Zahlt es sich aus, eine Republik zu betreiben? Lohnt es sich, eine Fahne zu haben? Werden wir zu schäbig, um zu existieren?« steht auf einigen der Papiere, die sich auf dem Tisch neben der hartnäckig an einer Fahne nähenden Columbia häufen.

»Die neue Allianz«: Ein demokratischer Kongreßabgeordneter, ein terroristischer Südstaatler und ein indianischer Krieger reichen sich die Hand – ein Ziel eint sie: »Wir stehen hier für Sparpolitik und dafür, die Armee der Vereinigten Staaten zu verkleinern.« Thomas Nasts Karikatur entstand im Juli 1876 unter dem Eindruck des »Custer-Massakers«.

kriegsarmee im Dienstgrad drastisch heruntergestuft worden waren. Die meisten Stabsoffiziere und selbst manche Hauptleute der regulären Armee waren ehemalige Bürgerkriegsgeneräle.

Offiziere wurden in der Regel einem bestimmten Regiment zugeteilt und stiegen dann innerhalb dieser Einheit mehr langsam als sicher auf, ein Umstand, der eine chronische Cliquen- und Intrigenwirtschaft zur Folge hatte. Zudem herrschte ein dauernder Mangel an Offizieren, was die Ausbildung und die taktische Führung der meist ganz zersplittert stationierten und eingesetzten Regimenter sehr erschwerte. So ging Custer in die Schlacht am Little Big Horn mit 15 statt 43 Offizieren, die sein Regiment eigentlich hätte haben müssen; ein Teil der Soldaten hatte noch nicht einmal richtig reiten gelernt.

Die unterbesetzten Einheiten wurden vom Routinedienst dermaßen in Anspruch genommen, daß nur wenig Zeit für systematische Ausbildung blieb; Munition zum Übungsschießen gab es ohnehin kaum. Es kann daher wenig verwundern, daß die Soldaten, Mann für Mann betrachtet, ihren indianischen Gegnern klar unterlegen waren.

Selbst bewaffnungsmäßig fiel der Vergleich nicht immer in dem Maße zu ihren Gunsten aus, als man das gemeinhin annimmt. Zusätzlich zu ihren traditionellen Waffen wie Pfeil und Bogen, Lanzen, Tomahawks, Keulen, Messern verfügten die Indianer oft genug auch über Gewehre und Revolver, die sie von Händlern gekauft oder erbeutet hatten. Viele dieser Waffen waren zwar veraltet oder hatten unter dem wenig sachkundigen Umgang durch die Indianer gelitten, aber es waren auch Gewehre darunter, die, wie die beliebten Winchester-Repetierer, die Handfeuerwaffen der Truppen an Feuerkraft weit übertrafen.

Daß die Armee aus fast allen Feldzügen letztendlich doch als Sieger hervorging, hatte seine Ursache darin, daß sie trotz allen Mängeln den Indianern an Disziplin, Organisation, Führungskunst und zielgerichtetem militärischem Denken unendlich überlegen war. Der einzelne Indianer stellte zwar einen höchst gefährlichen Feind dar, aber er war ein Individualist, der nur kämpfte, wenn es ihm paßte oder wenn er in die Enge getrieben wurde. Besonders die Prärieindianer hatten ein ausgesprochen sportliches Verhältnis zum Kampf; viele Kriegsbräuche waren irrational und zweckwidrig. Nur indem er sich im Kampf auszeichnete, konnte ein Mann soziale Anerkennung erringen, es ging ihm also in erster Linie um persönlichen Ruhm und persönliche Ehre. Der Indianer pflegte jägermäßig zu kämpfen, Überfall und Kleinkrieg waren sein Element; sich in Masse in das Gewehrfeuer des Gegners zu stürzen und sich niedermähen zu lassen, wie man das in Wildwestfilmen so häufig sieht, war weniger seine Sache. Auf größere Kämpfe ließen sich indianische Scharen meist nur dann ein, wenn sie alle Vorteile auf ihrer Seite glaubten oder wenn ihnen nichts anderes mehr übrigblieb.

Der größte Vorteil der Stammeskrieger war ihre überlegene Beweglichkeit und Schnelligkeit, ihre Kenntnis des Landes und ihre Ungebundenheit. Da sie als Nomaden keine festen Angriffsziele boten und jederzeit in die Weite der Prärie verschwinden konnten, waren sie für die Armee kaum zu fassen. In dem menschenleeren Gebiet mußte die Truppe alles mit sich führen, was die Männer und Pferde brauchten. Jede Marschkolonne war daher von einem langen Zug von Wagen oder Tragtieren begleitet, die die Bewegungen so sehr verlangsamten, daß eine Verfolgung des flüchtigen Gegners von vornherein kaum Aussicht auf Erfolg hatte.

Die Strapazen, das dürftige Futter und die extremen klimatischen Bedingungen pflegten dabei verheerende Verluste unter den Pferden und Maultieren anzurichten. Sehr schön verglich ein Offizier die Effizienz einer typischen Indianerexpedition mit der eines Kettenhundes: »Innerhalb der Reichweite der Kette unwiderstehlich, außerhalb davon machtlos. Die Kette, das waren der Wagenzug und die Vorräte.«

Auf zwei Arten versuchte die Armee, die Indianer doch zum Kampf zu stellen. Die eine bestand darin, in mehreren Gruppen konzentrisch vorzugehen. Das setzte freilich die Kolonnen der Gefahr aus, einzeln von der Hauptmacht des Gegners angegriffen zu werden; man glaubte aber angesichts der militärischen Minderwertigkeit der Indianer dieses Risiko eingehen zu können. Am Little Big Horn reagierte der Feind anders als erwartet, und das »Custer-Massaker« war die Folge. Trotzdem bewies selbst dieser für sie zunächst siegreiche Feldzug, daß die Indianer in allen Formen größerer Kriegführung keine sehr ernstzunehmenden Gegner waren, denn sie hätten nach der Vernichtung Custers auch die anderen einzeln heranrückenden Abteilungen der Armee mit großer Übermacht angreifen können und müssen – statt dessen ergriffen sie die Flucht.

Die zweite Methode war der Überfall auf ein Lager, der die Indianer zwang, zur Verteidigung ihrer Frauen und Kinder zu kämpfen. Das setzte voraus, daß es gelang, den Gegner zu überraschen. Beste Voraussetzung bot ein Winterfeldzug. Selbst wenn die Indianer keine hohen Verluste erlitten, mußten sie doch ihre Zelte und Vorräte zurücklassen, die dann von den Soldaten verbrannt wurden. Dies war eine Form totaler Kriegführung, bei der wenig Rücksicht auf Frauen und Kinder genommen wurde, und es überrascht nicht, daß ihr radikalster Befürworter der General Sheridan war, der schon im Bürgerkrieg eine Strategie der verbrannten Erde verfolgt hatte.

Vom Bürgerkrieg zum Indianerkrieg: Der weiße Kavallerist der späten 60er Jahre trägt die typische Ausrüstung der Bürgerkriegsära. Der Remington-Perkussionsrevolver müßte eigentlich im Holster rechts am Koppel hängen. Der farbige Kamerad hat den graublauen Mantel mit Cape angelegt. (Herb Peck Jr.)

Trotz diesen Brutalitäten ist es nicht gerechtfertigt, den Amerikanern und besonders der Armee pauschal vorzuwerfen, sie hätten planmäßigen Völkermord an den Indianern begangen. Sicher gab es, vornehmlich unter der zivilen Grenzbevölkerung, nicht wenige, die die Indianer – oder zumindest bestimmte Stämme – am liebsten ausgerottet hätten. Dem standen aber starke, publizistisch und politisch einflußreiche Kreise entgegen, die sich der moralischen Schuld gegenüber den Indianern durchaus bewußt waren, eine menschliche Behandlung forderten und bei jedem angeblichen oder wirklichen Massaker heftigste Proteste lautwerden ließen.

Die totale Kriegführung der Armee traf nur die Widerstand leistenden »feindlichen« Stämme – und das war der kleinere Teil der noch freilebenden Indianer –, solange sie den Kampf fortsetzten; von einer grundsätzlichen Ausrottungsabsicht kann also keine Rede sein. Tatsächlich ist in dem hier zur Debatte stehenden Zeitraum kein einziger Stamm durch militärische Maßnahmen in einem Umfang dezimiert worden, der es auch nur annähernd rechtfertigen würde, von Vernichtung zu sprechen.

Die Kampfpraxis der Indianerkriege war allerdings von einer barbarischen Grausamkeit gekennzeichnet, die nicht zuletzt von den Indianern selbst ausging. Sieht man von einigen der größeren Kämpfe ab, insbesondere den (wenigen) gelungenen Überfällen auf Indianerdörfer, hatten die Weißen in der Grenzkriegführung meist die höheren Verluste hinzunehmen. Weit davon entfernt, die friedlichen Wilden zu sein, von denen gerne fabuliert wird, führten die kriegerischen Indianerstämme, mit denen es die Armee zu tun bekam, seit eh und je in einer Weise Krieg, die nicht die geringste Rücksicht auf Nichtkombattanten nahm und zu deren normalen Gepflogenheiten es gehörte, Verwundete zu massakrieren und Gefangene zu Tode zu martern. Ein Auszug aus der Verluststatistik nach einem verlorenen Gefecht las sich dann etwa so: »Corporal Harry Mercer, Troop E, Einschuß in der rechten Achselhöhle, ein weiterer in der Herzgegend, acht Pfeileinschüsse im Rücken, rechtes Ohr abgeschnitten, Kopf skalpiert, Schädel eingeschlagen, tiefe Schlitze in beiden Beinen, Kehle durchschnitten; Gemeiner Thomas Christie, Troop E, Einschuß im Kopf, rechter Fuß abgehauen, Einschuß im Bauch, Kehle durchschnitten; Corporal William Carrick, Troop H, Einschuß im rechten Scheitelbein, beide Füße abgehauen, Kehle durchschnitten, linker

Veteranen der Indianerkämpfe: Der in den frühen 70er Jahren aufgenommene weiße Kavallerist ist mit einem Sharps-Karabiner bewaffnet. In der Hitze des Sommers hat er die Uniformjacke abgelegt und trägt ein dickes Baumwollhemd. Der farbige Infanterist vom 25. Regiment ist mit seinem langen Mantel aus Büffelfell gut auf die Winterkriegführung vorbereitet. (Herb Peck Jr.)

Arm gebrochen, Penis abgeschnitten; Gemeiner Eugene Clover, Troop H, Kopf abgehauen, Pfeilwunden in der rechten Seite und in beiden Beinen, schrecklich verstümmelt; Gemeiner William Milligan, Troop H, Einschuß in der linken Seite des Kopfes, tiefe Schlitze im rechten Bein, Penis abgeschnitten, linker Arm tief zerschlitzt, Kopf skalpiert und Kehle durchschnitten ...«

Kämpfe und Massaker, so grausam und spektakulär sie waren, gehörten aber durchaus nicht zum Alltag der Grenztruppen. Viele Soldaten verrichteten ihren ausgesprochen monotonen Dienst, ohne je in eine ernsthafte Kampfhandlung verwickelt zu werden, die meisten Einsätze entsprachen eher Polizeiaktionen als militärischen Operationen. Vor dem Bürgerkrieg schätzte man, daß ein im Westen stationierter Soldat im Durchschnitt alle fünf Jahre einmal ins Gefecht kam, nach dem Krieg dürfte es nicht viel häufiger gewesen sein.

Die wirksamste und am wenigsten aufwendige Methode hätte eigentlich darin bestanden, unter Einschaltung weißer Offiziere die Ureinwohner mit Ureinwohnern zu bekämpfen, wie das

Farbige Kavallerie: Die beiden Aufnahmen zeigen Soldaten des 9. Kavallerieregiments in Fort Davis, Texas, um 1876. Sie tragen die 1872 eingeführte Paradeuniform mit Pickelhaube. (National Archives)

in Kolonialkriegen seit den Tagen der Römer ja immer wieder mit Erfolg praktiziert worden ist. Der sehr unkonventionell denkende General Crook bediente sich in den letzten Apachen-Kriegen dieser Methode mit ausgezeichnetem Erfolg, den meisten Offizieren und der politischen Führung war es jedoch bei dem Gedanken etwas unbehaglich zumute, die Kriegführung größeren Verbänden von undisziplinierten indianischen Hilfstruppen anzuvertrauen. So blieb der Einsatz indianischer Verbündeter, die überwiegend von traditionell freundlich eingestellten Stämmen wie den Pawnee, Osage, Schoschonen, Crow oder Arikara kamen, manchmal aber auch von kooperationswilligen Elementen der bekämpften Völker, auf ihre Funktion als Kundschafter beschränkt, die freilich oft entscheidend zum Gelingen einer Aktion beitrugen.

Der Kommandant eines Schwarzenregiments: Colonel Benjamin H. Grierson (1826–1911), brevetierter Generalmajor der Unionsarmee, hatte 1863 während des Vicksburg-Feldzuges einen der brillantesten Kavallerieraids des Bürgerkrieges geführt. Nach dem Krieg übernahm der Reiterführer, der seit seiner Jugend Pferde haßte, das Kommando über eines der vier farbigen Kavallerieregimenter. (Fort Davis National Historic Site, Fort Davis, Texas)

Ein Vorläufer des Maschinengewehrs: Die von Dr. Richard Gatling erfundene »Gatling Gun« war trotz ihrer enormen Feuerkraft im Bürgerkrieg kaum zum Einsatz gekommen. Für die Indianerkämpfe stand sie erneut bereit, wurde aber wegen ihrer Schwerfälligkeit nur wenig benutzt. (Library of Congress)

Scouts: In den unbekannten Weiten des Westens war die Armee auf geländekundige Pfadfinder angewiesen, Indianer wie Weiße. Der Scout in der typischen befransten Wildlederjacke ist mit einem Winchester-Karabiner Modell 1866 bewaffnet.
Das andere Photo zeigt vier Scouts, deren sich General Custer mit Vorliebe bediente (von links nach rechts): Will »Medicine Bill« Comstock, Ed Guerrier, ein Halbindianer, Thomas Adkins und »California Joe« Moses E. Milner, Custers Lieblingsscout.
(Herb Peck Jr. und Colonel Bruce C. W. Custer)

Zeltlager: Soldaten des 7. Kavallerieregiments in der Nähe von Fort Hays, Kansas, 1869. (Custer Battlefield National Monument)

Einer der Hauptstützpunkte im Westen: Fort Leavenworth am Missouri in Kansas. Aufnahme aus dem Jahre 1867. (Kansas State Historical Society)

Custers Hauptquartier in den 70er Jahren: Während der Kämpfe gegen Sitting Bulls Sioux war das 7. Kavallerieregiment in dem 1873 angelegten Fort Abraham Lincoln im Dakota-Territorium (heute North Dakota) stationiert. Das Fort lag am Missouri (auf dem Panoramabild links) gegenüber der gleichzeitig gegründeten Stadt Bismarck. Im Gegensatz zu dem von Hollywood geprägten Klischee besaßen die meisten Forts an der Indianergrenze keine Palisaden oder sonstigen Befestigungen. Die Detailaufnahme zeigt die Unterkünfte der Offiziere. Im dritten Haus von links wohnte General Custer. Beide Aufnahmen dürften im Winter 1875/76 entstanden sein.
(Custer Battlefield Museum)

Ein rollendes Depot: Bei Expeditionen ins Indianergebiet mußte die Armee den gesamten Bedarf oft für Wochen auf Wagen und Maultiere verladen. Das Photo zeigt den Wagentrain, der die 1200 Mann Kavallerie und Infanterie begleitete, mit denen Custer im Sommer 1874 in die Black Hills vorstieß.
(South Dakota Historical Society)

Künftige Indianerkämpfer: Philip Sheridan (1831–1888), der große Reiterführer der Unionsarmee im Bürgerkrieg und Oberbefehlshaber gegen die Indianer, trägt auf dieser Aufnahme noch die Uniform eines West-Point-Kadetten. Er verließ die Akademie 1853, als 34. von 52 seiner Klasse. Seine beiden Freunde tragen bereits den Offiziersrock. Einer von ihnen, George Crook (1829–1890), sollte einer der bewährtesten Spezialisten im Indianerkrieg werden. (U. S. Military Academy Archives)

Sheridan und einige seiner Offiziere an der Indianergrenze: Der Generalleutnant sitzt als zweiter von links (mit Käppi in der Hand), links neben ihm General Custer. Die Aufnahme entstand 1872 in Topeka, Kansas. (Custer Battlefield National Monument)

Konkurrenten im Westen: General George Crook war ein unorthodoxer Indianerkämpfer. Er plädierte für anständige Behandlung der Ureinwohner und operierte bevorzugt mit indianischen Hilfstruppen. Das Photo zeigt ihn 1885 auf seinem Maultier »Apache« während eines Feldzuges gegen Geronimo in Arizona. Eine härtere Strategie befürwortete General Nelson A. Miles (1839–1925). Der ehrgeizige Offizier war kein West-Point-Absolvent. Er hatte sich während des Bürgerkrieges zum General hochgedient. (Arizona Historical Society und National Archives)

Der geistige Führer der Sioux: Sitting Bull (ca. 1834–1890) vom Teilstamm der Hunkpapa war Medizinmann und Prophet und besaß großen politischen Einfluß; die militärische Führung lag in den Händen von Kriegshäuptlingen wie Crazy Horse und Gall. Sitting Bull kam beim Geistertanzaufstand von 1890 ums Leben. (National Archives)

»Der rote Napoleon«: Diesen Namen verliehen dem Nez-Perce-Häuptling Joseph (ca. 1840–1904) seine weißen Gegner. Der tragische Marsch, den die von einer vielfachen Übermacht verfolgten Nez Perce unter seiner Führung unternahmen, war die bedeutendste militärische Leistung der Indianer in ihrem langen Kampf mit den Europäern. Die Aufnahme von Frank Jay Haynes entstand im Oktober 1877, kurz nach der Kapitulation. (Smithsonian Institution)

Sieger über die Armee: Red Cloud (1822–1900) von den Oglala-Sioux war einer der wenigen Häuptlinge, die die USA wenigstens vorübergehend zum Zurückweichen gezwungen haben. Im Vertrag von Laramie wurden 1868 die Forts in dem umstrittenen Gebiet aufgegeben. Von da an befolgte Red Cloud eine konsequent friedliche Politik, wenn er auch nie zu einem Freund der Weißen wurde. (Smithsonian Institution)

Ein Kriegshäuptling der Komantschen: Quanah Parker (1845–1911) war der Sohn eines Häuptlings der Kwahadi-Komantschen und eines gefangenen weißen Mädchens, Cynthia Ann Parker. Vergeblich stürmte er 1874 bei Adobe Walls in Texas gemeinsam mit den Kiowa gegen die Weißen an. Der folgende »Red-River-Feldzug« Sheridans veranlaßte ihn, wie viele andere Häuptlinge der südlichen Prärieindianer, den Kampf aufzugeben. Er stellte sich vollständig auf die Lebensweise der Weißen um und wurde einer der wohlhabendsten Indianer der USA. (National Archives)

Einer der Häuptlinge auf dem Todesmarsch der Cheyenne: Dull Knife führte im Winter 1878/79 eine Gruppe der nördlichen Cheyenne vom Indianerterritorium nach Norden, um die alte Heimat zu erreichen. Die Überlebenden erhielten tatsächlich eine Reservation in ihrem früheren Land. Aufnahme von William H. Jackson. (Smithsonian Institution)

Der letzte, der sich ergab: Geronimo (1829–1909) von den Chiricahua-Apachen kapitulierte endgültig im September 1886, nachdem er im Grenzgebiet von New Mexico und Arizona zu Mexiko jahrelang mit der Armee Katz und Maus gespielt hatte. Die Apachen waren als perfekte Guerilleros ein ungleich tödlicherer Gegner als die optisch eindrucksvolleren, sportsmäßig kämpfenden Prärieindianer. Geronimo wurde mit seinen Leuten nach Florida deportiert. Die Aufnahme von A. Frank Rondall entstand 1884 auf der San-Carlos-Reservation. (Museum of New Mexico)

Der grausame Alltag der Indianerkriege: Auf William S. Soules Photo vom 7. Dezember 1868 findet eine Patrouille die Leiche des Jägers Ralph Morrison, kurz nachdem Cheyenne ihn in der Nähe von Fort Dodge, Kansas, getötet und skalpiert haben.
Die andere Aufnahme, die von Dr. William Abraham Bell stammt, zeigt die Überreste des Sergeanten Frederick Wyllyams vom 7. Kavallerieregiment, getötet von Cheyenne bei Fort Wallace, Kansas, am 26. Juni 1867. Er wurde zweimal skalpiert, mehrfach aufgeschlitzt und mit Pfeilen gespickt, die Kehle ist durchschnitten, das Herz herausgerissen.
(Smithsonian Institution und Kansas State Historical Society)

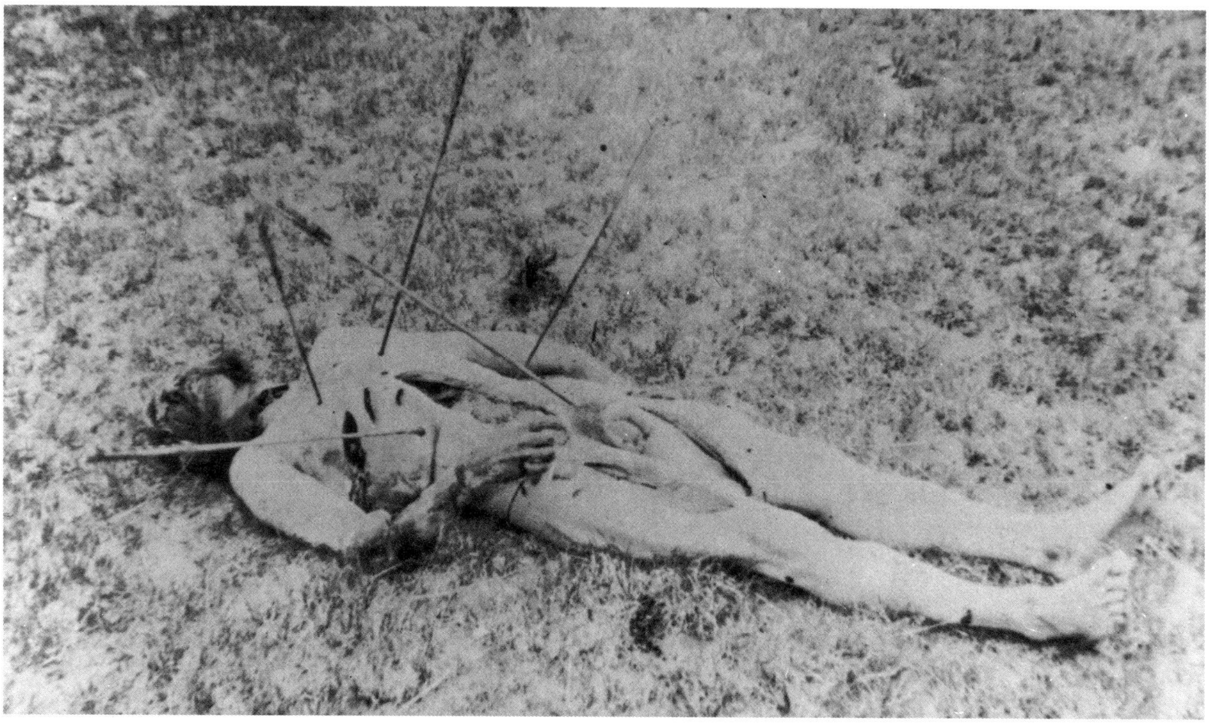

Das Ende: Am 29. Dezember 1890 führte der Versuch von Soldaten des 7. Kavallerieregiments, Anhänger der Geistertanzbewegung bei Wounded Knee, South Dakota, zu entwaffnen, zu einem Blutbad. Die Aufnahmen von George Trager zeigen die durch einen Blizzard gefrorenen Leichen der Sioux und ihres Häuptlings Big Foot auf dem letzten Schlachtfeld der Indianerkriege. (Smithsonian Institution)

DER »BOY GENERAL«

Custer als West-Point-Kadett: Der »Boy General« schloß 1861 wegen des Kriegsausbruchs seine Ausbildung überstürzt ab. Die Aufnahme dürfte 1859 entstanden sein, als Custer 20 Jahre alt war.
(Lawrence A. Frost)

Als George Armstrong Custer am 25. Juni 1876 mit seinem ganzen Kommando im Kampf gegen die Sioux unterging, hatte der 36jährige Lieutenant Colonel im Titularrang eines Generalmajors die Höhen und Tiefen, den Ruhm und die Enttäuschungen einer Soldatenlaufbahn der Bürgerkriegsgeneration in einer Intensität erlebt wie wenige andere. Das Bild, das sich die Nachwelt von ihm gemacht hat, ist in der einseitigsten Weise auf Custers Zeit als Kommandeur der 7. US-Kavallerie und vor allem auf jenen fatalen 25. Juni 1876 fixiert. Über die Schlacht am Little Big Horn wurde mehr geschrieben und erbitterter gestritten als über irgendeine andere der amerikanischen Militärgeschichte. Dabei geriet der eigentlich viel ereignisreichere und bedeutsamere Anfang der Laufbahn dieses schon zu seinen Lebzeiten höchst kontrovers beurteilten Offiziers fast völlig in Vergessenheit.

Der in Ohio geborene und in Michigan aufgewachsene Custer kam aus einer deutschstämmigen Familie. Während seiner Kadettenzeit in West Point bedeckte er sich nicht sonderlich mit Ruhm. »Meine Verstöße gegen Gesetz und Ordnung waren nicht bedeutend wegen ihrer Schwere«, schrieb er später, »aber was ihnen an Gewicht fehlte, machten sie durch ihre Zahl wett.« Zum Abschluß mußte er noch ein Verfahren über sich ergehen lassen, weil er einen Faustkampf zwischen zwei Kadetten nicht abgebrochen hatte. Der Krieg kam dazwischen und ließ über solche Kleinigkeiten hinwegsehen.

Die ersten beiden Kriegsjahre verbrachte Lieutenant, später Captain Custer vorwiegend in den Stäben verschiedener Generäle, wobei er mehrfach Gelegenheit hatte, seine herausragende persönliche Tapferkeit unter Beweis zu stellen. Vor allem erregte er die Aufmerksamkeit des 1862 die Potomac-Armee kommandierenden George B. McClellan. Custer hegte eine tiefe Bewunderung für diesen General, ein Umstand, der ihm, wie seine Neigungen zur demokratischen Partei, nach dessen Sturz politisch sehr von Nachteil war. Es war eine merkwürdige Freundschaft zwischen einem Feldherrn, als dessen schwerster Fehler seine Übervorsicht gilt, und einem Offizier, dem man seine leichtsinnige Tollkühnheit vorzuwerfen pflegt.

Im Frühjahr 1863 kam Custer in den Stab General Pleasontons, der im Begriff war, die wenig effektive Kavallerie der Potomac-Armee zu reorganisieren. Nachdem er bei mehreren Gelegenheiten Geistesgegenwart, schnelle Entschlossenheit und eine außergewöhnliche Aggressivität bewiesen hatte, die wichtigsten Eigenschaften für einen Kavallerieführer, wurde er, immer noch Captain, von Pleasonton für die Beförderung zum Brigadegeneral vorgeschlagen. Diese erfolgte rechtzeitig für den Gettysburg-Feldzug, in dem der 23jährige General die Michigan-Brigade mit großer Bravour befehligte.

Der »Boy General« erregte auch durch sein extravagantes Äußeres Aufsehen. Ganz in schwarzen, goldbestickten Samt gekleidet, mit einem leuchtend roten Tuch um den Hals, einen breitkrempigen Hut auf den langen blonden Locken, kam er den einen wie ein »verrückt gewordener Zirkusreiter« vor, während er den anderen als die »goldgelockte Apotheose des Krieges« erschien.

Eine seiner ersten Aktionen als Brigadekommandeur zeugt von der gleichen überstürzten Kampfleidenschaft wie sein Verhalten am Little Big Horn dreizehn Jahre später. In der Annahme, nur schwache Feindkräfte vor sich zu haben, warf er sich bei Hunterstown mit einer einzigen Kompanie kopfüber auf Wade Hamptons ganze Brigade. Er hatte das bald sprichwörtlich werdende »Custer-Glück« und kam mit dem Verlust »nur« seiner halben Mannschaft davon. Er selbst ent-

Erste Mutproben des Leutnants Custer: Am 22. Mai 1862, während des Halbinselfeldzuges, durchwatete Custer den Chickahominy, um eine Furt zu erproben und die Posten des Feindes ausfindig zu machen. General McClellan machte ihn zu einem seiner Adjutanten. Zeichnung von Alfred Waud.
(Library of Congress)

ging, nachdem sein Pferd unter ihm erschossen worden war – insgesamt verlor er elf Pferde während des Krieges –, nur knapp Tod oder Gefangenschaft. Seine Michigan-Brigade hatte mit bis Kriegsende 525 Gefallenen oder tödlich Verwundeten die höchsten Verluste unter allen Kavalleriebrigaden der Union.

Trotzdem kann man nicht behaupten, Custer sei ein blinder Hasardeur und Schlächter seiner Leute gewesen. Seine Risiken waren kalkuliert und trugen ihm eine lange Reihe durchschlagender Erfolge ein. »Unter den Kavallerieführern der Union«, sagte ein konföderierter Gegenspieler später, »war nicht einer, der an Geschicklichkeit und Kühnheit General Custer gleichgekommen wäre.« Sheridan schätzte ihn als seinen besten Unterführer und vertraute ihm die 3. Kavalleriedivision an. Im Shenandoah-Feldzug von 1864 und während der abschließenden Operationen zwischen Richmond und Appomattox trug Custer entscheidend zum Erfolg bei. Im April 1865 wurde er zum Generalmajor befördert.

Mit Kriegsende begann für Custer, wie für so viele andere rasch aufgestiegene Offiziere, die große Krise. Sein Generalsrang war nur ein »Brevet«, ein Titularrang, der für das Kommando über die Freiwilligenverbände des Bürgerkrieges galt, die nun nach Hause gingen, nicht aber innerhalb der rasch zu einer besseren Kadertruppe zusammenschrumpfenden regulären Armee. Der 25jährige Generalmajor sah sich alsbald zum Lieutenant Colonel, zum Oberstleutnant, zurückgestuft, wobei er im Vergleich zu vielen seiner Kameraden noch gut wegkam. Aussichten auf rasche Beförderung durfte sich niemand mehr machen, und Custer blieb in der Tat von 1865 bis zu seinem Tod 1876 Lieutenant Colonel.

Die Art des Dienstes änderte sich gleichfalls vollkommen. An die Stelle dramatischer Feldzüge und Schlachten traten der Routinedienst in gottverlassenen Garnisonen an der Westgrenze und die frustrierende Kriegführung gegen die unberechenbaren und kaum zu fassenden Indianer, eine schwere Umstellung für einen tatendurstigen Aktivisten wie Custer. Er hatte es jetzt auch nicht mehr mit leicht mitzureißenden Freiwilligen zu tun, sondern mit wenig motivierten Söldnern. Custers bewährte Mittel, seinen Männern durch Glanz und Gloria einen spezifischen Korpsgeist zu vermitteln und sie zu stimulieren, verfingen nur mehr in Maßen, und er sah sich mitunter veranlaßt, sehr scharf durchzugreifen.

Custers Truppe war das 1867 in Fort Hays neu aufgestellte 7. Kavallerieregiment. Der Feldzug des gleichen Jahres brachte für Custer einen Tiefpunkt seiner Karriere. In anstrengenden und entbehrungsreichen Gewaltmärschen versuchte er die Indianer zu stellen und tat doch immer wieder nur Lufthiebe. Die Soldaten begannen zu desertieren, und Custer ging mit ungewohnter Härte gegen wieder eingefangene Fahnenflüchtige vor. Er selbst leistete sich jedoch die Diszi-

Feindliche Klassenkameraden: Custer und der konföderierte Kavalleriegeneral Thomas L. Rosser (1836–1910), der die West-Point-Klasse von 1861 zwei Wochen vor seinem Abschluß verlassen hatte, lieferten sich in Virginia wechselvolle Duelle. Bei einer Gelegenheit floh Custer im kurz zuvor erbeuteten Uniformrock seines Gegners. Rosser, der nach dem Krieg als Eisenbahningenieur in den Westen ging und dort erneut Freundschaft mit Custer schloß, verteidigte nach dessen Tod seinen Nachruhm mit großem Engagement. Die Aufnahme von Matthew Brady zeigt den 26jährigen Custer am Ende des Krieges, mit den charakteristischen langen Haaren und der roten Krawatte, die die Männer seiner Michigan-Brigade zu tragen pflegten. (National Archives und Museum of the Confederacy, Richmond, Virginia)

plinlosigkeit, unerlaubt die Truppe zu verlassen, um seine Frau zu sehen. Ein Kriegsgerichtsverfahren war die Folge, das damit endete, daß Custer für ein Jahr ohne Bezüge vom Dienst suspendiert wurde.

Seit 1867 gab es in der Armee und vor allem innerhalb des 7. Kavallerieregiments eine Aufspaltung in eine »Custer-phile« und eine »Custerphobe« Partei, in rückhaltlose Bewunderer und erbitterte Gegner des Kriegshelden. Konkurrenzkampf und Eifersüchteleien taten ein übriges, um eine Parteibildung zu verhärten, die sehr bald auf die Presse, die Politiker, die öffentliche Meinung und schließlich die Historiker überzugreifen begann.

Als Custer 1868 zurückkehrte, brannte er darauf, sich zu rehabilitieren. Sheridans Winteroffensive bot ihm hierzu die Gelegenheit. An der Spitze seines 800 Mann starken Regiments verfolgte er durch tiefen Schnee die Spuren einer Gruppe von Cheyenne, die an Überfällen beteiligt gewesen war. Diese Spuren führten ihn an den Washita, zum Winterlager des friedfertigen Häuptlings Black Kettle, dessen Leute vier Jahre zuvor von Chivingtons Truppen massakriert worden waren. Im Morgengrauen des 27. November attackierte Custer das aus 51 Tipis bestehende Dorf. Die Indianer waren völlig überrascht, leisteten aber erbitterten Widerstand. Während die Soldaten dabei waren, die Zelte und Vorräte zu vernichten und über 800 erbeutete Ponys abzuschlachten, trafen mehr und mehr Krieger aus angrenzenden Winterdörfern ein und drohten das Regiment einzuschließen. Die Existenz dieser Dörfer war unbekannt geblieben, da keine ausgedehnte Rekognoszierung stattgefunden hatte, um die Indianer nicht vorzuwarnen. Custer ließ einen Angriff auf die nächsten Dörfer fingieren, wodurch er die Indianer zum Rückzug zwang, und marschierte dann im Schutze der Dunkelheit ab. Es gab auf weißer Seite 22 Tote und 14 Verwundete, die indianischen Verluste dürften sich auf etwa 100 Tote, darunter wohl die Hälfte Frauen und Kinder, und mehrere Dutzend Verwundete belaufen haben. Ferner wurden 53 Squaws und Kinder gefangen. Black Kettle war unter den Toten.

Militärisch gesehen war die Schlacht am Washita ohne Zweifel ein Erfolg. Er bestand vor allem darin, daß die Indianer sich von nun an in ihren Winterlagern nicht mehr sicher fühlen konnten. Der Umstand, daß ein Teil von Black Kettles Leuten friedfertige Indianer gewesen waren und daß sich unter den Getöteten zahlreiche Frauen und Kinder befanden – was bei einem Kampf dieser Art nicht zu vermeiden war –, brachte Custer aber auch herbe Kritik ein. Innerhalb des Regiments warf man ihm zudem vor, er hätte vor seinem Rückzug intensiver nach einer verschollenen Abteilung unter Major Elliott suchen müssen, von der sich später herausstellte, daß sie vernichtet worden war.

Verbeugung vor dem Angriff: Bevor er in der Schlacht bei Tom's Brook am 9. Oktober 1864 seine Reiter gegen Rossers Kavallerie zur Attacke führte, sprengte Custer vor die Front und grüßte seinen alten Freund mit gezogenem Hut. Zeichnung von Alfred Waud. (Library of Congress)

Attacke: Mit blankem Säbel reiten am 19. September 1864 Custers Männer die konföderierte Infanterie bei Winchester über den Haufen. Es war einer der gelungensten Kavallerieangriffe des Krieges. Zeichnung von Alfred Waud. (Library of Congress)

Der Feldzug des Jahres 1869 brachte eine Folge von undurchsichtigen Verhandlungen und erschöpfenden Märschen; größere Schläge gelangen Custer nicht mehr.

Es folgten wenig ereignisreiche Jahre bis 1873, als Custer mit seinem Regiment an der Expedition Stanleys ins Yellowstone-Gebiet teilnahm. Geradezu friedlich verlief die Expedition in die Black Hills, die unter Custers Kommando im Jahr darauf stattfand, aber das Gold, das dabei entdeckt wurde, sollte den großen Sioux-Krieg von 1876 auslösen. Beinahe hätte Custer an dem Feldzug dieses Jahres nicht teilgenommen, da er den Groll von Präsident Grant auf sich gezogen hatte. Er war nach Washington zitiert worden, um im Impeachment gegen den Kriegsminister William W. Belknap auszusagen, dem vorgeworfen wurde, er habe die einträglichen Handelskonzessionen in den Forts an der Westgrenze gegen hohe Bestechungsgelder vergeben. Custer belastete Belknap, einen Kriegskameraden und Freund Grants. Nur mit Mühe erreichte es Custer, daß er im letzten Augenblick die Erlaubnis erhielt, sich wieder zu seinem Regiment zu begeben. Dieses gehörte zur Kolonne des Generals Terry, der von Fort Abraham Lincoln am Missouri aus in westlicher Richtung gegen die Sioux vorstieß.

Trophäen: Custer überbringt am 23. Oktober 1864 dem Kriegsminister Stanton in Washington die bei Cedar Creek, Virginia, erbeuteten konföderierten Fahnen. Zeichnung von Alfred Waud. (Library of Congress)

Eine weitere Kolonne unter Gibbon bewegte sich in umgekehrter Richtung von Fort Ellis aus den Yellowstone entlang auf sie zu, eine dritte unter Crook war von Fort Fetterman am North Platte River aufgebrochen und marschierte nach Norden. Die drei Kolonnen zusammen zählten etwa 2400 Mann. Crook wurde am 17. Juni im Gefecht am Rosebud zum Rückzug veranlaßt.

Die Ansammlung von Sioux, Cheyenne und Arapaho, denen der konzentrische Vormarsch der Truppen galt, dürfte nach den besten Schätzungen über 10 000 Menschen mit wenigstens 2000 Kriegern umfaßt haben. Mit einer solchen Zahl rechnete niemand in der Armee, doch sorgte man sich weniger darum, wie stark die Indianer waren, als vielmehr darum, sie zum Kampf zu stellen und nicht, wie üblich, entkommen zu lassen.

Terry, der sich mittlerweile an der Mündung des Rosebud in den Yellowstone mit Gibbon vereinigt hatte, schickte Custer am 22. Juni mit seinem über 600 Mann zählenden Regiment nach Südwesten, um den am Little Big Horn vermuteten Indianern den Rückzug nach Süden zu verlegen, während Gibbon von Norden abriegeln sollte. Custer näherte sich in forcierten Märschen einem großen Lager, das seine Scouts am Morgen des 25. Juni ausmachten. Da er sich vom Gegner beobachtet sah und dessen Abzug befürchtete, entschloß er sich, noch an diesem Tag anzugreifen, einen Tag früher als geplant.

Er teilte am Mittag die 12 Troops seines Regiments in vier Gruppen. Ein Troop sollte die langsamer folgende Tragtierkolonne decken, drei Troops unter Captain Benteen, dem Haupt der Anti-Custer-Fraktion, nach links erkunden und drei weitere unter Major Reno der von Custer geführten Hauptgruppe von fünf Troops folgen. Als man eines Teiles der sich über vier Kilometer hinziehenden Zeltstadt, deren wahres Ausmaß niemand ahnte, ansichtig wurde, ließ Custer Reno direkt attackieren und ging mit seiner Gruppe weiter am rechten Ufer des Little Big Horn vor.

Reno brach in Anbetracht des unerwartet starken Feinds den Angriff kurz vor dem Lager ab, ließ absitzen und zog sich fluchtartig auf das rechte Ufer zurück. Er verlor dabei die Hälfte seiner Leute. Wenig später traf Benteen bei ihm ein. Da die Indianer abgezogen waren und man aus der Ferne heftiges Feuern hörte, wurde nach einigem Zögern ein Vorstoß unternommen, den man aber bald aufgab, da der Gegner in erheblicher Stärke zurückkehrte. Reno und Benteen, zu denen mitt-

Kriegsende: Die Aufnahme zeigt General Custer, seine Frau Elizabeth (»Libbie«) und die Köchin Eliza im April 1865, kurz nach Appomattox. (Custer Battlefield National Monument)

Der Indianerkämpfer: Custer, wie er zur Zeit des Gefechts am Washita 1868 aussah, mit befranster Lederjacke, Pelzmütze und Vollbart. (Custer Battlefield National Monument)

lerweile die Maultierkolonne und ihre Bedeckung gestoßen waren, richteten sich auf einem Hügel zur Verteidigung ein. Sie wurden in dieser Stellung am Abend und am folgenden Tag heftig angegriffen, konnten sich aber behaupten. Dann brachen die Indianer ihr Lager ab und verschwanden.

Am 27. trafen Terry und Gibbon auf dem Schlachtfeld ein. Sie fanden nicht nur die Reste von Renos und Benteens Kommando, sondern auch die nackten und verstümmelten Leichen von Custers Gruppe. Nicht einer von den 215 Mann seiner fünf Troops hatte den Kampf überlebt. Bei dem Versuch, das Lager weiter flußabwärts anzugreifen, war Custer offensichtlich von Gegenattacken der Indianer auf einen Hügel zurückgeworfen worden, noch bevor er mit dem Flußübergang begonnen hatte. Von allen Seiten angegriffen, erlag die Gruppe nach einem etwa einstündigen Kampf der Übermacht. Insgesamt hatte die 7. Kavallerie am Little Big Horn 261 Tote und 53 Verwundete zu beklagen, die Verluste der Indianer betrugen nach ihren eigenen, wohl zu niedrigen Angaben 40 bis 50 Gefallene und über 100 Verwundete.

Vieles hat dazu beigetragen, daß die Schlacht am Little Big Horn bis auf den heutigen Tag eine ihre tatsächliche Größe und Bedeutung geradezu ungeheuerlich übersteigende Aufmerksamkeit erregt hat. Es war der letzte große Sieg der Indianer, die Nachricht traf genau ein, als die Nation sich zu ihrer Jahrhundertfeier anschickte, der gefallene Anführer war einer der farbigsten, populärsten, aber auch umstrittensten Soldaten des Landes, die vollständige Vernichtung umgab »Custers letzten Stand« mit der heroischen Aura des Kampfes bis zum letzten Mann und zugleich mit dem Geheimnis des von keinem Überlebenden Bezeugten – sieht man von der allmählich zur Regimentsstärke anwachsenden Schar angeblich einziger Überlebender ab –, und dann waren da schließlich die vielen, vielen »Wenns« und die Suche nach dem Schuldigen.

Die Hauptverantwortung für das »Custer-Massaker« traf zweifellos Custer selber. Er hatte ohne genügende Aufklärung einen hoffnungslos überlegenen Gegner angegriffen und dabei sein Kommando so aufgesplittert, daß eine gegenseitige Unterstützung der einzelnen Gruppen kaum mehr möglich war. Seine risikofreudige Kühnheit und seine Neigung zu spontanen Entschlüssen, die seine Stärke als Reiterführer waren und denen er viele Erfolge zu verdanken hatte, waren hier zu seinem Verhängnis ausgeschlagen.

Die angenehmen Seiten des Garnisonslebens: Custer und unbekannte Begleiterin. Das Photo entstand in der Nähe von Benham, Texas, im Oktober 1865.
(West Point Museum)

Vor Washita: Custer (sitzend, 8. von links, mit Hund) und Offiziere des 7. Kavallerieregiments bei Fort Dodge, Kansas.
(Custer Battlefield National Monument)

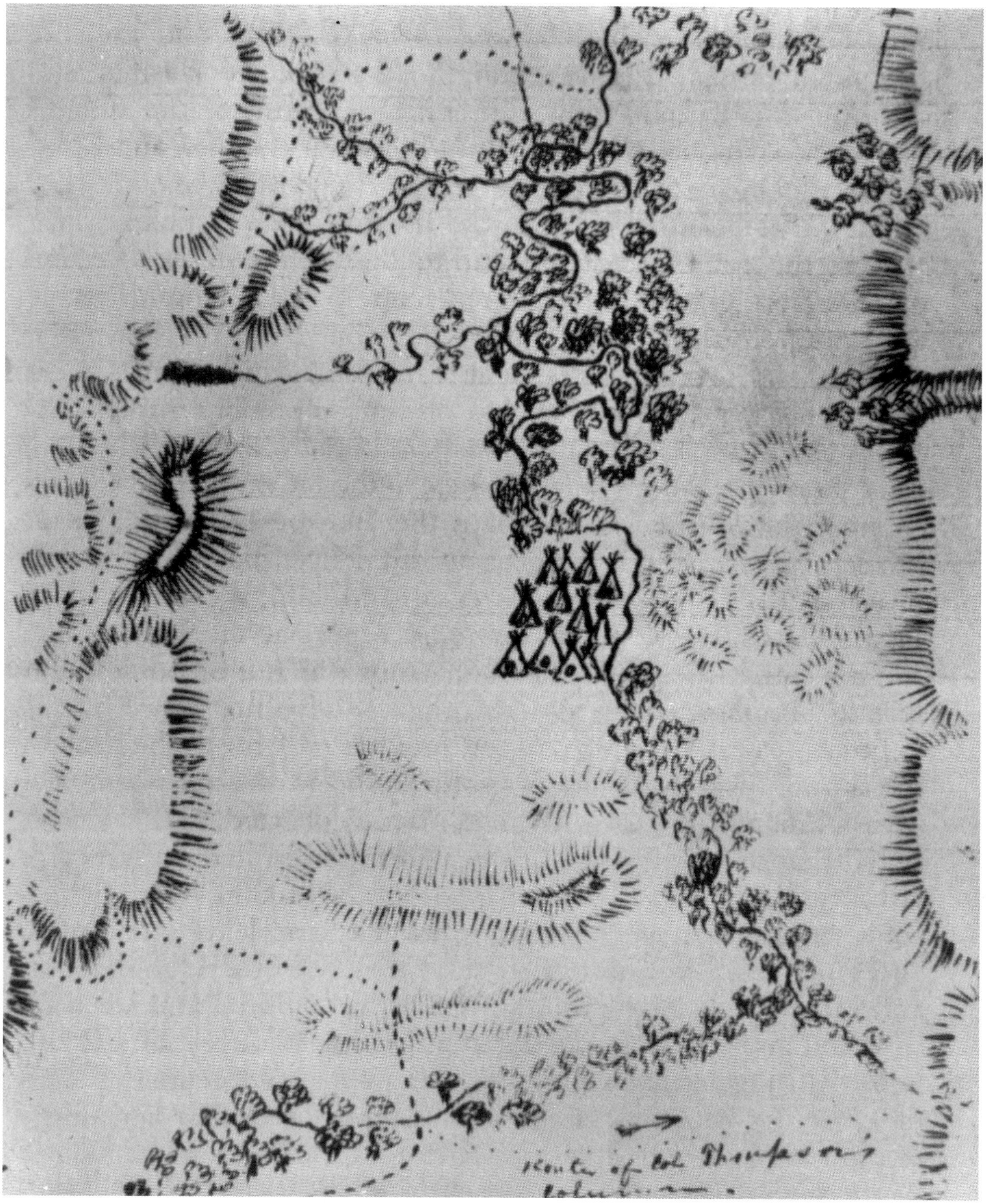

Das Gefechtsfeld am Washita: Die Skizze von Captain Albert Barnitz, der bei dem Überfall schwer verwundet wurde, zeigt in der Mitte das aus 51 Zelten bestehende Dorf Black Kettles. Custer teilte sein Regiment in mehrere Kommandos, die von verschiedenen Seiten angreifen sollten. Die links ausholende Kolonne unter Major Joel Elliott wurde isoliert aufgerieben.

Gefangene von Washita: Custer führte 53 Frauen und Kinder nach Fort Dodge ab. (Custer Battlefield National Monument)

Custer und Scouts: Links neben dem General kniet sein bevorzugter indianischer Pfadfinder, der Arikara Bloody Knife. Das Photo entstand während der Yellowstone-Expedition 1873. (Custer Battlefield National Monument)

Der Großwildjäger: Custer und ein von ihm erlegter Grizzlybär. Links wieder Bloody Knife. Aufnahme von W. H. Illingworth aus dem Jahre 1874. (National Archives)

In den Black Hills: Der Wagenzug der Custer-Expedition von 1874 schlängelt sich durch das Castle Creek Valley.
Aufnahme von W. H. Illingworth.
(National Archives)

Custers Gold: Bei der Expedition von 1874 war in den Black Hills Gold gefunden worden. Sogleich strömten Scharen von Goldsuchern in das den Indianern zugesicherte Gebiet. Das Photo von S. J. Morrow zeigt die Goldgräberstadt Deadwood, South Dakota, im Jahre 1876. (National Archives)

Im Fort Abraham Lincoln: Vor dem Haus der Custers hat sich auf der Aufnahme von 1875 der »Custer-Clan« zusammen mit Offizieren der 7. Kavallerie und einigen Besuchern versammelt. »Libbie« Custer steht oben vor der Tür, neben ihr sitzt die Schwester des Generals, links auf der Treppe hat sich Tom Custer, ein jüngerer Bruder, der gleichfalls am Little Big Horn sterben sollte, niedergelassen, ganz rechts sitzt der General. (Lawrence A. Frost)

Custer und seine Lieblingsgeneräle: An der Wand über dem Ehepaar Custer hängen die Porträts von General Sheridan (rechts) und Custer selbst. Das Bild zeigt das Arbeitszimmer des Generals in Fort Abraham Lincoln im Jahre 1875. (Custer Battlefield National Monument)

Kurz vor Little Big Horn: Custer während eines Aufenthalts in New York im Frühjahr 1876. Entgegen dem auf zahllosen Darstellungen vermittelten Bild trug Custer auf seinem letzten Feldzug kurzes Haar. (Herb Peck Jr.)

Situationsskizze zur Schlacht am Little Bighorn

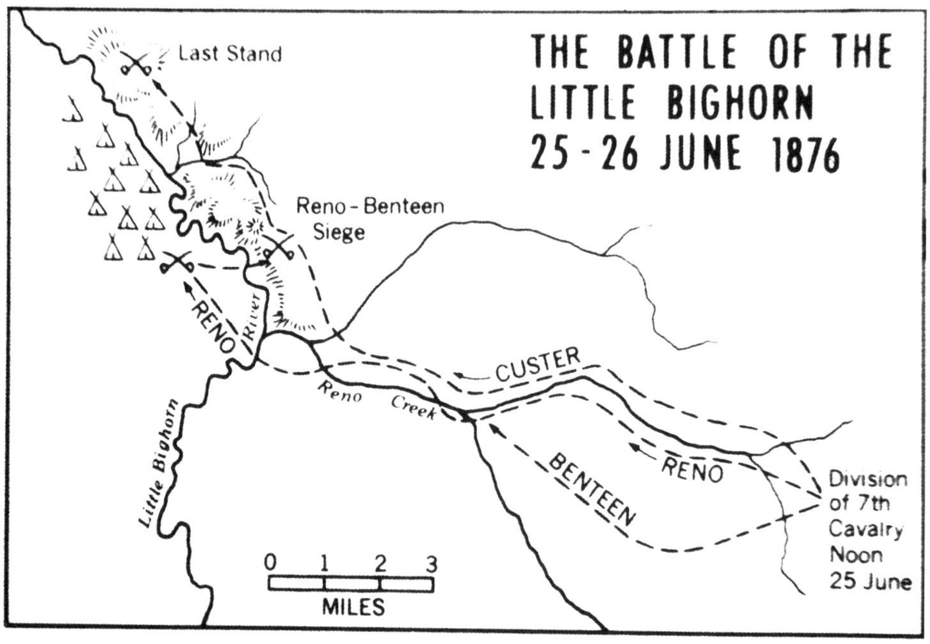

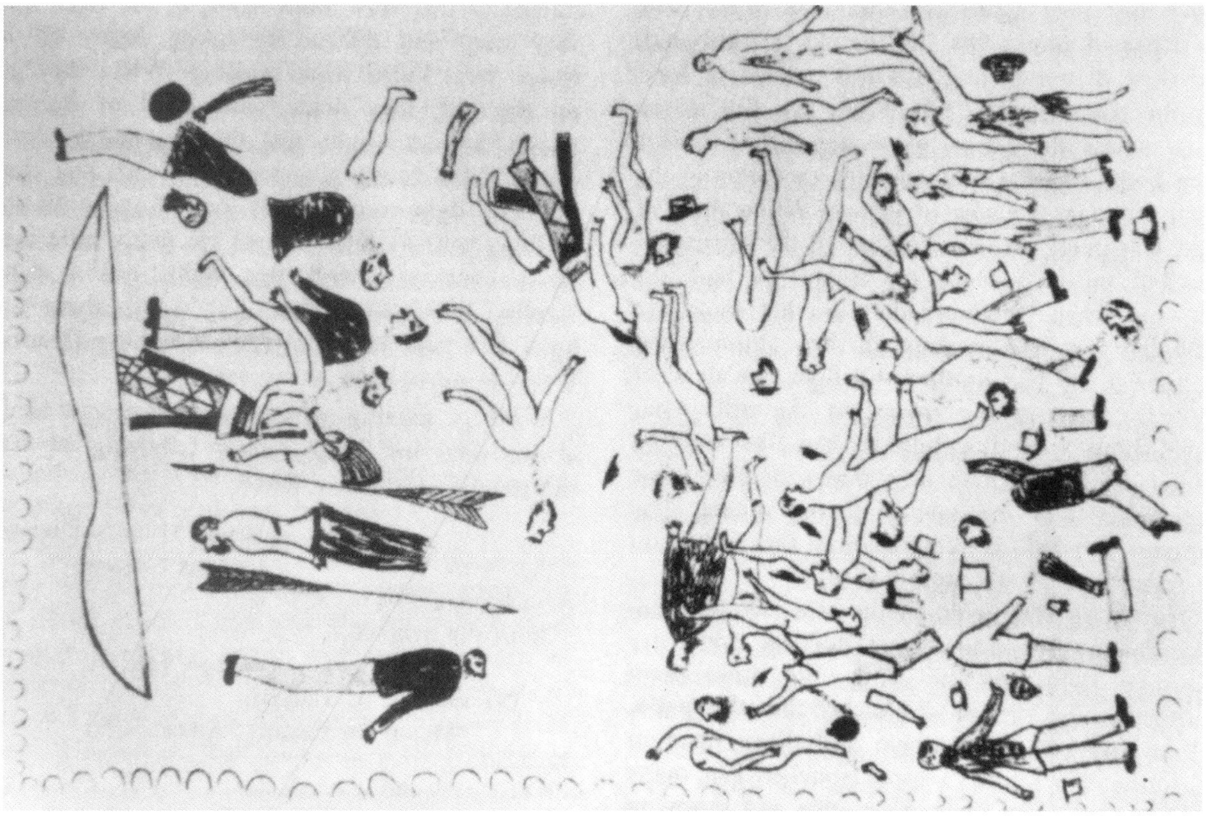

Die indianische Sicht: Die beiden Zeichnungen des Miniconjou-Sioux Red Horse, eines Augenzeugen, stellen Episoden aus der Schlacht am Little Big Horn am 25. Juni 1876 dar. Die Verstümmelung der Leichen ist drastisch wiedergegeben. (Smithsonian Institution)

Eine Trophäe vom Little Big Horn: Als die Vorhut General Crooks am 7. September 1876 ein Sioux-Dorf bei Slim Buttes überfiel, entdeckten die Soldaten in den Tipis einen der von den Indianern erbeuteten Guidons (Wimpel) des 7. Kavallerieregiments.
Aufnahme von S. J. Morrow.
(National Archives)

Der einzige Überlebende der Custer-Abteilung: »Comanche«, das Pferd Captain Myles Keoghs, wurde mit drei schweren Wunden auf dem Schlachtfeld gefunden und gesund gepflegt. Das Tier starb 1891, fast 29 Jahre alt. Auf dem Photo wird Comanche (rechts) von seinem Betreuer, dem Hufschmied Gustav Korn, gehalten, Korn fiel 1890 bei Wounded Knee.
(Custer Battlefield National Monument)

»Unbekannt«: Als man die Leichen des »Custer-Massakers« entdeckte, konnte man sie aus Mangel an Zeit und Gerätschaften nur notdürftig verscharren. Ein Jahr später fand man nur mehr verstreute Knochen. Custers Leichnam war nach West Point überführt worden. (National Archives)

Und schließlich ein Denkmal: 1881 wurde auf dem »Custer Hill« am Little Big Horn ein Granitmonument mit dem Namen der Gefallenen enthüllt. (U.S. Army Military History Institute, Carlisle Barracks, Pa.)

1876 – DAS ENDE DER ERSTEN 100 JAHRE

Die Fackel der Freiheit: 1876 war vom Geburtstagsgeschenk der französischen Republik, F. A. Bartholdis riesiger Statue »Die Freiheit erleuchtet die Welt«, erst der rechte Arm mit der die Fackel haltenden Hand vollendet. Das Detail wurde in Philadelphia ausgestellt, im Kiosk davor konnten die Besucher für den Sockel spenden, auf dem die fertige Skulptur im Hafen von New York ihren endgültigen Platz erhalten sollte.
(Free Library of Philadelphia)

Die Geburtsstätte der Nation: Die Unabhängigkeitshalle in Philadelphia im Festschmuck des Jahres 1876.
Hier hatten am 4. Juli 1776 die Vertreter der 13 Kolonien die von Thomas Jefferson verfaßte Unabhängigkeitserklärung unterzeichnet.
(George R. Rinhart, Litchfield, Conn.)

Die Nachricht vom »Custer-Massaker« traf die Nation in dem Augenblick, als sie sich anschickte, am 4. Juli 1876 ihren hundertsten Geburtstag zu begehen.

Schon sechs Wochen vor Little Big Horn hatte Präsident Grant die große »Centennial Exhibition« in Philadelphia eröffnet, eine jener gigantischen internationalen Ausstellungen, mit denen das fortschrittsgläubige 19. Jahrhundert sich selbst und vor allem den Stand seiner technischen Errungenschaften zu feiern liebte. Die Niederlage im fernen Westen, der Tod eines der populärsten Helden der Nation im Kampf mit eingeborenen »Wilden« mochte so gar nicht in das Bild passen, das in Philadelphia mit solchem Aufwand inszeniert wurde. Ganz unverhofft sah man sich den archaischen Anfängen und Grundlagen eines Landes gegenüber, dessen Fläche in den 100 Jahren seit 1776 von 889 000 km^2 auf 3 Millionen km^2, dessen Einwohnerzahl von 2,5 Millionen Menschen auf 46 Millionen angewachsen war.

1876 war ein Jahr, in dem vieles auf das Ende einer Ära hinwies. Gleichzeitig mit der Jahrhundertfeier in Philadelphia, dem Tode Custers und dem letzten, ihren Untergang um so unaufhaltsamer machenden Sieg der Indianer kam die Präsidentschaft Grants zum Abschluß. Unter seinem Nachfolger sollten die Bundestruppen sogleich South Carolina, Louisiana und Florida räumen und den ganzen Süden den alten weißen Machthabern überlassen, ein Vorgang, der die schicksalsschwere Epoche von Bürgerkrieg und Wiederaufbau beendete.

Die Ausstellung wies aber auch den Weg in die Zukunft, die von technischem Fortschritt und industriellem Wachstum, Massenkonsum und hohem Lebensstandard geprägt sein sollte, verbunden mit optimistischem Selbstvertrauen und demokratischem Sendungsbewußtsein, Grundzügen des amerikanischen Wesens, die erst in der Zeit des Vietnamkrieges ernste Brüche erhalten sollten.

Eine Orgie in Eisen und Glas: Das Ausstellungsgelände in Philadelphia, photographiert von James Cremer. Der Blick führt in östlicher Richtung die »Avenue of the Republic« entlang, im Vordergrund links das spanische Ausstellungsgebäude, dahinter die Gebäude von Arkansas (Oktogon) und anderen Bundesstaaten. Inmitten des runden Platzes steht der »Katholische Brunnen für vollkommene Abstinenz«, rechts dahinter erstreckt sich die Maschinenhalle und hinten das Hauptgebäude. Dem Hauptgebäude gegenüber erhebt sich auf der linken Seite die von einer Kuppel gekrönte Kunsthalle, ganz rechts ist das »Occidental Centennial Hotel« zu sehen, in dem zahlungskräftige Gäste übernachten konnten, ohne das Ausstellungsgelände verlassen zu müssen. (Free Library of Philadelphia)

Der Eröffnungstag: Am 10. Mai 1876 öffnet die Jahrhundertausstellung in Anwesenheit von Präsident Grant ihre Tore. Die einleitenden Feierlichkeiten finden vor der Kunsthalle statt. Inmitten der Menge stehen auf der »Avenue of the Republic« zwei Wagen der Schmalspurbahn, mit der die Besucher durch das Gelände fahren können. (Free Library of Philadelphia)

Ausstellungsalltag: Besucher schlendern zwischen der Bahnlinie und einigen der Gebäude, in denen sich die einzelnen Bundesstaaten präsentieren. Rechts im Hintergrund versammelt sich vor dem »New Hampshire Building« eine Menschenmenge, denn es ist der 12. Oktober, der »New-Hampshire-Tag«, ein Ausstellungstag, der besonders diesem Bundesstaat gewidmet ist. Der »Pennsylvania Day« am 28. September erlebt mit 274 919 Besuchern den größten Ansturm. (Free Library of Philadelphia)

Konzentrierter technischer Fortschritt: In der »Maschinenhalle« reiht sich Lokomotive an Lokomotive, Maschine an Maschine. In der Mitte der 470 m langen Halle, dem nach dem »Main Building« größten Gebäude der Ausstellung, steht die gewaltige Corliss-Maschine. (Free Library of Philadelphia)

Ein Vorläufer des Computers: Grants Rechenmaschine in der Maschinenhalle. (Free Library of Philadelphia)

Kanonen »Made in Germany«: Das junge Deutsche Kaiserreich demonstriert die Leistungsfähigkeit seiner Industrie mit zwei Riesengeschützen der Firma Krupp. (Free Library of Philadelphia)

Der konservierte Westen: Eine der größten Publikumsattraktionen in Philadelphia war die »Colorado-Rocky-Mountains-Ausstellung« der Jägerin und Tierpräparatorin Martha A. Maxwell.
(George R. Rinhart, Litchfield, Conn.)

Ein Platz zum Entspannen: Im Norden des Ausstellungsgeländes befindet sich inmitten von Parkanlagen die »Gartenkunsthalle«.
(Free Library of Philadelphia)

Symbol des Maschinenzeitalters: Die »Corliss-Engine«, ein »Athlet aus Stahl und Eisen«, wurde von Präsident Grant persönlich am ersten Tag der Ausstellung in Betrieb gesetzt und am letzten Tag abgestellt. (George R. Rinhart, Litchfield, Conn.)

»Eine Flut von Licht soll das Dunkel der Unwissenheit und der Unterdrückung durchdringen, bis die Freiheit die Welt erleuchten wird«: Mit diesen Worten enthüllt Präsident Grover Cleveland am 28. Oktober 1886 die fertiggestellte Freiheitsstatue im Hafen von New York. Aus dem Pulverdampf der Salutgeschütze erhebt sich schemenhaft Bartholdis gestaltgewordener amerikanischer Traum.
(Library of Congress)

DIE AMERIKANISCHE ILIAS

»Eine große Literatur wird aus der Ära dieser vier Jahre [des Bürgerkrieges] hervorgehen, diesen Szenen – eine Ära, die Jahrhunderte zusammenrafft, voll von echter Leidenschaft, von nicht zu überbietenden Bildern, von Stürmen des Lebens und des Todes – einer unerschöpflichen Fundgrube für die Geschichtsschreiber, die Dramatiker, die Romanciers und selbst die Philosophen kommender Generationen – in der Tat, dem Rückgrat der Dichtung und der Kunst (und auch des persönlichen Charakters) Amerikas in aller Zukunft – meiner Ansicht nach einer viel großartigeren Vorlage in dazu befähigten Händen als Homers Belagerung von Troja oder die Franzosenkriege für Shakespeare.«

Dieser Erwartung gab Walt Whitman im Jahre 1879 Ausdruck, und seit der Zeit sind zahlreiche Versuche unternommen worden, dieses Ziel zu erreichen, ohne daß man behaupten könnte, jemand habe bereits das ganz große, gültige Werk geschaffen. Trotzdem stellt die literarische Aufarbeitung der Bürgerkriegsära ein interessantes Kapitel der geistigen Entwicklung Amerikas dar, nicht nur wegen der Qualität mancher Bücher, sondern auch wegen des sich wandelnden Umgangs der Amerikaner mit ihrer Geschichte, denn wir haben es ja stets mit verschiedenen Formen der Vergangenheitsbewältigung zu tun. Man wird kaum ein anderes Land dieser Erde finden, in dem ein mittlerweile eineinviertel Jahrhunderte zurückliegendes historisches Ereignis in vergleichbarem Maße seine Präsenz bewahrt hätte, wie das in den USA mit dem Bürgerkrieg der Fall ist.

Die Mitte und zweite Hälfte des 19. Jahrhunderts sah auch in einigen anderen Ländern Kriege und Einigungsbewegungen, die von entscheidender nationaler Bedeutung waren, so das Risorgimento in Italien und die Reichsgründung in Deutschland. Nun hat zwar ziemlich jedes Dorf in Italien sein Garibaldi-Denkmal, seinen Corso Vittorio Emanuele und seine Piazza Cavour, aber es handelt sich doch nur noch um Relikte eines seit vielen Jahrzehnten von anderen Ereignissen überlagerten, eigentlich toten vaterländischen Kults, der für die meisten Italiener nur mehr eine starre Tradition darstellt und der den Nichtitalienern fast überhaupt nicht ins Bewußtsein gedrungen ist. Noch weiter entfernt ist für Deutsche wie Nichtdeutsche die Bismarck-Ära; niemand wird ihre Bedeutung leugnen, doch als selbstverständlicher Teil unseres Bewußtseins wird sie von kaum jemandem empfunden. Wer denkt noch an den Sedanstag, wer singt noch die »Wacht am Rhein«?

Ganz anders die Verhältnisse in Amerika. Der Bürgerkrieg ist ein fester, geradezu lebendiger Bestandteil der öffentlichen wie der privaten Welt, heute mehr denn je. Millionen von Besuchern pilgern alljährlich auf die großen Schlachtfelder des Krieges, eine Armee von annähernd 50 000 »reenactors« hat sich mit authentischen Waffen und Uniformen versehen, um die alten Schlachten nochmals durchfechten zu können, Bücher über den Bürgerkrieg tauchen mit Regelmäßigkeit auf den nationalen Bestsellerlisten auf. Und das Interesse beschränkt sich keineswegs auf die USA. Es gibt wohl schwerlich ein zweites rein internes Ereignis in der Geschichte irgendeines Landes, das in solchem Maße Bestandteil der internationalen Kultur geworden ist, wie der Bürgerkrieg in Amerika. Woran liegt das?

Im Gegensatz zu den begrenzten europäischen Konflikten des 19. Jahrhunderts war der amerikanische Bürgerkrieg kein Kabinettskrieg und keine Revolution von oben, auch nicht das pittoreske Abenteuer einer kleinen Minderheit wie die Unternehmungen Garibaldis, sondern ein sich geradezu spontan entwickelnder totaler Zusam-

Der Dichter beim Essenfassen: Walt Whitman diente während des Bürgerkrieges als freiwilliger Krankenpfleger in der Unionsarmee. Die Zeichnung von Edwin Forbes zeigt ihn im Lager von Falmouth, Va., als dritten in der Reihe (mit Hut). (Library of Congress) menstoß großer Massen, bewußt getragen von überwiegend freiwillig agierenden Individuen. Die Fragen, um die gekämpft wurden, waren nicht zuletzt moralischer Natur, und sie sind seitdem nicht einfach beigelegt worden; viele bewegen uns noch heute und verleihen den damaligen Ereignissen den Charakter des Exemplarischen und Aktuellen. Schließlich ist aus dem Bürgerkrieg die mächtigste und kulturell prägendste Nation des 20. Jahrhunderts entstanden.

Kehren wir aber zu Walt Whitman und seiner Vision von einer amerikanischen Ilias zurück. Er selbst trug sich lange mit dem Gedanken, ein großes Epos über das zentrale historische Ereignis seines Lebens zu schreiben. Viele Briefe, Gedichte, Notizen hat er während und nach dem Krieg zu Papier gebracht, das Hauptwerk aber kam nicht zustande; er hat das Thema späteren Generationen überlassen, da er schließlich daran verzweifelte, den wahren Charakter des persönlich Erlebten festhalten zu können.

»Und so Good-bye dem Krieg. Ich weiß nicht, wie er für andere gewesen ist oder sein mag – was mich betrifft, so galt mein Hauptinteresse (gilt es, wenn ich mich besinne, noch immer) den einfachen Soldaten der Armeen auf beiden Seiten und denen, die ich in den Lazaretten sah, und selbst den Toten auf dem Feld. Für mich waren die Züge, die die latente Eigenart der Bewohner dieser Staaten deutlich werden ließen, in den zwei oder drei Millionen Amerikanern jugendlichen und mittleren Alters aus Nord und Süd, die die Armeen bildeten, und besonders in dem Drittel oder Viertel dieser Zahl, die von Wunden oder Krankheiten während dieses Kampfes hinweggerafft wurden, von größerer Wichtigkeit sogar als die politischen Interessen, um die es ging. (Wie ja so viel an einer Rasse davon abhängt, wie sie sich im Angesicht des Todes verhält, wie sie persönliche Qual und Krankheit erträgt...) In zukünftigen Jahren wird man nichts mehr wissen von der siedenden Hölle und dem schwarzen infernalischen Hintergrund ungezählter kleiner Szenen und innerer Vorgänge des Sezessionskrieges (ich meine nicht die für die Öffentlichkeit bestimmte oberflächliche Höflichkeit der Generäle und nicht die paar großen Schlachten); und es ist am besten so, daß man es nicht mehr weiß. Der Krieg, wie er wirklich war, wird nie in die Bücher gelangen.«

Was Walt Whitman uns hinterlassen hat, das ist bei aller Bruchstückhaftigkeit die bedeutendste literarische Äußerung der am Krieg beteiligten Generation. Vieles davon wurde von ihm in der Gedichtsammlung »Trommelschläge« (»Drum Taps«) zusammengefaßt und schließlich nachträglich in sein Hauptwerk »Grashalme« (»Leaves of Grass«) eingearbeitet. Es sind Gedichte voll tiefer menschlicher Anteilnahme, voll optimistischen Vertrauens in die Zukunft des amerikanischen Volkes und des demokratischen Prinzips, aber auch voller Trauer und Todessehnsucht. Wohl das schönste von ihnen, »When Lilacs Last in the Dooryard Bloomed« (»Als der Flieder zuletzt im Vorhof geblüht«), schrieb Whitman nach dem Tode des von ihm tief verehrten Lincoln.

When lilacs last in the dooryard bloom'd,
And the great star early droop'd in the western sky in the night,
I mourn'd, and yet shall mourn with ever-returning spring.

Ever-returning spring, trinity sure to me you bring,
Lilac blooming perennial and drooping star in the west,
And thought of him I love.

Als der Flieder zuletzt im Vorhof geblüht,
Und der große Stern früh sank am westlichen Himmel der Nacht,
Trauerte ich, und ich werde trauern mit dem ewig wiederkehrenden Frühling.

Ewig wiederkehrender Frühling, drei Dinge wirst du gewiß mir bringen,
Den aufs neue erblühenden Flieder und den sinkenden Stern im Westen,
Und Gedanken an ihn, den ich liebe.

*

Then with the knowledge of death as walking one side of me,
And the thought of death close-walking the other side of me,
And I in the middle as with companions, and as holding the hands of companions,
I fled forth to the hiding receiving night that talks not,
Down to the shores of the water, the path by the swamp in the dimness,
To the solemn shadowy cedars and ghostly pines so still.
And the singer so shy to the rest receiv'd me,
The gray-brown bird I know receiv'd us comrades three,
And he sang the carol of death, and a verse for him I love.

Dann schritt ich aus, geleitet auf einer Seite von Todesgewißheit,
Und von Todesbewußtsein ganz eng auf der ander'n,
Und ich in der Mitte wie zwischen Gefährten und Hände haltend wie die von Gefährten,
Floh ich von dannen zur bergenden freundlichen Nacht, die nicht spricht,
hinab zu den Ufern des Wassers, zum Pfad bei dem Sumpf in der Düsternis,
Zu den erhabenen Schemen der Zedern und den gespenstischen Pinien, so still.
Und der Sänger, so scheu zu den andern, empfing mich,
Der grau-braune Vogel, den ich kenne, empfing uns Kameraden, uns drei,
Und er sang den Choral des Todes und einen Vers für ihn, den ich liebe.

*

Dieses 16 Strophen umfassende Gedicht kommt der nie verwirklichten zusammenfassenden Würdigung jener Tage am nächsten, von denen Whitman sagte, er habe sie nie verlassen: »Sie sind gegenwärtig, während wir miteinander sprechen – wirklich schreckliche, herrliche Tage.«

Von den großen Dichtern, die der amerikanischen Literatur der Vorkriegszeit ihren Stempel aufgedrückt hatten, war Whitman der einzige, der den Krieg aus nächster Nähe miterlebte, zwar nicht als Soldat, aber als freiwilliger Krankenpfleger, und er war der einzige, für dessen Werk der Krieg zentrale Bedeutung erlangte. Emerson sah zwar, wie so viele der Neuengland-Intellektuellen, im Bürgerkrieg einen von der Vorsehung verhängten, letztlich segensreichen Entscheidungskampf zwischen dem kultivierten und moralischen Norden und dem barbarischen und unmoralischen Süden und forderte kompromißlose, totale Kriegführung ohne Rücksicht auf Verluste, aber er war zu alt und zu sehr über den Realitäten schwebend, um tieferen Anteil an den Ereignissen zu nehmen.

Nathaniel Hawthorne lehnte den Krieg ab, nicht aus grundsätzlichem Pazifismus – »Die Leute müssen sterben, ob eine Kugel sie tötet oder nicht, und Geld muß ausgegeben werden, wenn nicht für Schießpulver, dann für schlimmere Luxusartikel« –, sondern weil er in ihm eine Bedrohung der alten Republik, wie er sie liebte, erblickte. Aber nicht nur die politische Ordnung war gefährdet, das Maschinenzeitalter war dabei, alles zu zerstören, was die Welt – und auch den Krieg – schön gemacht hatte. Symbolisch erschien ihm hierfür das Auftreten der Panzerschiffe, »gigantischer Rattenfallen«, die die herrlichen Holzschiffe zu einem Ding der Vergangenheit machten, »wie irgendeines der Schiffe Königin Elisabeths, die mit den Galeonen der spanischen Armada gekämpft hatten«. Er erwartete jedoch, wie Walt Whitman, aber mit weit weniger Enthusiasmus als dieser, der Krieg werde ungeheure Auswirkungen auf die amerikanische Literatur haben:

»Ich höre die Geschütze und rieche das Schießpulver durch alles. Und dann kommt es mir vor, als sei diese große Umwälzung dabei, Epoche zu machen in unserer Literatur, wie in allem anderen auch (falls sie nicht alles vernichtet), und daß es, wenn wir aus der Kriegswolke herauskommen, eine andere und bessere (zumindest eine natürlichere und zeitgemäßere) Generation von Schriftstellern geben wird als die, der ich angehöre.« (An Francis Bennock, 12. Oktober 1862.)

Walt Whitman zur Zeit des Bürgerkrieges: Photo von Matthew Brady. (National Archives)

Herman Melville, der Autor von »Moby Dick«, trauerte nicht weniger als Hawthorne über das Ende der Ära von Holz und Segel und sah in den zu Fabrikarbeitern gewordenen Matrosen in den »geschweißten Gräbern« ihrer Panzerschiffe die Vorboten eines utilitaristischen Maschinenzeitalters und einer unromantischen, geschäftsmäßigen Kriegführung. Im Gegensatz zu dem großen Erzähler Neuenglands benutzte Melville den Bürgerkrieg jedoch als Vorlage für einige seiner späteren Werke, vor allem für seine hauptsächlich im letzten Kriegsjahr entstandene Gedichtsammlung »Battle-Pieces« (»Schlachtenstücke«). Ähnlich wie John Vincent Benèt 60 Jahre später sah Melville im Auftreten und Tod John Browns, des »Meteors des Krieges«, ein symbolträchtiges Fanal und machte es zum Ausgangspunkt seiner »Battle-Pieces«. In den darauf folgenden Gedichten feiert er zwar den Sieg über die luzifergleiche Rebellion, nicht aber ohne Sympathie für den Süden und bange Vorahnungen für die Zukunft einer Nation, die sich durch den Krieg so weit vom Erbe der Gründerväter gelöst hatte. In einigen Gedichten wie »Lee at the Capitol« warb er für eine versöhnliche und ritterliche Haltung dem Süden gegenüber.

Samuel L. Clemens, bekannter unter seinem Pseudonym Mark Twain, war der bedeutendste von jenen Schriftstellern, die den Bürgerkrieg als

Ein ernüchterter Freiwilliger: Samuel Langhorne Clemens (1835–1910), bekannt als Mark Twain.

junge Männer erlebten, bevor sie zu literarischem Ruhm gelangten. Der umwälzende Charakter der Epoche war ihm klar, jedenfalls im nachhinein. So heißt es in »The Gilded Age« (»Das vergoldete Zeitalter«):

»Die acht Jahre von 1860 bis 1868 entwurzelten in Amerika jahrhundertealte Einrichtungen, veränderten die Politik eines Volkes, wandelten die Gesellschaftsordnung des halben Landes um und wirkten sich so gründlich auf den Nationalcharakter aus, daß der Einfluß nicht geringer veranschlagt werden kann als der von zwei oder drei Generationen.«

Trotzdem hat Mark Twain sehr wenig über den Krieg geschrieben. In »The Private History of a Campaign That Failed« (Die private Geschichte eines Feldzuges, der fehlschlug«), die ironischerweise 1885 als Beitrag in der voluminösen »Battles-and-Leaders«-Serie des »Century Magazine« erschien, gab er eine – wohl recht freie – Schilderung seiner kurzen Militärzeit, die er 1861, im Alter von 25 Jahren, als Freiwilliger der konföderierten »Marian Rangers« erlebt hatte. Das naive Soldatenspiel der Möchtegernhelden wird jäh mit der Realität konfrontiert, als sie einen Unbekannten niederschießen, den sie irrtümlich für einen Feind gehalten hatten:

»Der Mann war nicht in Uniform und unbewaffnet. Er war ein Fremder; das war alles, was wir je über ihn herausbekamen. Der Gedanke an ihn verfolgte mich jede Nacht; ich konnte ihn nicht loswerden. Ich konnte ihn nicht vertreiben – dieses harmlose Leben genommen zu haben schien so eine mutwillige Sache. Und es erschien als ein verkleinerter Auszug des Krieges; jeder Krieg mußte gerade so sein – das Töten von Menschen, gegen die man keine persönliche Abneigung hat; Fremde, denen man unter anderen Umständen aus ihren Schwierigkeiten geholfen hätte und die einem geholfen hätten, wenn man es gebraucht hätte. Mein Feldzug war mir verdorben. Es schien mir, daß ich nicht der rechte Mann war für so ein schlimmes Geschäft; daß Krieg für Männer gedacht war und ich für ein Kindermädchen. Ich beschloß, von meinem angemaßten Soldatentum den Abschied zu nehmen, solange ich noch einen Rest von Selbstachtung bewahren konnte.«

Diese »Feldzugsgeschichte« blieb Mark Twains einzige Erzählung, in der er sich direkt mit dem Krieg auseinandersetzte, doch finden sich in andere Werke eingestreut immer wieder Kommentare und Anspielungen. »A Connecticut Yankee in King Arthur's Court« (»Ein Connecticut-Yankee am Hofe des Königs Artus«) steckt voller Bezüge auf den Konflikt zwischen Nord- und Südstaaten. Die Feudalgesellschaft, die Hank Morgan in England vorfindet, erinnert mit ihren »titeltragenden feinen Gentlemen, die besser kämpfen konnten als buchstabieren, während Religion die Passion ihrer Ladies war«, der mit »großen Kindern« und »modifizierten Wilden« gleichgesetzten Masse der freien Bevölkerung und der unterdrückten Sklavenschicht deutlich an die Südstaaten oder jedenfalls an das Bild, das man damals im Norden von den Südstaaten zu haben pflegte und das Mark Twain, obwohl selbst geborener Südstaatler, im wesentlichen teilte.

Aber die Modernisierung, die Hank Morgan nach seiner Machtergreifung durchführt, wird von Mark Twain in einer ambivalenten Art charakterisiert, die erkennen läßt, daß er der von ihm ursprünglich so bewunderten Fortschrittlichkeit der Yankee-Zivilisation, ihrem praktischen Geschäftssinn, ihrer technischen Perfektion im Jahre 1889, als »The Connecticut Yankee« erschien, gleichfalls mit großer Skepsis gegenüberstand. Nachdem Hank Morgan die Ritterscharen mit »Gatling Guns« und Minen aus der Geschichte gefetzt hat, kann man die Toten nicht zählen, weil »sie nicht als Individuen existieren, sondern nur mehr als ein homogener Urbrei legiert mit Eisen und Knöpfen«.

Die ideologischen Fragen des Krieges bewegten Mark Twain wenig, das Rassenproblem schon gar nicht – er konnte weder Schwarze noch Indianer ausstehen –, und er empfand eine heftige Abneigung gegen alle tönenden Phrasen und gegen den Bombast und die verschwenderische Unmenschlichkeit des Krieges. Die großen erfolgreichen Männer der Union, Militärs wie Industriebarone und ganz besonders General Grant, übten jedoch eine starke Faszination auf ihn aus.

Schließlich fühlte er sich aber von der Korruption und dem Materialismus des »vergoldeten Zeitalters« kaum weniger abgestoßen als von der großsprecherischen Rückständigkeit seiner Heimat, der er mit einer Art Haßliebe begegnete. Er versprach sich viel vom Süden, wenn er nur seine Befangenheit in pseudoromantischen und feudalistischen Denkschablonen abstreifen würde, für die Mark Twain in »Life on the Mississippi« den Einfluß Sir Walter Scotts verantwortlich machte: »Er hat unermeßlichen Schaden angerichtet, wirklicheren und dauerhafteren Schaden vielleicht als irgendein anderes Individuum, das je geschrieben hat. Der größte Teil der Welt ist über diese Schäden mittlerweile hinausgewachsen, wenn auch keineswegs über alle, aber in unseren Südstaaten stehen sie immer noch in voller Blüte. Dort ist die echte und gesunde Zivilisation des 19. Jahrhunderts eine kuriose Mischung mit Walter Scotts mittelalterlicher Scheinzivilisation eingegangen. Sir Walter hatte einen so gewaltigen Anteil an der Formung des südstaatlerischen Charakters, wie er vor dem Kriege existierte, daß er in einem hohen Maße für den Krieg verantwortlich ist. Es scheint etwas hart gegenüber einem toten Mann, zu sagen, wir hätten niemals irgendeinen Krieg gehabt ohne Sir Walter, doch kann man durchaus plausible Argumente vorbringen, die geeignet sind, diese wilde Behauptung zu stützen.«

Wie stark auch der Einfluß von Walter Scotts Schotten- und Ritterromanen auf die Mentalität und das politische Verhalten des Südens gewesen sein mag, in der Literatur dieser Region hat er auf jeden Fall tiefe Spuren hinterlassen. Die Südstaaten brachten bis zum Bürgerkrieg nur einen großen Dichter hervor, den 12 Jahre vor Kriegsausbruch verstorbenen Edgar Allan Poe. Sieht man von dieser singulären Erscheinung ab, bestand die Literatur des Südens vornehmlich in mehr oder weniger romantisch gefärbten Romanen und Gedichten, die sich neben den Werken eines Hawthorne, Thoreau, Melville oder Whitman unselbständig und provinziell ausnehmen.

Die literarische Hinterlassenschaft der Bürgerkriegsära ist im Süden auch nicht allzu bedeutend ausgefallen. Aus dem Durchschnitt ragen eigentlich nur Henry Timrod und Sidney Lanier hervor, die beide in der konföderierten Armee dienten und jung starben. Timrods Gedichte unterscheiden sich durch ihre leise, oft melancholische Nachdenklichkeit wohltuend von dem hohlen Kriegsgeschrei, das die meisten anderen Poeten für Soldaten und Heimatfront produzierten. Laniers 1867 erschienenes Hauptwerk, der Roman »Tiger-Lilies« (»Tigerlilien«), ist in einer stark von der deutschen Romantik beeinflußten Traumwelt angesiedelt, die durchsetzt ist mit den realen Kriegserfahrungen des Autors.

Die bemerkenswerteste literarische Leistung des Südens in den Jahren des Bürgerkrieges stammte aber nicht von einem professionellen Schriftsteller, es war vielmehr ein simples Tagebuch, dasjenige der Mary Boykin Chesnut, das als »A Diary from Dixie« (in stark bearbeiteter Form) 1905 erstmals erschien. Mary Chesnut, die mit ihrem Mann, einem Vertrauten von Präsident Davis, die Kriegszeit in Richmond verbracht hatte, wollte aus dem Stoff ihrer ungemein reichhaltigen, scharfsinnigen und lebendig geschriebenen Aufzeichnungen einen Roman gestalten. Leider hat sie den Gedanken nicht verwirklicht, es wäre gewiß ein Glanzpunkt der Bürgerkriegsliteratur geworden.

Wenig Gegenliebe bei seinen Landsleuten fand George Washington Cable aus Louisiana, ein Veteran der konföderierten Armee, der sich nach dem Krieg vehement für die rechtliche Gleichstellung der Schwarzen einsetzte. Sein bedeutendstes Werk, der Roman »The Grandissimes«, erschien 1880. Obwohl die Handlung in das New Orleans vom Anfang des 19. Jahrhunderts gelegt ist, sind die beabsichtigten Parallelen zur Bürgerkriegs- und Rekonstruktionsära unübersehbar. Der Charme und die Romantik der kreolischen Gesellschaft kommen zwar nicht zu kurz, doch zeichnet Cable ein schonungsloses Bild von dem »verbrecherischen Wohlwollen« der weißen Herren und den von der schönen Oberfläche nur mühsam verborgenen tödlichen Spannungen zwischen den Rassen, die am Schicksal von Mischlingen besonders tragisch deutlich werden. In dieser Art der Darstellung ähnelt Cables Werk stark dem großen Bestseller der Vorkriegsära, Harriet Beecher-Stowes »Uncle Tom's Cabin« (»Onkel Toms Hütte«) von 1852. Wie es, dem üblichen Vorurteil entgegen, auch Beecher-Stowe getan hat, ist Cable durchaus bemüht, nicht alle Sklavenhalter in den düstersten Farben zu schildern und differenzierte Charakterbilder zu zeichnen. Der entscheidende Unterschied betrifft die Schwarzen, die in »Onkel Toms Hütte« zwar überaus wohlwollend, aber schablonenhaft geschildert werden, während Cable zu den wenigen Autoren des 19. Jahrhunderts gehörte, die individuelle und lebensnahe, als Menschen überzeugende Charaktere von Schwarzen zu schaffen verstanden.

Wenden wir uns nun der Kriegsgeneration im Norden zu. Der prominenteste Veteran der Unionsarmee, Ulysses S. Grant, hinterließ Memoiren, die zu den eindrucksvollsten literarischen Zeugnissen des Krieges gehören. Der General und Expräsident schrieb sie unter tragischen Umständen nieder, durch betrügerische Manipulationen seines ganzen Vermögens beraubt, an Kehlkopfkrebs tödlich erkrankt. Er starb eine Woche nach Fertigstellung des Manuskripts am 23. Juli 1885. Mark Twain, der den schriftstellerisch völlig unerfahrenen General zu diesem Unternehmen überredet hatte, stellte die »Personal Memoirs of U. S. Grant« Caesars »Gallischem Krieg« zur Seite und lobte Grants »Klarheit des Ausdrucks, Direktheit, Einfachheit, bescheidene Zurückhaltung, offenkundige Wahrhaftigkeit, Fairneß und Gerechtigkeit gegenüber Freund und Feind, soldatische Aufrichtigkeit und Offenheit und eine ebenso soldatische Abneigung gegenüber blumenreichem Gerede«. Henry James äußerte sich gleichfalls sehr anerkennend über den Stil des Generals.

Grants Memoiren sind nüchtern und präzis, aber ganz aus dem Blickwinkel des Kommandierenden geschrieben; das Schicksal des einfachen Soldaten wird kaum erwähnt. Einer der ersten Autoren – nicht nur in Amerika –, die sich bemühten, das Kampfgeschehen realistisch und mit psychologischem Einfühlungsvermögen darzustellen, war John W. De Forest, ein erfahrener Unionsoffizier. Die Schlachtenszenen in seinen Büchern vermeiden die unpräzise Pseudodramatik und die heroischen Phrasen der üblichen Schilderungen, das Chaos, der Schrecken, die Angst werden eindringlich vor Augen geführt.

De Forests 1867 erschienener Roman »Miss Ravenel's Conversion from Secession to Loyalty« (»Miss Ravenels Bekehrung von der Sezession zur Loyalität«) behandelt wie auch seine späteren, weniger bekannten Werke nicht nur die militärische Seite des Konflikts. An der Rechtmäßigkeit der Sache der Union wird natürlich kein Zweifel gelassen – die Bekehrung einer im Norden lebenden Südstaatlerin ist ja Gegenstand der Handlung –, aber De Forest bemüht sich um Objektivität. Alles in allem betrachtet, darf »Miss Ravenel's Conversion« noch heute zu den besten Romanen gezählt werden, die über den Bürgerkrieg geschrieben worden sind.

Ein anderer ehemaliger Offizier der Union, der sich nach dem Krieg als Journalist und Schriftsteller betätigte, steigerte den Realismus De Forests zu einer alptraumhaften, manchmal fast surrealistischen Schauerlichkeit, die selbst von Autoren des 20. Jahrhunderts kaum je übertroffen worden sein dürfte: Ambrose Gwinett Bierce.

»Die Kleidung war zur Hälfte weggebrannt, Haar und Bart zur Gänze; der Regen war zu spät gekommen, um die Fingernägel zu retten. Einige waren angeschwollen zu doppeltem Umfang, andere zu Gnomen geschrumpft. Je nachdem, wie stark sie dem Feuer ausgesetzt gewesen waren, zeigten sich ihre Gesichter aufgeblasen und schwarz oder gelb und verschrumpelt. Die Spannung der Muskeln, die ihnen Klauen statt Hände gegeben hatte, verdammte ihren Gesichtsausdruck zu einem schauerlichen Grinsen. Pfui! Ich kann nicht all die Reize dieser wackeren Gentlemen aufzählen, die bekommen hatten, wozu sie sich gemeldet hatten.«

So beschrieb Bierce 1875 in »What I saw at Shiloh« (»Was ich bei Shiloh gesehen habe«) die Leichen von Soldaten einer Kompanie aus Illinois, die sich nicht hatten ergeben wollen, niedergeschossen und von einem Buschfeuer verbrannt worden waren.

In seinen 1892 erschienenen »Tales of Soldiers and Civilians« (»Erzählungen von Soldaten und Zivilisten«), ein Titel, dem im folgenden Jahr vorangesetzt wurde »In the Midst of Life« (»Mitten im Leben«), zeigt sich diese Besessenheit mit Tod und Grauen noch ins Phantastische gesteigert. Eines der eindringlichsten Bilder findet sich in der Geschichte »Chickamauga«. Ein Knabe spielt mit seinem Holzschwert Krieg und findet dabei im Walde einen grotesken Zug von Verwundeten, die sich vom Schlachtfeld schleppen: »Und so bewegte sich die träge Schar langsam und qualvoll wie in einer abstoßenden Pantomime dahin und kroch wie ein Schwarm großer schwarzer Käfer den Hang hinab – ohne das geringste Geräusch in tiefer, absoluter Stille. Statt daß es dunkler geworden wäre, hellte sich die unheimliche Landschaft allmählich auf. Durch den Waldstreifen

Die schauerliche Faszination des Krieges: Ambrose Gwinett Bierce (1842–1913?). Rechts Bierce auf einem konföderierten Soldatenfriedhof in Richmond, Virginia, kurz vor seinem spurlosen Verschwinden.

jenseits des Flusses schimmerte ein eigenartiges rotes Licht, vor dem die Stämme und Äste der Bäume wie ein Muster von schwarzen Spitzen aussahen. Es fiel auf die kriechenden Gestalten, so daß sie riesige Schatten warfen und ihre Bewegungen sich im erleuchteten Gras wie Karikaturen ausnahmen. Es schien auf ihre Gesichter, tauchte deren Blässe in einen rötlichen Ton und ließ die Blutflecke noch deutlicher erkennen, mit denen viele von ihnen besudelt waren. Es funkelte auf den Knöpfen und Metallstücken an ihren Uniformen. Unwillkürlich wandte sich der Knabe dem immer heller werdenden Schein zu und schritt gemeinsam mit seinen grausigen Gefährten den Abhang hinab.

Es dauerte wenige Minuten, und er hatte die Vorhut des Zuges überholt – keine große Leistung in Anbetracht seiner überlegenen Beweglichkeit. Sein Holzschwert noch immer in der Hand, setzte er sich an die Spitze und führte den Vormarsch an. Aufmerksam stimmte er seine Geschwindigkeit auf die seines Gefolges ab, sich hin und wieder umdrehend, um zu sehen, daß seine Armee sich nicht auseinanderzog. Noch nie hatte ein Anführer eine solche Truppe gehabt!«

Der Knabe erreicht die Quelle des rötlichen Lichts, eine brennende Mühle, und tanzt voll Verzückung zwischen den Flammen. Er wirft sein Schwert ins Feuer – seine militärische Laufbahn ist beendet. Doch plötzlich kommen ihm die Gebäude merkwürdig vertraut vor, und er findet einen Körper, den Körper seiner Mutter, »das bleiche Gesicht nach oben gewandt, mit den ausgestreckten Händen Grasbüschel umklammernd, die Kleider durcheinander, das lange dunkle Haar verwirrt und voll von geronnenem Blut. Die Stirn war zum großen Teil weggerissen, und aus der ausgefransten Wunde quoll das Gehirn und floß über die Schläfe, eine schaumige, graue Masse, umkränzt von Trauben roter Bläschen: das Werk einer Granate! Der Knabe warf seine kleinen Hände in die Luft und machte wilde fahrige Bewegungen. Er stieß stammelnde, nicht zu beschreibende Schreie aus, halb wie ein schnatternder Affe, halb wie ein kollernder Truthahn – schreckliche, seelenlose, schauerliche Töne, die Sprache eines Dämons. Der Knabe war taubstumm. Dann stand er bewegungslos da, mit bebenden Lippen, und blickte auf die klägliche Gestalt nieder.«

In der wohl berühmtesten seiner Kurzgeschichten, »An Occurence at Owl Creek Bridge« (»Ein Zwischenfall an der Owl-Creek-Brücke«), versetzte sich Bierce ganz in die Psyche eines Pflanzers, der wegen Sabotage von den Unionstruppen gehängt werden soll. Seine Sinne sind geschärft, er erlebt alles mit einer ungeheuren Eindringlichkeit, aus Sekunden werden Jahrhunderte. Der Verurteilte fühlt, wie bei der Exekution der Strick reißt und sein Körper in den Fluß fällt. Er bekommt die Hände frei, schwimmt unter dem Feuer der Soldaten ans Ufer und flieht nach Hause. Im hellen Licht des Morgens steht er vor der Tür seines Heims, seine Frau kommt lächelnd die Veranda herab, dann fühlt er »einen lähmenden Schlag gegen sein Genick«, und »alles ist Dunkelheit und Stille«. »Peyton Farquar ist tot; seine Leiche schwang mit gebrochenem Nacken sanft von Seite zu Seite unter dem Gebälk der Owl-Creek-Brücke.«

Ambrose Bierces Bürgerkriegserzählungen kreisen nur um ein Thema, um den Tod. Von den Kriegszielen, von seiner eigenen Stellungnahme erfahren wir in diesen Erzählungen fast gar nichts, meist wird nicht einmal klar, welcher Seite seine »Helden« angehören, jedenfalls spielt es keine Rolle.

Bierces Kurzgeschichten waren keinesfalls als »Antikriegsliteratur« intendiert, vielmehr übte der Krieg, wie der Tod, auf diesen zynischen Moralisten eine schreckliche, aber unwiderstehliche Faszination aus. »Bis zu diesem Tag«, schrieb er 22 Jahre nach Kriegsende, »kann ich keine Landschaft überblicken, ohne die Vorteile des Geländes für Angriff oder Verteidigung festzustellen...

Ich kann keinen Gewehrschuß hören, ohne daß eine wilde Erregung durch meine Adern führe, kann nicht den eigentümlichen Geruch des Schießpulvers wahrnehmen, ohne daß sich mir Visionen von Toten und Sterbenden einstellten.«

Wenn er auf seine alten Schlachtfelder zu sprechen kam, so war das sein »Zauberwald«, sein »Traumland« und »Reich des Abenteuers«, »wo mit gebeugten Häuptern und gefalteten Händen Gottes große Engel unsichtbar standen zwischen den Helden in Blau und in Grau, die ihren letzten Schlaf schlafen in den Wäldern von Chickamauga«. Der korrupte Friede widerte ihn mehr an als die schauerlichsten Visionen des Schlachtfeldes: »O Vater der Schlachten, bitte erlöse uns von den Schrecken des Friedens, den Schrecken des Friedens!«

1913 unternahm Bierce eine letzte Reise über die Schlachtfelder, auf denen er ein halbes Jahrhundert zuvor gekämpft hatte, dann begab sich der 75jährige nach Mexiko, um den dort tobenden Bürgerkrieg mitzuerleben, und verschwand spurlos.

»Bitter Bierce« und sein schonungsloser makabrer Zynismus entsprachen ganz und gar nicht dem gängigen Geschmack des späten 19. Jahrhunderts; erst Generationen später fand das Werk die Anerkennung, die es verdiente. Albion W. Tourgées Roman »A Fool's Errand« dagegen erregte bei seinem Erscheinen 1879 ungeheures Aufsehen. Binnen kurzem wurden 200 000 Exemplare verkauft, und man verglich den Erfolg des Buches mit dem von »Onkel Toms Hütte«. Für Tourgée, gleichfalls einen ehemaligen Unionsoffizier, war im krassen Gegensatz zu Bierce – und auch in einem gewissen Gegensatz zu Whitman – der »große Krieg von gestern« tot und zählte nicht mehr; womit man sich beschäftigen sollte, waren seiner Ansicht nach »nicht die Schlachten, die Märsche, die Konflikte, nicht der Mut, die Leiden, das Blut, sondern nur die Ursachen, die dem Ringen zugrunde lagen, und die Folgen, die es gehabt hat«.

Tourgée war nach dem Krieg 14 Jahre in North Carolina geblieben, um zu helfen, die Reformpolitik der Bundesregierung im Süden durchzusetzen, ein echter »Carpetbagger« also. Desillusioniert über seine eigene idealistische Naivität und die der Gesetzgeber in Washington, kehrte er in den Norden zurück. Bezeichnenderweise trägt sein im wesentlichen autobiographischer Roman den Titel »A Fool's Errand. By One of the Fools« (»Eines Narren Irrfahrt. Von einem der Narren«). Tourgée schrieb in den folgenden Jahren eine Reihe weiterer Romane, die, zusammengenommen, eine Geschichte des Südens von 1840 bis 1877 darstellen. Der wirklich interessante Band war und blieb aber »A Fool's Errand«, in dem er seine eigenen Erfahrungen festgehalten hat, der weitaus bedeutendste Roman über die Rekonstruktionszeit bis zum heutigen Tag und, zusammen mit dem 1880 publizierten Dokumentationsband »The Invisible Empire« (»Das unsichtbare Reich«, gemeint ist der Ku-Klux-Klan), auch eine der wichtigsten Quellen für diese Ära.

Resigniert stellte Tourgée fest, der Norden habe seinen Sieg politisch und auch literarisch verschenkt. »Der Süden kapitulierte bei Appomattox, und seitdem ist der Norden fortlaufend am Kapitulieren. Auf vier Jahre Krieg folgten zwanzig Jahre, in denen der Sieger ständig um Entschuldigung bat.« Der unverschämte Selbstbehauptungswillen, mit dem der Süden die Niederlage in einen Sieg verkehrt hatte, nötigte Tourgée Hochachtung ab: »Und doch war es eine großartige Haltung, die dem allem zugrunde lag – eine nie nachlassende Entschlossenheit, ein unbesiegbarer Trotz allem gegenüber, was nach Zwang oder Tyrannei aussah. Man kann nur mit Stolz und Sympathie die unbeugsamen Männer betrachten, die, im Kriege bezwungen, sich doch gegen jede Bemühung des Siegers wehrten, ihre Gesetze, Gewohnheiten oder auch nur die persönliche Zusammensetzung ihrer herrschenden Klasse zu ändern, und das nicht nur mit unnachgiebiger Hartnäckigkeit, sondern auch mit Erfolg. Man kann nur die arrogante Kühnheit bewundern, mit der sie der Nation, die sie besiegt hatte – selbst im Angesicht von deren Gesetzgebern –, Perfidie, Niedertracht und einen Geist abgeschmackter und niederträchtiger Rachsucht vorwarfen. Wie sie verächtlich über die Rekonstruktionsgesetze lachten, auf die die weisen Männer so stolz waren! Wie kühn sie erklärten, der Konflikt sei ununterdrückbar und daß Weiße und Schwarze nicht als gemeinsam bestimmende Elemente zusammenleben könnten und sollten! Wie leicht gingen sie ihnen von den Lippen, die Geschichten vom Blut – von den maskierten Nachtreitern, vom unsichtbaren Reich der Schützengesellschaften (alle für friedliche Zwecke organisiert), von Warnungen, Auspeitschungen und Gemetzeln! Ach, es ist wunderbar!«

Auch der große Romanschriftsteller Henry James gehörte zur Kriegsgeneration, im Gegensatz zu seinen beiden jüngeren Brüdern, die für die Union kämpften, blieb er jedoch »ein armer Friedenswurm«. Trotzdem charakterisierte er die Jahre des Bürgerkrieges später als »unbeschreiblich intensiviert« und als »einen im Verhältnis zu meinen Kräften und Möglichkeiten fester geformten und geschlossener gefühlten Lebensakt als irgendeinen anderen zusammenhängenden Abschnitt meiner Erfahrungen, an die sich mein Gedächtnis erinnern kann«.

Seine »Notes of a Son and Brother« (»Bemerkungen eines Sohnes und Bruders«) von 1914 sind diesen Erlebnissen gewidmet. Ein halbes Jahrhundert zuvor hatte er in drei seiner frühen Erzählungen, »The Story of a Year« (»Die Geschichte eines Jahres«, 1865), »Poor Richard« (»Armer Richard«, 1867) und »A Most Extraordinary Case« (»Ein ganz außergewöhnlicher Fall«, 1868) tragische Konflikte zwischen Soldaten und Zivilisten in der Heimat beschrieben, also die Seite des Krieges, fernab von der Front, die er aus eigener Anschauung kannte.

Gleichfalls mit dem Krieg in der Heimat befaßte sich Harold Frederic in einer Reihe von bemerkenswerten Romanen, die alle in Oneida County (in den Büchern Dearborn County genannt) im westlichen Staate New York spielen und von denen »The Copperhead« von 1892 der bedeutendste ist. Frederic gehörte nicht mehr der eigentlichen Kriegsgeneration an – er war bei Kriegsende neun Jahre alt –, aber die »Bilder dieser Periode« hafteten in seiner Erinnerung und ließen »im Vergleich zu ihnen alle späteren Dinge verschwommen und undeutlich erscheinen«.

Frederic, der persönlich den Gemäßigten und Demokraten zuneigte, zeichnete kein geschöntes Bild von der düsteren Stimmung jener vier Jahre. Mit großer Wahrhaftigkeit schilderte er das Leben in dem »großen Land weiter hinter der Kampflinie«, wie es Stephen Crane ausdrückte, »die wartenden Frauen, die lichtlosen Fenster, die Tische, die nur für drei gedeckt waren statt für fünf... ein Land stolz erhoben oder verloren, triumphierend oder verzweifelnd, immer angespannt, voll unruhiger Neugier, lauschend, tragisch in seiner Gebärde, zitternd und bebend wie eine riesige Masse von Nerven unter dem Schock der weit entfernten Konflikte im Süden«.

Stephen Crane selbst, der Bewunderer Frederics, hatte, 1871 geboren, nicht einmal mehr Kindheitserinnerungen an den Krieg. Trotzdem gelang ihm 1893 mit »The Red Badge of Courage« (»Das rote Tapferkeitsabzeichen«) eine der einfühlsamsten und realistischsten Darstellungen der in einem Soldaten unter der Anspannung des Kampfes vorgehenden seelischen Konflikte, die je versucht worden sind.

Stephen Cranes Interesse gilt einzig und allein dieser psychologischen Seite des Krieges, politische Motivation oder Wertung spielen keine Rolle. Henry Fleming, ein junger Unionssoldat, zieht zum erstenmal in die Schlacht. Er ist erfüllt von der bangen Frage, ob seine Tapferkeit dem Test gewachsen sein wird oder ob er versagen wird. Ein erster Angriff der Südstaatler wird abgeschlagen, die Soldaten beglückwünschen einander, Henry Fleming hat »die köstlichsten Empfindungen seines Lebens. Als würde er neben sich stehen, führte er sich die letzte Szene nochmals vor Augen. Er erkannte, daß der Mann, der so gekämpft hatte, großartig war.«

Aber plötzlich heißt es: »Da kommen sie wieder!« Henry Fleming erstarrt. »Nein, dachte er, so etwas Unmögliches kann nicht geschehen. Er wartete, als müsse der Feind plötzlich innehalten und sich mit einer Verbeugung zurückziehen. Es war alles ein Versehen gewesen. Aber das Feuern begann irgendwo in der Linie des Regiments und breitete sich aus nach beiden Seiten...

Er hob langsam sein Gewehr und feuerte, als er einen Blick auf das dicht übersäte Feld erhaschte, einen Schuß auf den heranstürmenden Schwarm... Dann hielt er inne und spähte durch den Rauch, so gut er konnte. Die kurzen Blicke auf das Gelände, die sich ihm boten, wechselten ständig, und er sah Männer, die alle rannten wie gehetzte kleine Teufel und ein gellendes Geschrei ausstießen ... Ein Mann in seiner Nähe, der bis zu diesem Augenblick sich fieberhaft an seinem Gewehr zu schaffen gemacht hatte, hörte plötzlich auf damit und rannte heulend davon. Ein junger Kerl, dessen Gesicht einen Ausdruck hohen Mutes getragen hatte, die majestätische Bereitschaft, sein Leben dranzusetzen, sah von einem Augenblick zum anderen ganz elend aus. Er erbleichte wie einer, der mitten in der Nacht an den Rand einer Klippe gekommen ist und das ganz plötzlich bemerkt. Es war eine Offenbarung. Auch er warf sein Gewehr weg und lief. Auf seinem Gesicht war keine Scham zu erkennen. Er rannte wie ein Kaninchen. Andere jagten ebenfalls davon durch den Rauch. Der junge Soldat wandte seinen Kopf um, die Bewegung der anderen hatte ihn aus seiner Trance gerissen. Es kam ihm vor, als würde ihn das Regiment zurücklassen. Er sah die wenigen sich rasch verflüchtigenden Gestalten. Dann schrie er auf vor Furcht und schwang sich herum.«

Henry Fleming wird von seinem Regiment getrennt und irrt durch die hintere Kampfzone. Als er einen in Panik fliehenden Soldaten festhält, um ihn zu fragen, schlägt ihm dieser den Gewehrkolben über den Kopf. Mit dieser ironischerweise von einem Kameraden zugefügten Wunde – dem roten Tapferkeitsabzeichen – versehen, kehrt er zur eigenen Truppe zurück und berichtet von nie begangenen Heldentaten. Der nächste Tag bringt eine neue Bewährungsprobe.

»Die Pulverflammen bissen ihn, und der heiße Rauch versengte seine Haut. Der Lauf seines Gewehres wurde so heiß, daß er ihn unter normalen Umständen nicht in der Hand hätte halten können; aber er fuhr fort, Patronen hineinzustopfen und sie mit seinem klappernden, sich biegenden Ladestock hinabzustoßen. Wenn er auf einen Schemen durch den Rauch zielte, drückte er mit einem wilden Grunzen ab, als würde er mit aller Kraft einen Faustschlag austeilen ... Einmal war er in seinem erregten Haß fast ganz allein und feuerte noch immer, als die in seiner Nähe das Schießen eingestellt hatten. Er war so in seine Tätigkeit verbissen, daß er die Feuerpause nicht bemerkte. Ein heiseres Lachen rief ihn zurück, und ein Satz, der seine Ohren mit einer aus Verachtung und Staunen gemischten Stimme traf. ›Du höllischer Dummkopf, hast du nicht so viel Verstand, daß du aufhörst, wenn nichts mehr da ist, auf das man schießen kann? Guter Gott!‹ «

Henry Fleming ist zur Kampfmaschine geworden.

Stephen Cranes »Red Badge of Courage« ist das herausragende Werk inmitten einer Flut von Bürgerkriegsliteratur, von der Amerika um die Jahrhundertwende überschwemmt wurde. In den ersten 15 Jahren nach dem Krieg hatte die Neigung vorgeherrscht, die große Tragödie zu verdrängen – in den 70er Jahren waren so wenige Bürgerkriegsromane erschienen, wie das in keinem anderen Jahrzehnt bis auf den heutigen Tag der Fall sein sollte. Dann aber erwachte ein großes Interesse an diesem Kapitel amerikanischer Vergangenheit, allenthalben wuchsen die Denkmäler aus dem Boden, die Veteranenverbände wurden zu einflußreichen Massenorganisationen, ungezählte Schriftsteller bearbeiteten das Thema. Typisch waren die ungeheuer beliebten Bücher des Captain Charles King, der zwischen 1879 und 1914 neun Bände über den Bürgerkrieg und nicht weniger als 38 über den Krieg an der Westgrenze verfaßte, von denen die meisten mehr als einmal aufgelegt wurden.

Zu den erfolgreichsten Titeln anderer Autoren gehörten Winston Churchill (keine Verwandtschaft mit dem englischen Staatsmann), »The Crisis« (1901), Thomas Dixon, »The Clansman« (1906), und John Fox, »The Little Shepherd of Kingdom Come« (1903), die alle drei verfilmt wurden, zum Teil mehrfach, wobei die Filmversionen bedeutender waren als die recht durchschnittlichen Romanvorlagen, vor allem im Falle von »The Clansman«, auf dessen Grundlage David W. Griffith 1915 sein Meisterwerk »The Birth of a Nation« schuf.

Neben Cranes »Red Badge of Courage« war der Roman »The Battle Ground« (»Der Schlachtengrund«, 1902) von Ellen Glasgow das gelungenste Werk dieser Jahre. Ellen Glasgow, die es sich zum Ziel gesetzt hatte, die Klischees, die den Alten Süden und besonders ihr heimatliches Virginia umrankten, zu bekämpfen, trieb minutiöse historische Studien, um ein stimmiges Bild der Bürgerkriegsära zu schaffen.

Die 30er Jahre sahen dann ein beachtliches Erstarken einer selbstbewußten, sich nicht in bloßer Nostalgie erschöpfenden Südstaatenliteratur. Diese Tendenz ging einher mit einer neuen Interpretation des Krieges durch »revisionistische« Historiker und mit der »agrarischen« Bewegung militant antiindustriell denkender konservativer Südstaatler, die ihren deutlichsten Ausdruck in der 1930 erschienenen Streitschrift »I'll Take My

Die Autorin von »Vom Winde verweht«: Margaret Mitchell an ihrer Schreibmaschine. (Finis Farr)

Stand« (ein Zitat aus »Dixie«, dem Nationallied des Südens) gefunden hat. Einige Vertreter dieser Richtung schrieben auch historische Romane, darunter mehrere sehr beachtliche Werke wie Stark Young, »So Red the Rose« (»So rot die Rose«, 1934), Clifford Dowdey, »Bugles Blow No More« (»Die Hörner schweigen«, 1937), Evelyn Scott, »The Wave« (»Die Woge«, 1929), und Allen Tate, »The Fathers« (»Die Väter«, 1938).

Alle überschattete an Erfolg jedoch das Buch einer bis dahin unbekannten Journalistin aus Georgia, Margaret Mitchells »Gone with the Wind« (»Vom Winde verweht«). Innerhalb eines halben Jahres nach Erscheinen (1936) wurden eine Million Exemplare verkauft, bis 1983 sollten weitere 24 Millionen hinzukommen. »Gone with the Wind«, das in 27 Sprachen übersetzt wurde, brach alle Rekorde, die ein Bestseller bis dahin erreicht hatte, und machte, zusammen mit der drei Jahre später fertiggestellten, nicht minder erfolgreichen Verfilmung, den amerikanischen Bürgerkrieg zu einem Teil der Weltkultur.

Der künstlerische Rang und der Wert der historischen Darstellung von Buch und Film werden dagegen von der Kritik weit weniger einheitlich eingeschätzt. Zunächst überwog begeistertes Lob, man sprach vom bedeutendsten Roman, den Amerika hervorgebracht habe, und stellte ihn Tolstois »Krieg und Frieden« an die Seite. Der große Historiker Henry Steele Commager schrieb eine hymnische Besprechung, in der es hieß: »Die Geschichte, erzählt mit solcher Ernsthaftigkeit und solcher Leidenschaft, erhellt von so viel Verständnis und Wissen, gewoben aus dem Stoff der Geschichte und aus disziplinierter Einbildungskraft, ist von unendlichem Interesse. Sie stellt eine dramatische Neuschöpfung des Lebens selbst dar.«

Aber auch herbe Kritik wurde und wird geübt: »Vieles an dem Roman ist schlecht, verfälscht die Wirklichkeit ländlichen Lebens im allgemeinen und des Lebens in den Südstaaten im besonderen, verfälscht Geschichte und, am schlimmsten von allem, verfälscht die menschliche Natur.« Das schrieb der Literaturhistoriker F. C. Watkins und präzisierte seine Vorwürfe, wie viele andere, indem er auf die banale Melodramatik der Handlung, die Schablonenhaftigkeit der Figuren, die Kunstlosigkeit der Sprache und die Befangenheit in historischen Klischees hinwies. Die Schwarzen werden, wie gewohnt, als große Kinder dargestellt, die weißen Südstaatler als romantisch gesonnene Patriarchen, die Yankees und Radikalen als brutale Zerstörer einer harmonischen Welt, die ihren höchsten Ausdruck in der ruhigen Schönheit des Plantagenlebens gefunden hatte.

So läßt Margaret Mitchell, die aus ihrer eigenen Liebe für ihr »Southland« und ihr heimisches Atlanta nie einen Hehl gemacht hat, Ashley Wilkes 1862 an seine Frau Melanie aus dem Felde schreiben: »Wenn ich unter meiner Decke liege und zu den Sternen aufblicke und mich frage: Wofür kämpfst du nun eigentlich?, dann denke ich an die Rechte der Einzelstaaten, an die Baumwolle und die Neger und an die Yankees, die zu hassen man mich von klein auf gelehrt hat, und ich weiß, daß es das alles nicht ist, was mich bewegt. Aber dann habe ich Twelve Oaks [die Plantage der Wilkes in Georgia] vor Augen, und ich denke daran, wie der Mondstrahl schräg zwischen den weißen Säulen spielt, wie überirdisch die Magnolie aussieht, wenn sie sich öffnet, wie die Kletterrosen am heißen Mittag ihren Schatten auf die Veranda werfen. Ich sehe da Mutter sitzen und nähen, wie sie es schon tat, als ich klein war, ich höre den Gesang der Schwarzen, wie sie am Feierabend müde und hungrig über die Felder kommen. Ich höre es rollen, wenn der Eimer in den Ziehbrunnen gesenkt wird. Ich kämpfe für die alten Zeiten, für die alte Art, die ich liebe... Aber ich fürchte, sie ist für immer gegangen, wie auch die Würfel fallen werden. Gleichgültig, ob wir in diesem Krieg siegen oder geschlagen werden – verlieren werden wir in jedem Fall. Sollten wir diesen Krieg gewinnen und das erträumte Baumwollkönigreich verwirklichen, auch dann haben wir verloren, denn dann sind wir ein anderes Volk geworden, und der alte ruhige Lauf des Lebens ist verschwunden. Die Welt wird vor unserer Tür nach Baumwolle schreien, und wir können den Preis diktieren. Und dann, dann werden wir, das fürchte ich, sein wie die Yankees, deren Geldgier und Krämergeist wir so verachten. Sollten wir aber erst den Krieg verlieren, Melanie, sollten wir verlieren!...«

Gewiß, da ist wenig ausgelassen an stereotyper Plantagennostalgie mit weißen Säulen, aufblühenden Magnolien und singenden Schwarzen, aber man darf nicht übersehen, daß die Stelle der Charakterisierung Ashleys dient, der als edler, aber letztlich lebensuntüchtiger Romantiker gezeichnet wird. Zugleich spricht Margaret Mitchell hier ein wirkliches Dilemma des Südens an, der, um seine Eigenart zu wahren, einen Krieg führte und der durch diesen Krieg zwangsläufig seine Eigenart verlieren mußte, gleichgültig, ob er siegte oder besiegt wurde.

In »Vom Winde verweht« erlebt der Leser den Krieg und die Rekonstruktionszeit aus der Sicht einer Angehörigen der Pflanzerschicht. Das ist legitim, denn ein historischer Roman ist keine geschichtliche Abhandlung und kann unmöglich ein vollständiges und ausgewogenes Bild von der sozialen Wirklichkeit einer ganzen Gesellschaft zeichnen. Daß Margaret Mitchell einmal mehr die Pflanzeraristokratie zum Gegenstand ihrer Darstellung gemacht hat, ist zwar nicht originell, aber doch gerechtfertigt, wenn man bedenkt, daß diese Schicht am ausgeprägtesten die Eigenart des Südens repräsentiert hat. Bei aller Sympathie und Neigung zum Romantisieren kann man Margaret Mitchell eine gewisse kritische Distanz zur Welt des Alten Südens nicht absprechen. Das gilt vor allem für die Art und Weise, in der sie die zugleich überhöhte und in ein starres Schema gepreßte Rolle der Frau in dieser Gesellschaft charakterisiert, ein zentrales Thema des Buches, das jedoch wenig beachtet worden ist.

Die wichtigste Aufgabe eines historischen Romans, nämlich die Atmosphäre und Mentalität einer Zeit und einer Gesellschaft in Individuen greifbar zu machen und lebendig nachzuzeichnen, ist Margaret Mitchell nicht übel gelungen. Ein gewisses Maß an Sentimentalität entspricht dem Wesen dieser Epoche durchaus. Die Figuren aus »Vom Winde verweht«, die unbeugsame und eigenständige Scarlett O'Hara, der zynische Blockadebrecher Rhett Butler, der romantische, realitätsferne Ashley Wilkes, die selbstlose Melanie Hamilton und die autoritär-unterwürfige schwarze Mammy sind für die meisten Menschen ein ebenso selbstverständlicher Bestandteil der Dramatis personae jener Ära geworden wie Lincoln, Grant oder Lee. Das ist zweifellos nicht nur ein Verdienst der Autorin, sondern in noch höherem Maße das der überzeugenden Schauspielerinnen und Schauspieler, die bei der Verfilmung des Romans für diese Rollen gefunden wurden.

Welche Möglichkeiten vielschichtiger literarischer Gestaltung der Bürgerkrieg und die ihm zugrundeliegenden und aus ihm hervorgegangenen tragischen Verwicklungen im Süden einem wirklich großen Schriftsteller boten, das führte zur gleichen Zeit, als »Vom Winde verweht« entstand, William Faulkner vor, und seine Bücher lassen im Vergleich die Werke der anderen Autoren der »Südstaatenrenaissance« flach und konventionell erscheinen. Zwar ist nur die Handlung eines seiner Romane, die von »The Unvanquished« (»Die Unbesiegten«), in die Zeit des Bürgerkrieges selbst gelegt, aber der Krieg, seine Probleme und seine Legenden sind in Faulkners fiktivem Yoknapatawpha County in Mississippi, einer Art Mikrokosmos des Südens, allgegenwärtig. »Die Vergangenheit ist niemals tot. Sie ist nicht einmal vergangen«, jedenfalls im Süden, der im Gegensatz zum fortschrittsgläubigen Rest der Nation besessen ist von der Vergangenheit, nicht trotz, sondern gerade wegen seiner Niederlage, die er erlitten hat: »Die einzige saubere Sache an einem Krieg besteht darin, ihn zu verlieren.«

Gettysburg ist nur scheinbar tote Vergangenheit: »Gestern wird nicht vorüber sein bis morgen, und morgen begann vor zehntausend Jahren. Für jeden vierzehnjährigen Buben aus dem Süden gibt es nicht einmal im Leben, sondern, wann immer er will, den Augenblick, wenn es noch nicht zwei Uhr nachmittags ist an jenem Julitag des Jahres 1863; die Brigaden sind in Stellung hinter dem Holzzaun, die Kanonen stehen gerichtet und feuerbereit in den Wäldern, und die eingerollten Fahnen sind schon gelöst, um sich flatternd zu entfalten, und Pickett selbst mit seinen langen geölten Locken, seinen Hut wohl in der einen Hand, seinen Degen in der anderen, blickt den Hügel hinauf und erwartet Longstreets Kommando, und noch ist alles im Gleichgewicht, es ist noch nicht geschehen, hat noch nicht einmal begonnen, es hat nicht nur noch nicht begonnen, es ist noch Zeit, daß es überhaupt nicht beginnt, gegen diese Stellung, unter solchen Umständen, die mehr Männer als Garnett und Kemper und Armstead und Wilcox ernst aussehen lassen, und doch ist es dabei zu beginnen, wir wissen es, wir sind zu weit gegangen, und zu viel steht auf dem Spiel, und es braucht in diesem Augenblick nicht einmal einen vierzehnjährigen Buben, um zu denken: *dieses* Mal. Vielleicht dieses Mal...« (»Intruder in the Dust«, »Griff in den Staub«, 1948)

In »The Unvanquished« (1934/1938) vermittelt uns Faulkner die Legende des Bürgerkrieges in ihrer ungebrochensten Form, durch die einfache Sprache des Erzählers in scheinbare Realität gehüllt: »Dann konnten wir ihn gut sehen. Ich meine Vater. Er war nicht groß, es waren nur die Dinge, die er tat, die wir wußten, daß er sie tat, daß er sie in Virginia und Tennessee getan hatte, die ihn uns groß erscheinen ließen. Es gab andere außer ihm, die Dinge taten, die gleichen Dinge, aber es war wohl, weil er der einzige war, den wir kannten, den wir je schnarchen gehört hatten in der Nacht, wenn alles still war im Haus, den wir essen gesehen und reden gehört hatten, von dem wir wußten, wie er schlief, was er gern aß, wie er redete. Er war nicht groß und sah auf dem Pferd sogar noch kleiner aus als am Boden, weil Jupiter groß war, und wenn du an Vater dachtest, dann dachtest du ja, er sei auch groß, und wenn du dir Vater auf Jupiter vorstelltest, dann war es dir, als würdest du sagen: ›Zusammen sind sie zu groß, du wirst es nicht glauben.‹ So glaubtest du es nicht, und so war es dann auch nicht. Er ging auf die Stufen zu und begann aufzusitzen, den Säbel schwer und flach an der Seite. Dann roch ich es wieder,

»Die Vergangenheit ist niemals tot«: William Faulkner (1897–1962) im Jahre 1947 in Oxford, Mississippi.
(Henri Cartier-Bresson/Magnum)

wie jedesmal, wenn er zurückkehrte, wie an dem Tag damals im Frühling, als ich den Weg mit ihm hinaufritt und in einem seiner Steigbügel stand – diesen Geruch in seinen Kleidern und in seinem Bart und an seinem Körper, von dem ich glaubte, es sei der Geruch von Pulver und Ruhm, des auserwählten Siegers, jetzt weiß ich es besser: Ich weiß nun, daß es der Wille war, es durchzustehen, eine bittere und sogar humorvolle Weigerung, sich der Selbsttäuschung hinzugeben, die nicht das geringste zu tun hat mit jenem Optimismus, der glaubt, daß das, was uns bevorsteht, möglicherweise das Schlimmste ist, das wir ertragen können.«

In »Sartoris« (1929) und »Light in August« (»Licht im August«, 1950) wird dem Bild des konföderierten Helden ein kräftiger Schuß Ironie und Tragikomik beigefügt. Aber auch in »The Unvanquished« wird schlaglichtartig unter der Legende eine andere Wirklichkeit sichtbar, nicht die der Tragikomödie, sondern der beunruhigende, unheimliche Hintergrund ziellos in Bewegung gesetzter Massen von Schwarzen.

»Und dann sah ich Loosh. Er kam herauf von seiner Hütte mit einem Bündel auf der Schulter, das er in ein bunt geflicktes Tuch gepackt hatte, und Philadelphy hinter ihm, und sein Gesicht sah aus wie in jener Nacht im letzten Sommer, als Ringo und ich durch das Fenster geschaut und ihn beobachtet hatten, nachdem er zurückgekommen war und die Yankees gesehen hatte. Granny stellte ihre Bemühungen ein und sagte: ›Loosh.‹

Er hielt und schaute sie an; er sah aus, als würde er schlafen, als würde er uns nicht sehen oder etwas sehen, was uns verborgen war. Aber Philadelphy sah uns; sie blieb etwas hinter ihm zurück und blickte zu Granny. ›Ich habe versucht, ihn aufzuhalten, Miss Rosa‹, sagte sie, ›bei Gott, ich habe es versucht.‹

›Loosh‹, sagte Granny, ›was willst du machen?‹ ›Ja‹, sagte Loosh, ›ich gehen. Ich befreit worden. Gottes eigener Engel hat mich frei erklärt, und ich soll zum Jordan kommen. Ich gehöre jetzt nicht John Sartoris; ich gehöre mir und Gott.‹ ›Aber das Silber gehört John Sartoris‹, sagte Granny, ›wer bist du, es wegzuschaffen?‹ ›Ihr mich das fragen?‹ sagte Loosh, ›wo John Sartoris? Warum er nicht kommen und mich das fragen? Laß Gott John Sartoris fragen, wer mich ihm gegeben. Laß den Mann, der mich begraben im schwarzen Dunkeln, das fragen von dem Mann, was mich frei gemacht.‹ Er sah uns nicht an; ich denke, er hat uns gar nicht gesehen. Er ging weiter. ›Bei Gott, Miss Rosa‹, sagte Philadelphy, ›ich versuchte, ihn aufzuhalten. Ich hab's versucht.‹ ›Geh nicht, Philadelphy‹, sagte Granny, ›weißt du nicht, daß er dich in Elend und Hunger führt?‹ Philadelphy begann zu heulen. ›Ich weiß es. Ich weiß, was sie ihm erzählt haben, kann nicht stimmen. Aber er mein Mann. Ich denke, ich muß mit ihm gehen.‹ Sie gingen weiter. ›Die Bastarde, Granny!‹ sagte ich. ›Die Bastarde!‹ Dann sagten wir es alle drei – Granny und ich und Ringo, sagten es zusammen: ›Die Bastarde!‹ schrien wir. ›Die Bastarde! Die Bastarde!‹ «

Der Strom der befreiten Schwarzen, die ihrem Fluß Jordan zustreben, nimmt laufend zu und schwillt schließlich zu mythischen Ausmaßen an. »Wir sahen den Staub fast sofort, und ich glaubte sogar, ich könnte sie schon riechen, obwohl die Entfernung zwischen uns kaum wahrnehmbar abnahm, da sie sich fast ebenso schnell fortbewegten wie wir. Wir überholten sie nie, wie man keine Flut überholen kann ... Einzeln, in Paaren, in Gruppen und Familien begannen sie aus den Wäldern aufzutauchen, vor uns, neben uns, hinter uns; sie bedeckten die Straße und ließen kein Stück von ihr sehen, gerade wie die Wassermassen einer Überflutung es getan hätten, verbargen die Straße und selbst die Räder des Wagens, auf dem wir fuhren ... eingeschlossen von einer Masse von Köpfen und Schultern – Männer und Frauen, die Säuglinge trugen und ältere Kinder an der Hand führten, alte Männer und Frauen an improvisierten Stöcken und Krücken und ganz alte, die neben der Straße saßen und uns sogar zuriefen, als wir vorbeifuhren; da war eine alte Frau, die neben dem Wagen mitging, sich am Bett festhielt und Granny anflehte, sie möge sie doch den Fluß wenigstens sehen lassen vor ihrem Tod.«

Die Rassenfrage liegt bei Faulkner wie eine Erbsünde der Geschichte des Südens zugrunde. Er muß sie bewältigen, ohne Einmischung von außen: »Das ist es, was wir wirklich verteidigen: das Privileg, sie selbst freizumachen; wir müssen es aus dem einfachen Grunde tun, weil sonst niemand es kann, seit vor 100 Jahren der Norden es versucht hat und seit 75 Jahren hat zugeben müssen, daß es ihm mißlungen ist. So wird es unsere Sache sein.« (»Intruder in the Dust«)

Mit dem Rassenproblem aufs engste verknüpft sind die Spannungen innerhalb der weißen Gesellschaft des Südens, die Faulkner im Grunde tiefer beschäftigen als der Gegensatz von Schwarz und Weiß. Es ist der Konflikt zwischen Plantage und Farm, zwischen dem aristokratischen Ideal der sklavenbesitzenden Pflanzerschicht und dem Jeffersonschen Ideal eines Volkes von freien Bauern, die das Land mit ihren eigenen Händen bearbeiten. Faulkner, der selbst der agrarischen Bewegung nahestand und eine starke Affinität zu beiden Positionen fühlte, hat diesen Widerspruch am eindringlichsten in »Absalom, Absalom!« (1936) gestaltet. Thomas Sutpen, der Held des Romans, stammt aus einer Familie von »Rednecks«, armen weißen Farmern. Als Vierzehnjähriger hat er sein Schlüsselerlebnis, als er an der Tür eines Herrenhauses von einem livrierten schwarzen Butler abgewiesen und zum Hintereingang geschickt wird. Von nun an ist Sutpen entschlossen, »Rache zu nehmen für alle ›Rednecks‹ an dem Aristokraten, der ihm sagen ließ, er solle um das Haus herumgehen zur Hintertür.« Ironischerweise kann er sich an der Herrenklasse aber nur rächen, indem er selbst einer der ihren wird. Die Gegensätze werden so in einer Person vereinigt. Aber Sutpens Triumph ist von kurzer Dauer. »Rassenschande« in seiner Familie beraubt ihn auf tragische Weise seiner Erben, der Bürgerkrieg vernichtet seinen Reichtum, und schließlich wird er von einem wütenden »Redneck« umgebracht, den er beleidigt hat, wie es ihm in seiner Jugend widerfahren war.

Seit Walt Whitman hatten die Bürgerkriegsära und ihre Nachwirkungen keine so überzeugende literarische Gestaltung erfahren wie in den Romanen William Faulkners, aber sie galt ausschließlich der einen Seite, der des Südens. 1928 unternahm es John Vincent Benet, Whitmans Vision von einem nationalen Epos, einer amerikanischen Ilias, zu verwirklichen. Er nannte es »John Brown's Body«, und es ist ein langes, kenntnisreiches, einfühlsames, in manchen Passagen großartiges Werk geworden, wenn auch gewiß nicht der gewaltige Wurf, von dem Whitman geträumt hatte.

John Brown's body lies a-mouldering in the grave.
Spread over it the bloodstained flag of his song,
For the sun to bleach, the wind and the birds to tear,
The snow to cover over with a pure fleece
And the New England cloud to work upon
With the grey absolution of its slow, most lilac-smelling rain,
Until there is nothing there
That ever knew a master or a slave
Or, brooding on the symbol of a wrong,
Threw down the irons in the field of peace.
John Brown is dead, he will not come again,
A stray ghost-walker with a ghostly gun.

John Browns Leiche liegt vermodernd in dem Grab.
Darüber gebreitet die blutbefleckte Fahne seines Liedes,
Für die Sonne, sie zu bleichen, für den Wind und
  die Vögel, sie zu zerreißen,
Für den Schnee, sie zu bedecken mit reinem Vlies,
Für die Wolke Neuenglands, sie zu benetzen
Mit der grauen Erlösung ihres sanften fliederduftenden
  Regens,
Bis dann nichts mehr ist,
Das je einen Herren oder Sklaven gekannt,
Oder, in das Sinnbild eines Unrechts vertieft,
Die Eisen schleuderte in das Feld des Friedens.
John Brown ist tot, er kommt nicht wieder,
Ein verirrt wandernder Geist mit einem Geistergewehr.

*

He was a stone, this man who lies so still,
A stone flung from a sling against a wall,
A sacrificial instrument of kill,
A cold prayer hardened to a musket-ball.

Er war ein Stein, der Mann, der so still wacht,
Ein Stein, gegen eine Mauer geschleudert,
Ein Opferwerkzeug, zum Töten gemacht,
Ein kaltes Gebet, zur bleiernen Kugel gehärtet.

*

Der Bürgerkrieg als die mittlerweile klassische tragische Ära der amerikanischen Geschichte, als amerikanische Ilias bildet auch den Hintergrund von Eugene O'Neills Bearbeitung des Agamemnon-Stoffes, der Trilogie »Mourning Becomes Electra« (»Trauer muß Elektra tragen«, 1931). Eine Regieanweisung läßt gleich zu Beginn des ersten Dramas »John Brown's Body« erklingen, das große Leitmotiv jener Epoche.

Der Zweite Weltkrieg brachte dann, wie schon der Erste, einen gewissen Rückgang für die Bürgerkriegsliteratur. In einer Zeit der gemeinsamen nationalen Anstrengung erinnerte man ungern an innere Spannungen und Bürgerkrieg. Als die Jahrhundertfeier des Bürgerkriegs näherrückte, kam er wieder in Mode und hat seitdem seine Beliebtheit bei Autoren und Publikum behaupten können. Genannt seien die Romane »Raintree Country« von Ross Lockridge (1947), »Andersonville« von Mac Kinlay Kantor (1955), »Roots« (»Wurzeln«) von Alex Haley (1976), die Trilogie »North and South« (»Die Erben Kains«), »Love and War« (»Liebe und Krieg«) und »Heaven and Hell« (»Himmel und Hölle«) von John Jakes (1982–1987) und »Freedom« von William Safire (1987), eine glänzende Mischung aus Geschichtsschreibung und Fiktion. Alex Haleys »Saga of an American Family«, wie der Untertitel von »Roots« lautet, stellte den Versuch dar, die Geschichte einer Schwarzenfamilie bis in die frühen Tage der Sklaverei und bis nach Afrika zurückzuverfolgen, und präsentierte erstmals einem breiten Publikum einen historischen Roman ganz aus der Sicht der Schwarzen. »Roots« wurde 1977 von David Wolper mit ungeheurem Erfolg für das Fernsehen verfilmt. Zehn Jahre später nahm sich der gleiche Produzent mit großem Aufwand und nicht minderer Publikumsresonanz der John-Jakes-Trilogie an (»North and South« – »Fackeln im Sturm«), deren mit »Sex and Crime« durchsetzte Handlung einer Umarbeitung in eine amerikanische Fernsehfamiliensaga ohnehin schon weit entgegenkam.

»GESCHICHTE, GESCHRIEBEN MIT LICHT« – DIE BÜRGERKRIEGSÄRA IM FILM

Film und Fernsehen haben im 20. Jahrhundert für die populäre Überlieferung der Bürgerkriegsepoche noch mehr geleistet als die Literatur (wobei berücksichtigt werden muß, daß die allermeisten Filme mehr oder weniger frei nach literarischen Vorlagen gedreht worden sind). Als die Bilder laufen lernten, gehörten Episoden aus dem Bürgerkrieg zu den beliebtesten Themen für die kurzen Filme, die damals in Amerika in ungeheuren Mengen produziert wurden. Zwei Streifen von Thomas H. Ince, beide aus dem Jahre 1913, waren schon etwas anspruchsvoller und bildeten Vorstufen zur eigentlichen Spielfilmära, »A Southern Cinderella« (»Ein Aschenbrödel aus dem Süden«) und »The Battle of Gettysburg« (»Die Schlacht von Gettysburg«). Zwei Jahre später kam dann »The Birth of a Nation« (»Die Geburt einer Nation«) von David Wark Griffith, der größte Einschnitt in der Entwicklung der Filmkunst.

Griffiths bahnbrechendes Meisterwerk entstand unter abenteuerlichen Umständen. Niemand hielt den Plan des Regisseurs, einen mehrstündigen, schließlich zwölf Rollen umfassenden, mit gewaltigem Aufwand gedrehten Film auf den Markt zu bringen, für realistisch. Als Griffith nicht bereit war, sich auf irgendwelche Kompromisse einzulassen, zogen sich seine ursprünglichen Geldgeber zurück, und der Regisseur mußte die Produktion selbst in die Hand nehmen. Rasch waren seine Ersparnisse erschöpft, einige seiner Mitarbeiter verzichteten nicht nur auf ihre Honorare, sondern steuerten sogar selbst Geld bei. Nach viermonatigen Dreharbeiten, die ohne eigentliches Drehbuch und mit einer einzigen Kamera durchgeführt wurden, war im Herbst 1914 die 110 000-Dollar-Produktion abgeschlossen – Griffiths bisherige Filme hatten 5000 bis 10 000 Dollar gekostet. Am 8. Februar 1915 wurde das Werk in Los Angeles uraufgeführt, einen Monat später folgte die Premiere in New York. Die Kritiker reagierten enthusiastisch, und der Erfolg beim Publikum übertraf die kühnsten Erwartungen. Obwohl für den Eintritt der damals unerhörte Preis von zwei Dollar verlangt wurde, standen die Menschen Schlange, und in den meisten größeren Städten lief der Titel mehrere Monate lang. Mit »The Birth of a Nation« erreichte der Film seine Anerkennung als seriöse Kunstgattung.

Der Bürgerkrieg auf der Leinwand: Kampfszene aus John Hustons eindrucksvoller Verfilmung von Stephen Cranes Roman »The Red Badge of Courage«, 1951. (Metro-Goldwyn-Mayer)

Der Meister: D. W. Griffith (1875–1948, rechts im Bild) und sein Kameramann Billy Bitzer.

D. W. Griffiths Triumph beruhte wesentlich darauf, daß er erstmals die Stilmittel des neuen Mediums konsequent einsetzte, um das Publikum mit einer effektvoll durchgefeilten, geschlossenen dramaturgischen Konzeption in seinen Bann zu ziehen. Griffith und sein genialer Kameramann Billy Bitzer machten virtuosen Gebrauch von neuen Techniken wie Nahaufnahme, Einsatz der Irisblende, Standaufnahme, vor allem aber waren

Grabenkampf bei Petersburg: Henry B. Walthall als »der kleine Colonel« führt seine Konföderierten zum Angriff. Szene aus Griffiths »The Birth of a Nation« von 1915. (Museum of Modern Art; Film Stills Archive)

Die Heimkehr des »kleinen Colonel«: Die Mutter zieht ihren Sohn zu sich ins Haus. (Museum of Modern Art; Film Stills Archive)

es die eindringliche Bildsprache und der dramaturgische Einsatz der Schnittfolgen, die »The Birth of a Nation« zu einem noch nie dagewesenen Seherlebnis machten. Filmische Mittel ersetzten theatralische und ermöglichten den zurückhaltenden, realistischen Stil der Darstellung, dessen sich die Schauspieler unter Griffiths Regie im Gegensatz zu den meisten anderen frühen Stummfilmen befleißigten.

Zwei typische Beispiele mögen Griffiths Kunst der rein filmischen Aussage verdeutlichen. Margaret Cameron lehnt einen Antrag des Nordstaatlers Phil Stoneman ab. Zuerst eine halbnahe Aufnahme des Mädchens, dann ein »Switchback« – wir sehen kurze Schlachtfeldszenen, in denen ihre Brüder im Kampf mit Nordstaatlern getötet werden –, darauf eine Großaufnahme der ablehnenden Margaret. Die Folge der Schnitte macht Worte, Zwischentitel und pantomimische Schauspielerei überflüssig. Eine der berühmtesten Einstellungen des Films zeigt den aus dem Krieg zurückkehrenden »Little Colonel« vor der Tür seines Hauses. Aus dem von der Seite aufgenommenen Türrahmen kommen die Arme seiner Mutter und ziehen ihn in einer unvergeßlichen Geste nach innen.

Die Atmosphäre der Bürgerkriegszeit hat Griffith in einer wunderbaren Mischung aus Realismus und Legende eingefangen. »Die schönste einzelne Einstellung, die ich in irgendeinem Film gesehen habe«, schreibt James Agee, »ist der Angriff in der Schlachtenszene von ›The Birth of a Nation‹. Ich habe gehört, wie er für seinen Realismus gelobt worden ist, und das ist verdient. Aber er geht auch weit über bloßen Realismus hinaus. Er erscheint mir als die perfekte Realisierung eines kollektiven Traums davon, wie der Bürgerkrieg gewesen sei, wie Veteranen ihn 50 Jahre später im Gedächtnis haben oder wie Kinder sich

Die Ermordung Lincolns: Raoul Walsh stellte in dieser Szene von »The Birth of a Nation« den Attentäter Booth dar, Joseph E. Henabery den »Märtyrerpräsidenten«. (Museum of Modern Art; Film Stills Archive)

ihn 50 Jahre danach vorstellen mochten ... ›The Birth of a Nation‹ ist Bradys Photographien, Lincolns Reden, Whitmans Kriegsgedichten ebenbürtig an die Seite zu stellen; bei all seinen Unzulänglichkeiten und Absurditäten gehört es zum besten, was in diesem Land geleistet worden ist. Und unter den Filmen steht er allein da, nicht unbedingt als ›der größte‹ – was immer das heißen mag –, sondern als der große epische, tragische Film.«

Die überragende Bedeutung des Werkes für die Filmgeschichte war und ist unbestritten – Charlie Chaplin, Erich von Stroheim und der sowjetische Film der 20er Jahre sind ohne Griffiths Vorbild ganz undenkbar. John Ford, der in »The Birth of a Nation« als Klansmann mitgeritten war, meinte: »D. W. Griffith beeinflußte uns alle. Hätte es Griffith nicht gegeben, steckten wir wahrscheinlich noch in den Kinderschuhen des Filmens. Er fing alles an ...«

Dagegen hat die historische und politische Aussage von »The Birth of a Nation« sofort zu heftigsten Kontroversen geführt. Die Handlung basiert auf dem zweitklassigen Roman »The Clansman« von Thomas Dixon (1906), der nichts weniger als die Rechtfertigung und Glorifizierung des Ku-Klux-Klan zum Ziel hat. D. W. Griffith, selbst aus Kentucky und Sohn eines konföderierten Offiziers, gestaltete den Stoff – zweifellos nach bestem Wissen und Gewissen – in einer Weise, wie sie der damals üblichen nationalen Interpretation der Bürgerkriegs- und Rekonstruktionsära entsprach.

Die Szenen im Vorkriegssüden sind von einer Natürlichkeit, die angenehm absticht von dem »romantischen« Klischee späterer Hollywoodfilme. Der Krieg wird dann als ein tragischer Konflikt gedeutet, der, bei aller Sympathie für die heroisch unterliegenden Südstaaten, doch mit dem Sieg des Nordens und der Herstellung der nationalen Einheit enden mußte. Lincoln ist der ins Mythische gerückte Held, der durch den Schuß des Attentäters daran gehindert wird, sein Werk mit der Aussöhnung der Kriegsgegner zu krönen. Nun übernehmen die im finstersten Licht gezeichneten Radikalen, verkörpert in der Gestalt des in Austin Stoneman umgetauften Thaddeus Stevens, die Macht und gefährden mit ihren Racheplänen die neu geschaffene Nation. Chaos und Terror herrschen im Süden, die Unschuld weißer Mädchen ist der lüsternen Gier befreiter Sklaven ausgeliefert. Aber da greift der Ku-Klux-Klan

Triumphzug des Ku-Klux-Klan: Lilian Gish und Miriam Cooper an der Spitze der Kapuzenmänner, die die Mädchen gerade aus der Gewalt der Schwarzen befreit haben. Mit dieser Apotheose des Klan beschloß Griffith sein großes Bürgerkriegsepos.
(Museum of Modern Art; Film Stills Archive)

ein, rettet die Bedrohten und bestraft die Bösewichter. Unter den Klängen des Walkürenritts paradieren die Kapuzenreiter durch die Straßen, Recht und Ordnung sind wiederhergestellt.

Wie sehr sich Griffith mit seiner Interpretation der Ereignisse in Einklang mit der damals herrschenden Meinung der Historiker befand, zeigte auch der Kommentar von Präsident Woodrow Wilson, der selbst ein ehemaliger Geschichtsdozent war. Als ihm der Film im Weißen Haus vorgeführt wurde – auch das ein absolutes Novum –, meinte er, er sei »like writing history in lightning« – »als würde man Geschichte mit Licht schreiben«. Das einzig Schlimme, was er an dem Film finden konnte, bestünde darin, »daß alles so schrecklich wahr sei«.

Trotzdem gab es in mehreren Städten heftige Proteste, die vor allem von Farbigenorganisationen ausgingen, und es wurde sogar der Versuch gemacht, den Film verbieten zu lassen. Griffith wehrte sich mit einem Pamphlet mit dem Titel »The Rise and Fall of Free Speech in America«, »Der Aufstieg und Fall der freien Meinungsäußerung in Amerika«.

Der Streit wirkte sich letztendlich nur als zusätzliche Werbung für den Film aus. Auf jeden Fall wurde die Kritik weit überboten von der begeisterten Aufnahme, auf die »The Birth of a Nation« beim größten Teil des Publikums und der Presse stieß, und das keineswegs nur in den Südstaaten. Die Verherrlichung des Ku-Klux-Klan gab den unmittelbaren Anstoß dazu, daß die Organisation 1915, also noch im gleichen Jahr, in dem der Film uraufgeführt worden war, in Atlanta neu gegründet wurde und sich innerhalb weniger Jahre zu einer über das ganze Land verbreiteten Massenorganisation entwickeln konnte. Damit hatte Griffith auch zum erstenmal demonstriert, welch ungeheure Propagandawirkung – beabsichtigt oder unbeabsichtigt – von dem neuen Medium ausgehen konnte.

Auf den phänomenalen Erfolg von »The Birth of a Nation« folgte keineswegs die Flut von Bürgerkriegsfilmen, die man eigentlich hätte erwarten müssen. Das lag gewiß ganz wesentlich am Eintritt der USA in den Ersten Weltkrieg, der andere Themen in den Vordergrund rückte. 1926 aber kam ein Film heraus, der kaum weniger als Griffiths Meisterwerk ein Klassiker der Stummfilmära werden sollte, wenn er auch an den Kinokassen zunächst ein Mißerfolg war: Buster Keatons unübertroffene Filmkomödie »The General«

Die Schrecken der Sklaverei: George Siegmann als Simon Legree in der Verfilmung von Harriet Beecher-Stowes »Onkel Toms Hütte« aus dem Jahre 1927. (Universal)

(»Der General«). Neben »The Birth of a Nation« und »Gone with the Wind« ist »The General« die bis heute erfolgreichste filmische Bearbeitung des Themas geblieben.

Die Handlung basiert auf einer tatsächlichen Begebenheit, die sich im April 1862 auf der Eisenbahnstrecke zwischen Big Shanty, Georgia, und Chattanooga abgespielt hat. Verkleidete Unionssoldaten setzten sich damals in den Besitz der Lokomotive »General«, um die strategisch wichtige Bahnlinie zu zerstören. Sie wurden von den Konföderierten mit anderen Maschinen verfolgt und nach einer dramatischen Jagd gestellt. Für mehrere von ihnen endete das Abenteuer in gar nicht komischer Weise am Galgen. Buster Keaton machte den Lokomotivführer des »General« zum Helden seines Films. Indem man ihm seine geliebte Maschine gestohlen hat, wird der Krieg für ihn zu einer ganz persönlichen Angelegenheit. Keatons mit unerschütterlichem Ernst ausgefochtener Kampf mit den Yankees und, mehr noch, mit den Tücken der frühen Technik sind in Bildern festgehalten, die so authentisch wirken, als wäre Matthew Brady persönlich der Kameramann gewesen. Anders als »The Birth of a Nation«, das mit seinem Pathos und seiner problematischen politischen Aussage heute nur noch ein bewundertes Museumsstück ist, hat »The General« die Zeit überstanden, ohne an Frische und unmittelbarem Reiz zu verlieren, und gehört auch heute noch zum Standardprogramm von Kinos und Fernsehanstalten.

1956 ließ Walt Disney den historischen Vorfall, der Buster Keatons Film zugrunde gelegen war, mit großem Aufwand nochmals verfilmen. »The Great Locomotive Chase« (»Die große Lokomotivjagd«) hielt sich getreuer an die Ereignisse von 1862 als der Stummfilm, blieb ansonsten aber eine eher mittelmäßige Leistung.

Griffith versuchte sich 1930 in der Tonfilmtechnik, kam aber, wie viele große Stummfilmleute, mit dem veränderten Medium nicht zurecht. Sein »Abraham Lincoln«, zu dem John Vincent Benèt ein von den Filmgewaltigen übel zusammengestutztes Drehbuch geschrieben hatte, wurde so wenig ein Erfolg wie die meisten anderen Lincoln-Filme auch, etwa der gleichnamige Streifen der Brüder Rockett von 1924, der trotz der überzeugenden Verkörperung der Titelrolle durch George A. Billings recht langweilig geriet und beim Publikum durchfiel. Ausnahmen bildeten hier eigentlich nur rasch zwei hinterein-

Abenteuer eines Lokomotivführers: Buster Keaton als Johnnie Gray und seine Yankee-Gegenspieler kämpfen im Stummfilmklassiker »The General« von 1926 gleichermaßen mit der Tücke des Objekts. (Buster Keaton Productions Inc.)

Die perfekte Legende: Henry Fonda in der Rolle des jungen Rechtsanwalts Abraham Lincoln in John Fords »Young Mr. Lincoln« von 1939. (20th Century Fox)

ander entstandene Filme, die sich beide mit den Anfängen der Karriere Lincolns befaßten. Das war einmal der nach einem Theaterstück von Robert E. Sherwood gedrehte »Abe Lincoln in Illinois« mit Reymond Massey in einer klassischen Verkörperung der Titelrolle (1949), vor allem aber John Fords wundervoller »Young Mr. Lincoln« aus dem Jahre 1939, von dem Eisenstein sagte, dies sei unter allen amerikanischen Filmen derjenige, den er am liebsten zu seinen eigenen zählen würde.

»Young Mr. Lincoln« schildert eine Episode aus den »Präriejahren« des späteren Präsidenten, als er unter den einfachen Leuten von Illinois seinem Beruf als Rechtsanwalt nachging. Es ist einer der schönsten Filme des Regisseurs, voll Humor, unaufdringlicher Symbolik und balladenhafter Poesie. Henry Fonda spielt einen sehr natürlichen jungen Lincoln, der aber bei aller Volkstümlichkeit und menschlichen Wärme durch seine kommende historische Sendung schon eine von der Masse getrennte einsame Figur ist. »Young Mr. Lincoln« bot, wie so viele Filme John Fords, »eine doppelte Sicht eines Ereignisses. Es erscheint in all seiner vitalen Unmittelbarkeit und zugleich in seinem endgültigen, zeitlosen Bild am Horizont der Geschichte« (Peter Bogdanovich).

Im gleichen Jahr, in dem John Ford seinen »Young Mr. Lincoln« herausbrachte, fand in Atlanta die Premiere des »Films der Filme« statt, die von David O. Selznicks »Gone with the Wind«. Der Film, an dem vier Regisseure gearbeitet haben – Victor Fleming, George Cukor, Sam Wood und Sidney Franklin –, von denen aber keiner ihm in solchem Maße seinen Stempel aufgedrückt hat wie der Produzent David O. Selznick, zeigt keinen gestalterischen Ehrgeiz, der Griffiths Meisterwerk von 1915 irgendwie vergleichbar wäre. Er ist, wie der Roman, einfach und ohne Finessen ge-

Hollywoods »Alter Süden«: Nichts dürfte das Klischee von der Plantagenherrlichkeit des Südens so nachhaltig geprägt haben wie die Eingangssequenzen von Selznicks »Vom Winde verweht« (1939). Vivien Leigh als Scarlett O'Hara flirtet auf der Veranda von Tara mit den Tarleton-Zwillingen. Ein schwarzes Mädchen fächelt den ruhenden Gästen während der Siesta auf »Twelve Oaks« Kühlung zu. Die treu-autoritäre schwarze Mammy (Hetty McDaniel) versucht Scarlett daran zu hindern, ein Kleid mit allzu gewagtem Dekolleté anzuziehen. (Metro-Goldwyn-Mayer)

Das Traumpaar: Vivien Leigh als lustige Kriegswitwe Scarlett O'Hara und Clark Gable als Blokkadebrecher Rhett Butler eröffnen auf dem Basar von Atlanta den Tanz. (Metro-Goldwyn-Mayer)

macht. Es wurde allerdings ein gewaltiger materieller Aufwand getrieben: Mit Produktionskosten von vier Millionen Dollar war er der bis dahin teuerste Streifen der Filmgeschichte. Die Investition hat sich mehr als bezahlt gemacht – »Gone with the Wind« wurde der meisteinspielende Film aller Zeiten, und ein Ende seines Erfolges ist nicht abzusehen. 1968 wurde ein neues, nachträglich auf Breitleinwand und Stereoton adaptiertes Negativ hergestellt, das der ursprünglichen Bildkonzeption natürlich Gewalt antat.

Selten ist eine literarische Vorlage in so adäquater Weise auf die Leinwand gebracht worden wie »Gone with the Wind«. Was an dem fast vier Stunden dauernden Film am meisten besticht, ist, neben den exzellenten Darstellern, die überzeugend getroffene Atmosphäre der Zeit. Das gilt besonders für die während des Krieges handelnde erste Hälfte; die zweite Hälfte, der diese historische Dimension weitgehend fehlt, gleitet dagegen stark ins bloße Melodram persönlicher Beziehungen ab. Die Eindringlichkeit der Kriegsszenen ist um so bemerkenswerter, als der Film die eigentlichen Kämpfe gar nicht vorführt, sondern sich, wie der Roman, darauf beschränkt, die Geschehnisse aus der Sicht der Frau zu zeigen.

Der unvergeßliche Schwenk über die endlosen Reihen von Verwundeten auf dem Güterbahnhof von Atlanta vermittelt jedoch einen tieferen Eindruck von der Realität und der Dimension des Krieges als das Schlachtengetümmel fast aller anderen Bürgerkriegsfilme.

Das gilt allerdings nicht für John Hustons großartige Verfilmung von Stephen Cranes »The Red Badge of Courage« (deutscher Titel: »Die rote Tapferkeitsmedaille«) von 1951. Leider ist nur eine verstümmelte Version in die Kinos gelangt, denn der Verleih, der von Anfang an kein rechtes Zutrauen in Hustons Projekt gehabt hatte, schnitt den Film übel zusammen. Lillian Ross hat in ihrem Buch »Picture« die Querelen ausführlich geschildert, denen die ursprüngliche Konzeption des Films zum Opfer gefallen ist. Das und die Tatsache, daß »The Red Badge of Courage« ein Mißerfolg an den Kinokassen wurde, hat den Blick dafür verstellt, daß der Torso immer noch einen der beachtlichsten aller Kriegsfilme darstellt.

Übrig geblieben sind vor allem die überzeugende Besetzung sämtlicher Rollen, namentlich der Hauptfigur mit Audie Murphy, und die realistischsten Kampfszenen, die es aus der Zeit von Vorderlader und Schwarzpulver gibt. Das Gesche-

Die Realität des Krieges: Scarlett irrt durch die Massen von verwundeten Südstaatlern, die die Eisenbahnanlagen von Atlanta bedecken. (Metro-Goldwyn-Mayer)

Nach Shermans Durchmarsch: die ehemaligen Herren mit ihren Haussklaven auf den Baumwollfeldern, ruiniert und gedemütigt. Nach diesen Sequenzen verlieren der Roman und der Film »Vom Winde verweht« zusehends die historische Perspektive. (Metro-Goldwyn-Mayer)

hen auf dem Schlachtfeld wird ganz aus der Perspektive des »Helden« und seiner Kameraden gezeigt, überwiegend in subjektiver Kameraführung. Hektisch ladend feuern die Soldaten in den undurchdringlichen Pulverdampf, aus dem wie dämonische Schemen die angreifenden Rebellen auftauchen. Die psychische Situation des kämpfenden Soldaten ist selten so packend auf die Leinwand gebracht worden. Man kann immer noch hoffen, daß der Verleih sich eines Tages dazu durchringt, die ungekürzte Fassung des Films zu zeigen.

Wie »The Birth of a Nation« löste »Gone with the Wind« keine Flut von Bürgerkriegsfilmen aus, und zwar aus einem ähnlichen Grund: Der Zweite Weltkrieg brach aus. 1940 drehte Michael Curtiz »Santa Fé Trail«, einen merkwürdigen Film mit historischen Figuren in einer weitgehend fiktiven Handlung. Errol Flynn stellte den späteren konföderierten Kavalleriehelden »Jeb« Stuart dar, Raymond Massey, der auch wieder holt als Abraham Lincoln eingesetzt wurde, den Fanatiker John Brown, eine Rolle, die er 1955 in »Seven Angry Men« nochmals spielte.

»The Birth of a Nation« und »Gone with the Wind« hatten beide zur Hälfte in der Nachkriegs-

Vor dem Kampf: Andie Murphy, der höchstdekorierte amerikanische Soldat des Zweiten Weltkriegs, spielte 1951 in John Hustons »The Red Badge of Courage« den jungen Nordstaatler, der mit bangender Neugier auf seine Bewährung in der Schlacht wartet. (Metro-Goldwyn-Mayer)

zeit, der Rekonstruktionsära, gehandelt, wenn auch nur in dem ersten Film auf die politischen Verhältnisse näher eingegangen worden war. Andere Filme nahmen sich nur selten dieses Themas an. Eine Ausnahme bildet Jacques Tourneurs »Stars in My Crown« von 1950, in dem sich ein Pfarrer gegen Aberglaube und Intoleranz stellt und es auch mit dem Ku-Klux-Klan zu tun bekommt. Den Krieg als ferne, aber doch noch das Leben bestimmende Erinnerung schildert John Ford in »The Sun Shines Bright« (deutscher Titel: »Wem die Sonne lacht«) von 1953, einem Remake seines »Judge Priest« von 1934. John Ford, von dem zwei Onkel in der Unionsarmee gekämpft hatten, einer für die Konföderierten gefallen war und einer Pensionen für Dienste auf beiden Seiten erhielt, läßt die politischen Probleme nurmehr andeutungsweise einfließen. Er zeichnet eine Kleinstadtwelt von idyllischer Harmonie, in der die Veteranen beider Seiten schon längst wieder in Freundschaft miteinander verkehren; der Krieg ist zu einer wehmütig genossenen, verbindenden Legende geworden. John Ford hat »The Sun Shines Bright« für seinen besten Film gehalten.

John Brown unter dem Galgen: Raymond Massey, der wiederholt auch als Abraham Lincoln eingesetzt wurde, stellte in Michael Curtiz' »Santa Fé Trail« (1940) den fanatischen Abolitionisten dar. (Warner Brothers)

Willkürjustiz: der Prozeß gegen die Lincoln-Attentäter in John Fords »The Prisoner of Shark Island«. (20th Century Fox)

Harmonie einer Kleinstadt: Der Bürgerkrieg ist in John Fords »The Sun Shines Bright« (1953) nurmehr eine in wehmütiger Verklärung gepflegte Erinnerung, die die Veteranen beider Seiten freundschaftlich verbindet. Beim Ball der Kadetten spielen die schwarzen Musikanten auf, Hierarchie und Harmonie sind untrennbar miteinander verbunden. (Republic/Argosy)

Gewissenskonflikte in einer Quäkerfamilie: Anthony Perkins in der Rolle des Josh Birdwell nimmt in William Wylers »Friendly Persuasion« (1956) Abschied von seinen Eltern (Gary Cooper und Dorothy McGuire), um bei der Abwehr eines konföderierten Vorstoßes teilzunehmen. (Paramount)

William Wylers »Friendly Persuasion« (deutscher Titel: »Lockende Versuchung«) von 1956 ist ein sehr beachtlicher Film über die Gewissenskonflikte, in die eine pazifistische Quäkerfamilie in Indiana gestürzt wird, als der Einfall konföderierter Kavallerie droht. Gegen den Willen der Eltern schließt sich der Sohn der Miliz an. Als der Vater sich auf die Suche nach seinem Sohn macht, wird er von einem Scharfschützen, der auch schon seinen besten Freund getötet hat, angeschossen. Er kann trotzdem den Soldaten überwältigen, bleibt aber seinen Grundsätzen treu und schenkt ihm das Leben. »Friendly Persuasion« wurde nach dem gleichnamigen Roman von Jessamyn West gedreht, die als Beraterin darüber wachen durfte, daß ihr Buch möglichst getreu auf die Leinwand gebracht wurde. Gute Darsteller (Anthony Perkins, Gary Cooper, Dorothy McGuire), die ruhige und humorvolle Beobachtung des ländlichen Familienlebens und die erschreckend brutalen Kampfszenen zeichnen den Film aus, der zu den besten Nachkriegsbearbeitungen des Themas gehört.

Nicht unähnlich ist die Handlung von Andrew L. McLaglens »Shenandoah« (1965). Ein Vater, dargestellt von James Stewart, versucht seine Söhne vom Krieg fernzuhalten, aber allmählich wird die Familie in den Strudel der Kämpfe hineingezogen. Auch »Shenandoah« kann zu den besseren Bürgerkriegsfilmen gezählt werden, wenngleich er an Präzision und Originalität weit hinter »Friendly Persuasion« zurückbleibt.

Die Verfilmung von Lockridges Roman »Raintree County« durch Edward Dmytryk im Jahre 1958 war noch einmal der Versuch, ein großes Epos à la »Gone with the Wind« zu schaffen, doch ist das Ergebnis trotz großen Aufwands und guter Schauspieler (Montgomery Clift, Elizabeth Taylor) uninteressant und langweilig geraten.

Die meisten Bürgerkriegsfilme der 50er und 60er Jahre waren kleinen Episoden, Überfällen, Kommandounternehmen gewidmet, schon um die enormen Kosten größerer Schlachtenszenen zu vermeiden. Der argentinische Regisseur Hugo Fregonese drehte 1954 »The Raid« (»Der Überfall«), einen gut gemachten, spannenden Film über einen Angriff ausgebrochener konföderierter Gefangener auf eine kleine Stadt in Neuengland. John Fords »The Horse Soldiers« (der, wie üblich, sinnlose deutsche Titel lautet: »Der letzte Befehl«) von 1959 war die Verfilmung eines der erfolgreichsten Kavallerie-»Raids« des Bürger-

Desillusionierte Generäle: John Wayne als Sherman und Henry Morgan als Grant nach dem ersten Tag der Schlacht von Shiloh. Eine Szene aus der von John Ford verfilmten Episode »Der Bürgerkrieg« in dem Breitwandspektakel »How the West Was Won« (1962). (Metro-Goldwyn-Mayer/Cinema)

Kameraden wider Willen: Ein ehrgeiziger Unionsoffizier (Charlton Heston) und ein gefangener Offizier der Konföderierten (Richard Harris) bekämpfen in Sam Peckinpahs »Major Dundee« gemeinsam die Apachen (1965). (Columbia)

Heimkehr: Ethan Edwards, ein Veteran der konföderierten Kavallerie (John Wayne), trifft auf der Ranch seines Bruders ein und wird in die Indianerkämpfe verstrickt. Damit beginnt »The Searchers«, einer der bemerkenswertesten Western von John Ford (1956). (Warner Brothers)

kriegs, den 1863 die Unionsreiterei unter Grierson in Mississippi unternahm. John Wayne spielt die Hauptrolle in diesem Film, der trotz einiger gelungener Szenen nicht gerade zu John Fords Meisterwerken gehört. Ein anderer authentischer Streich der Kavallerie, diesmal der der Konföderierten, wurde von Edward Dmytryk in »Alvarez Kelly« (1966) dargestellt, nämlich der »Diebstahl« von 2500 Rindern für Lees hungernde Armee. Der Film hat einige witzige Szenen, überragt insgesamt aber nicht den Durchschnitt.

Das große Leinwandspektakel »How the West Was Won« (deutscher Titel: »Das war der Wilde Westen«) von 1962 enthielt auch eine kurze, von John Ford gedrehte Episode »Der Bürgerkrieg«. Sie schildert die düsteren Erlebnisse eines Freiwilligen aus dem Westen in der Nacht zwischen den beiden Kampftagen der Schlacht von Shiloh. Mit der gleichen Schlacht beschäftigt sich der ambitiös geplante, aber etwas schäbig realisierte Film von William Hale, »Journey to Shiloh« (»Reise nach Shiloh«) von 1968. Eine Gruppe von Texanern zieht voll Illusionen in den Krieg und erlebt die Schrecken des ersten großen Gemetzels des Bürgerkrieges. Der Film spielt deutlich auf den Vietnamkrieg an.

Außerhalb der USA gedrehte Filme über den Bürgerkrieg sind natürlich selten. 1961 lieferte Robert Enrico unter dem Titel »Au coeur de la vie« – »In the Midst of Life« eine feine Verfilmung von drei Kurzgeschichten Ambrose Bierces. Sergio Leone ließ 1966 einen seiner Western, »Il buono, il brutto e il cattivo« – »The Good, the Bad and the Ugly« (deutscher Titel: »Zwei glorreiche Halunken«), im Bürgerkrieg handeln. In den fernen Westen verlegt er größere Kampfaktionen einschließlich Stellungskrieg und Materialschlachten, die es dort nie gegeben hat. Der Film weist den üblichen Überrealismus der »Italo-Western« auf, von denen er einer der besten ist.

Die Vorliebe für Brutalität, Sex und desillusionierenden Zynismus, der die meisten Italo-Western kennzeichnete, färbte in den 70er Jahren auch auf manche amerikanische Produktionen ab. Clint Eastwood, Star zahlreicher Italo-Western, spielte in »The Beguiled« (»Die Betrogenen«) von 1971 einen verwundeten Unionssoldaten, der in einem kleinen Mädchenseminar in Mississippi Zuflucht findet. Es kommt zu einem alptraumhaften Beziehungswirrwarr, dem der Soldat schließlich zum Opfer fällt. 1977 drehte Clint Eastwood den Bürgerkriegswestern »Outlaw Josey Wales«, des-

Der letzte Ansturm der Mexikaner auf den Alamo: John Wayne verfilmte unter Assistenz von John Ford 1960 das texanische Heldenepos. Der Film ist besser als sein Ruf. Abgesehen von der mehrfach bearbeiteten Alamo-Affäre wurden die Kämpfe mit Mexiko nur selten zum Thema genommen. (United Artists)

sen Held einen unerbittlichen Rachefeldzug führt, nachdem marodierende Nordstaatler in Missouri seine Familie ermordet haben.

Nicht zuletzt wurde die seit langem schon sehr beliebte Gattung des Bürgerkriegs-Western gerne gewählt, um große und teure Kampfszenen zu vermeiden, ein Umstand, der gewiß zu dem in Europa verbreiteten Irrtum beigetragen haben dürfte, der Bürgerkrieg sei im wesentlichen ein Partisanen- und Scharmützelkrieg gewesen. In einer ganzen Reihe von Filmen geht es um irgendwelche Goldtransporte, die sich Nord- und Südstaatler gegenseitig abzujagen versuchen. Der bekannteste von ihnen ist »Virginia City« aus dem Jahre 1940, in dem sich schließlich Errol Flynn als Unionsoffizier und Randolph Scott als sein konföderierter Gegenspieler zusammentun, um einen von Humphrey Bogart dargestellten Outlaw abzuwehren.

Das Bündnis zwischen Nord und Süd zur Bekämpfung eines dritten Gegners – Banditen oder Indianer – ist überhaupt eines der häufigsten Themen des Bürgerkriegs-Western. In »Two Flags West« (»Zwei Fahnen im Westen«) von Robert Wise (1950) setzt ein allzu ehrgeiziger Unionsoffizier gefangene Konföderierte gegen die Indianer ein. Die gleiche Konstellation liegt Sam Peckinpahs großartigem, wenn auch vom Verleih verstümmelten Western »Major Dundee« (deutscher Titel: »Sierra Chariba«) von 1965 zugrunde. Bei der Verfolgung der Indianer kommt die nord/südstaatlerische Kavallerie auch noch mit den französischen Interventionstruppen in Mexiko in Konflikt.

Gleichfalls in die Wirren des mexikanischen Bürgerkrieges führt Andrew V. McLaglens »The Undefeated« (»Die Unbesiegten«, 1969) die ehemaligen Kriegsgegner (John Wayne und Rock Hudson). Der wenig bedeutende Film benutzt ein letztes Gefecht zwischen Nord- und Südstaatlern als Einleitung für die weitere, nach dem Krieg spielende Handlung, eine in einer ganzen Reihe von Western zu findende Exposition. Ein anderes, weit sehenswerteres Beispiel wäre »Rio Lobo«, der letzte Film von Howard Hawks (1970), der dann gleichfalls die Feinde von gestern (John Wayne und Jorge Rivero) zu Freunden macht, die gemeinsam eine Stadt in Texas »befrieden«.

Noch beliebter ist es, den Helden zu Beginn des Filmes einfach aus dem Bürgerkrieg heimkehren zu lassen. Meistens steht das in keiner tieferen Beziehung zum Fortlauf der Handlung, mitunter trägt es aber auch zur Charakterisierung einer Figur bei, wie der von Ethan Edwards (John Wayne) in John Fords Meisterwerk »The Searchers« (deutscher Titel: »Der schwarze Falke«) von 1956. Dieser Film gehört zu den bemerkenswertesten Western, die je gedreht wurden. Der Held in seinem manischen Indianerhaß ist kein aufbauender Pionier, sondern ein tragischer, zerstörerischer Einzelgänger – Ford hatte zu Beginn der Dreharbeiten geäußert: »Ich

Ost- und Westküste sind verbunden: Die letzten Schienen, die Union Pacific und Central Pacific voneinander trennen, werden in John Fords klassischem Stummfilm »The Iron Horse« verlegt (1924). (Fox)

Der Regisseur und der Präsident: John Ford (2. von links) bei den Dreharbeiten von »The Iron Horse«, 1924.

Ritual am Grabe: Ein ehemaliger konföderierter General, der als Gemeiner in die US-Kavallerie eingetreten ist und gegen die Indianer den Tod gefunden hat, wird mit der Südstaatenfahne begraben. Captain Brittles (John Wayne) zieht den Hut in dieser Szene aus John Fords »She Wore a Yellow Ribbon« (1949). (RKO Radio Pictures)

Der Mythos der US-Kavallerie: drei Szenen aus John Fords »She Wore a Yellow Ribbon« mit John Wayne als Captain Brittles und Victor McLaglen als Sergeant Quincannon (1949). (RKO Radio Pictures)

möchte gerne eine Tragödie drehen, die ernsteste in der Welt, die sich ins Rätselhafte und Verwirrende kehrt.«

Sam Fuller läßt den von Rod Steiger dargestellten Helden seines Films »Run of the Arrow« (deutscher Titel: »Hölle der tausend Martern«) von 1957 gleichfalls als Einzelgänger aus dem Krieg zurückkehren. Er geht jedoch zu den Sioux, um einer der ihren zu werden und den Kampf gegen die Yankees fortsetzen zu können (solche Fälle hat es wirklich gegeben). Es ergibt sich ein kaum zu lösender Widerspruch nationaler und rassischer Loyalitäten. Die Indianer werden in dem herausragenden Film mit Sympathie gezeichnet, wie das seit »Broken Arrow« (»Der gebrochene Pfeil«) von Dehner Daces (1950) häufig der Fall war.

»Rio Grande« (1950), der dritte und schwächste Film in John Fords berühmter Kavallerietrilogie, ist voller Erinnerungen an den Bürgerkrieg. Mit Wehmut gedenken Sheridan und Lt. Col. York (J. Carrol Naish und John Wayne) ihrer Taten im Shenandoah Valley. Dieser Feldzug hat aber auch York von seiner Frau, einer Südstaatlerin (Maureen O'Hara) entfremdet, die nur gekommen ist, um zu verhindern, daß ihr gemeinsamer Sohn in die Kavallerie eintritt. Natürlich hat sie keinen Erfolg damit, und zur Versöhnung intoniert die Regimentskapelle am Schluß »Dixie«.

»Rio Grande« wurde, wie auch die beiden anderen Kavallerie-Western, nach einem Roman von James Warner Bellah gedreht.

»She Wore a Yellow Ribbon« (deutscher Titel: »Der Teufelshauptmann«) von 1949 ist einer der schönsten Filme von John Ford. Die realistischen Details aus dem genau beobachteten Alltagsleben der Garnison mischen sich mit der elegischen Trauer um eine unwiederbringlich dahinschwindende Vergangenheit, verkörpert in der Figur des alternden, auf seinen Abschied wartenden Captain Brittles (John Wayne in seiner wohl besten Rolle). Die Legende vom Kavalleristen der Indianerkriege hat hier ihren vollendeten Ausdruck gefunden. »Und da sind sie«, heißt es am Ende von »She Wore a Yellow Ribbon«, »die Soldaten mit ihren Hundegesichtern, die Regulären, die Berufssoldaten für 50 Cent am Tag, und reiten die Vorposten einer Nation ab. Von Fort Reno bis Fort Apache, von Sheridan bis Stark, waren sie alle die gleichen, Männer im schmutzigen Blau ihrer Hemden, nur ein kaltes Blatt Papier in den Geschichtsbüchern, um festzuhalten, daß sie da

Die Legende ist wirklicher als die Wirklichkeit: Besiegt liegt Lt. Col. Thursday (Henry Fonda) im Staub. Captain York (John Wayne) erklärt ihn vor Journalisten wider besseres Wissen zum vorbildlichen Helden. Szenen aus John Fords »Fort Apache« (1948). (RKO Radio Pictures)

waren. Aber wo immer sie ritten und wofür immer sie kämpften – dort entstanden die Vereinigten Staaten.«

John Ford hätte sich nicht zu sorgen brauchen um den Nachruhm seiner »hundegesichtigen Regulären« – die US-Kavallerie der Indianerkriege ist die im Verhältnis zu ihrer tatsächlichen Größe weitaus berühmteste, am häufigsten beschriebene, besungene und vor allem verfilmte Truppe der Militärgeschichte geworden.

»Fort Apache« (deutscher Titel: »Bis zum letzten Mann«) aus dem Jahre 1948, der erste von Fords Kavallerie-Western, ist eigentlich ein Film über die Custer-Problematik. Henry Fonda führt als arroganter, von Ehrgeiz zerfressener Lt. Col. Thursday sein Kommando in den Untergang; trotzdem wird sein Andenken am Ende des Films von Captain York (John Wayne), der es eigentlich besser weiß, nicht nur reingewaschen, sondern auch zum Vorbild erklärt. Als er gefragt wurde, ob er damit sagen wolle, die Legende sei wirklicher als die Wirklichkeit, gab John Ford die charakteristische Antwort: »Ja, denn ich denke, das ist gut für das Land. Wir haben eine Menge Leute, von denen man annimmt, sie seien große Helden gewesen. Und man weiß verdammt gut, daß sie es nicht gewesen sind. Aber es ist gut für das Land, Helden zu haben, um zu ihnen aufzublicken. Wie Custer – ein großer Held. Gut, er ist es nicht gewesen. Das soll nicht heißen, daß er dumm war, aber er hat sich an jenem Tag dumm angestellt... Andererseits entsteht natürlich auch keine Legende ohne irgendwelche faktischen Grundlagen.«

»Fort Apache« ist die beste von den zahllosen filmischen Bearbeitungen des Custer-Stoffs geblieben. Von den anderen Filmen zu diesem Thema seien folgende genannt: Raoul Walshs »They Died with their Boots on« (deutscher Titel: »Sein letztes Kommando / Männer, die in Stiefeln starben«) von 1941, Robert Siodmaks »Custer of the West« von 1968 und Arthur Penns »Little Big Man« von 1970. Raoul Walshs Film bildete den vollendetsten Ausdruck der positiven Custer-Legende, wenn auch nicht ohne kritische Töne, mit Errol Flynn in einer unübertrefflichen Verkörperung des Helden in der Hauptrolle. »Custer of the West«, mit Robert Shaw als Hauptdarsteller, bildete den Versuch einer differenzierten, wenn auch vorwiegend Custer-freundlichen Annäherung an den Stoff, wobei die politischen Hintergründe stärker betont wurden. Richard Mulligans Custer in »Little Big Man« war der vollkommene Anti-

Zwei Auffassungen von Custers Ende: Errol Flynn als heroischer Custer in »They Died with Their Boots on« von Raoul Walsh (1941), Richard Mulligan als verrückter Custer in »Little Big Man«, Arthur Penns brillanter Verfilmung von Thomas Bergers gleichnamigem Roman (1970). (Warner Brothers und Stockeridge/Hiller)

pode zu Errol Flynns verwegenem Helden, ein zur nicht mehr glaubwürdigen Karikatur stilisierter, ebenso blutrünstiger wie läppischer Psychopath.

»Little Big Man«, einer der letzten bedeutenden Western, die bisher gedreht wurden, stellt überhaupt eine eigenwillige Mischung aus tragischer Realität und satirischer Verfremdung dar, Legenden werden von Arthur Penn zerstört, nicht gepflegt. Hauptfigur des Films ist aber nicht Custer, sondern der als reiner Tor zwischen indianischer und weißer Welt wandelnde Jack Crabb (Dustin Hoffman), der schließlich als einziger das »Custer-Massaker« überlebt und als 121jähriger Greis einem Reporter von den Ereignissen berichtet. Die mit ironischer Sympathie gezeichneten Rothäute werden, im Gegensatz zu fast allen anderen Hollywoodfilmen, in »Little Big Man« durchweg von echten Indianern dargestellt. Die Brutalität der weißen Soldaten illustriert Arthur Penn durch einen drastisch inszenierten Überfall auf ein Indianerdorf, der deutlich an Custers Washita-Unternehmung erinnert. Ein anderer Film aus dem Jahre 1970, »Soldier Blue« (deutscher Titel: »Das Wiegenlied vom Totschlag«) von Ralph Nelson, rückte mit noch krasserer Blutrünstigkeit ein ähnliches Ereignis in den Mittel-

Ein Südstaatler bei den Indianern: Rod Steiger stellt in Sam Fullers »Run of the Arrow« einen Exkonföderierten dar, der den Kampf nicht aufgeben will und zu den Sioux geht. »Run of the Arrow« (1957) war einer der ersten großen Filme, der die Indianer positiv charakterisierte. (Globe Enterprises)

punkt, nämlich das Sand-Creek-Massaker von 1864. Der deutlich auf den Vietnamkrieg anspielende Film leidet an seiner moralisierenden Verbissenheit und der klischeehaften einseitigen Sympathielenkung.

Auch John Ford setzte sich in seinem letzten Western »Cheyenne Autumn« (deutscher Titel: »Cheyenne«) von 1964 kritischer mit der Tradition seiner geliebten Kavallerie auseinander als in seinen früheren Filmen. »Cheyenne Autumn« schildert den Ausbruch Dull Knifes und seiner Leute aus dem Indianerterritorium und den tragischen Zug in die alte Heimat. Man kann nicht sagen, daß John Ford in den vor »Cheyenne Autumn« gedrehten Filmen die Indianer verteufelt oder herabgewürdigt hätte, aber sie bildeten doch immer nur die Folie, den bedrohlichen Hintergrund, vor dem sich seine weißen Helden zu bewähren hatten. Das änderte sich in »Cheyenne Autumn«; diesmal galt den Indianern das eigentliche Interesse. Für John Ford, der nach eigenem Eingeständnis in seinen Filmen »mehr Indianer getötet hatte als Custer, Beecher und Chivington zusammen«, war es eine schon längst gespürte Verpflichtung, nun einmal auch die andere Seite der Geschichte darzustellen. Das gibt dem Film aber leider auch eine gewisse Künstlichkeit; die Atmosphäre der früheren Kavallerie-Western stellt sich nicht ein.

Ähnliches gilt auch für »Sergeant Rutledge« (deutscher Titel: »Der schwarze Sergeant«) von 1960, einen anderen späten Western John Fords. In diesem Film möchte Ford die stolzen, meist mit Schweigen übergangenen Leistungen der farbigen Kavallerieregimenter an der Westgrenze würdigen und den bigotten Rassismus anprangern, der ihnen von vielen ihrer weißen Kameraden und Kommandeure entgegenschlug. Trotz der eindrucksvollen Verkörperung der Titelrolle durch Woody Strode und einiger gelungener Kampfszenen ist der etwas lustlos gedrehte Film einfach zu offensichtlich gut gemeint, um voll überzeugen zu können.

Seitdem John Ford und die anderen großen Meister im Laufe der 60er und frühen 70er Jahre abgetreten sind, ist es still geworden um den Western. Dem Bürgerkrieg gilt dagegen seit einigen Jahren wieder die Aufmerksamkeit der Filmemacher. Diese Entwicklung ging vor allem vom Fernsehen aus, das den Bürgerkrieg lange Zeit eher stiefmütterlich behandelt hatte.

David L. Wolper, der schon 1974 mit dem Mehrteiler »Sandburg's Lincoln« hervorgetreten war, errang 1977 mit der Serie »Roots« einen der größten nationalen und internationalen Erfolge der Fernsehgeschichte. In der einen Zeitraum von zwei Jahrhunderten abdeckenden schwarzen Familiensaga nahm natürlich die Bürgerkriegsära einen prominenten Platz ein. Ausschließlich mit dieser Epoche beschäftigte sich dann die 1982 von Andrew V. McLaglen in Szene gesetzte Serie »The Blue and the Gray« (»Die Blauen und die

Die Tragödie der Cheyenne: In »Cheyenne Autumn«, seinem letzten Film, nahm sich auch John Ford der Indianer an, die bis dahin für ihn nur Statisten gewesen waren. Die beiden Szenenphotos zeigen die Cheyenne in Fort Robinson vor ihrem verzweifelten Ausbruch und den Kommandanten Wessels (Karl Malden) nach dem Massaker (1964).
(Warner Brothers)

Ein schwarzer Western-Held: In »Sergeant Rutledge« (1960) stellte Woody Strode einen schwarzen Sergeanten dar, dem zu Unrecht Vergewaltigung und Mord vorgeworfen werden. »Du hast noch nie einen Neger über den Berg kommen sehen wie John Wayne«, sagte Woody Strode später, »ich hatte den größten Glory-Hallelujah-Ritt über den Pecos River... Ich trug die ganze schwarze Rasse über den Fluß.« (Warner Brothers)

Schwarze Freiwillige: Jihmi Kennedy, Andre Braugher, Denzel Washington und Morgan Freeman (von links nach rechts) als Rekruten der 54. Massachusetts-Infanterie in Edward Zwicks Film »Glory« (1989). (Columbia Tri-Star)

Grauen«), der in den USA gleichfalls ein großer Erfolg beschieden war und die auch in Deutschland ausgestrahlt wurde. Die Geschichte basiert auf einer noch auf den 1978 verstorbenen Bruce Catton zurückgehenden Idee, das Skizzenbuch des Unionssoldaten John B. Geyser zur Grundlage eines Dokumentarfilms zu machen. Leider wurde die Konzeption verwässert, indem man einerseits fiktive Personenschicksale in willkürlicher Weise überwuchern ließ und andererseits fortwährend Haupt- und Staatsaktionen einschaltete, die die authentische Subjektivität, die den Film eigentlich hätte bestimmen sollen, zerstörten.

Erst recht überwog das Familienmelodram in David L. Wolpers phänomenal erfolgreichen Serien »North and South« und »North and South – Book II« (»Fackeln im Sturm«) aus den Jahren 1985 und 1986. Mit John Jakes' Romanvorlage wurde dabei mehr als großzügig umgesprungen. Trotz gewaltigem Aufwand gelang es nur ganz sporadisch, die Atmosphäre der Zeit einzufangen, ein Mangel, der vor allem auf den überzogenen Aktivismus der Handlung und auf die unglaubwürdig typisierten, überwiegend als Psychopathen anzusprechenden Figuren zurückzuführen ist. Kostüme und Requisiten zeichneten sich allerdings durch eine perfekte Authentizität aus, wie sie in älteren Filmen – mit der rühmlichen Ausnahme von »Gone with the Wind« – kaum anzutreffen war. Dies darf nicht zuletzt als das Verdienst der mittlerweile zur Armeestärke angewachsenen Schar von »Reenactors« gelten, Bürgerkriegsenthusiasten, die in akribisch genau angefertigten Uniformen und Kostümen historische Ereignisse nachstellen. Wegen der sachunkundigen und unbeholfenen Regie bleiben die Kampfszenen in »North and South« an Realismus trotzdem weit hinter John Hustons mit viel geringeren Mitteln gedrehtem »Red Badge of Courage« zurück.

Bis zu einem gewissen Grade gilt das auch für Edward Zwicks Film »Glory«, mit dem der Bürgerkrieg 1989 ein spektakuläres Comeback auf der Kinoleinwand erlebte. Die von Freddie Francis großartig aufgenommenen Schlachtenpanoramen – verdientermaßen erhielt er für seine Kameraführung den Oscar – sind zeitweise von atemberaubender »Echtheit«, vor allem die Aufmärsche und das Salvenfeuer, dann aber unterlaufen wieder die altgewohnten Fehler, die Geschütze haben keinen Rückstoß, der Feuerwerker tobt sich ohne Kenntnis der Waffentechnik aus und läßt Granaten serienweise auch in bester Kartätschschußweise hochgehen, die Kavallerie unternimmt deplaziert Attacken, die Infanterie liefert sich minutenlange Massennahkämpfe mit Bajonett und Kolben, die es nie gegeben hat.

Im Schmuck der Waffen: Ausmarsch der 54. Massachusetts-Infanterie in »Glory«. (Columbia Tri-Star)

Diese überflüssigen Mißgriffe sind um so bedauerlicher, als »Glory« insgesamt ein sehr beeindruckender Film geworden ist. Amerikas zur Zeit führender Bürgerkriegshistoriker James M. McPherson hat ihn nicht ganz zu Unrecht als den historisch korrektesten Film bezeichnet, der zu diesem Thema gedreht worden ist. Vor allem sind es die Bilder, die im Gedächtnis haften bleiben, großartig aufgenommene Szenen, die geradezu liebevoll die mit größter Genauigkeit rekonstruierten Details zur Geltung kommen lassen und zuweilen die in Historienfilmen seltene Stimmung vermitteln, direkter Augenzeuge der tatsächlichen Begebenheiten zu sein. Dazu tragen auch die vorzüglichen Darsteller bei.

»Glory« ist ein Film über das aus Farbigen zusammengesetzte 54. Massachusetts-Infanterieregiment und seinen weißen Colonel Robert Gould Shaw. Die Handlung basiert weitgehend auf Fakten; Shaws Tagebuch dient als Leitfaden für die Kommentierung. Der Film setzt im Herbst 1862 ein. Shaw, der bei Antietam leicht verwundet wird, erhält das Kommando über eines der ersten Farbigenregimenter der USA, eine Aufgabe, die der aus einer Abolitionistenfamilie stammende Idealist mit voller Hingabe übernimmt. Ausführlich werden die Schwierigkeiten des von seinem Auftrag eigentlich überforderten jungen Offiziers geschildert, unter widrigsten Umständen sein Regiment aufzubauen und auszubilden und es gegen die vielfältigen Diskriminierungen in Schutz zu nehmen, denen es von seiten der Verwaltung und der weißen Soldaten ausgesetzt ist. Zu Shaws großem Ziel wird es, seinen Männern die Anerkennung als vollwertige Kombattanten zu verschaffen, und so drängt er sich vor, als es darum geht, am 18. Juli 1863 die Spitze im Angriff auf Fort Wagner bei Charleston zu übernehmen, eine Aufgabe, die ihm und vielen seiner Männer das Leben kostet.

In der Werbung und Rezeption von »Glory« wurden manche unzutreffenden Behauptungen aufgestellt, die im Film selbst nicht oder nur andeutungsweise zu finden sind. Weder ist es wahr, daß die Beteiligung schwarzer Soldaten am Bürgerkrieg bisher totgeschwiegen worden sei, noch kann man sagen, die weißen Generäle hätten die Farbigen einfach als Kanonenfutter betrachtet – aus Angst vor der erbitterten Reaktion der Südstaatler und der kritischen Aufmerksamkeit der abolitionistischen Presse herrschte eher eine Abneigung, schwarze Soldaten für gefährliche Einsätze heranzuziehen, wie der Umstand zeigt, daß von den 180 000 Negersoldaten nur 1,6% im Kampf getötet oder tödlich verwundet wurden, gegenüber fast 7% der weißen Unionssoldaten. Man wird auch schwerlich in der Mobilisierung schwarzer Truppen den entscheidenden Faktor

Vor dem Angriff: Colonel Shaw (Matthew Broderick) bei seinen Soldaten. (Columbia Tri-Star)

für den Ausgang des Bürgerkriegs erblicken dürfen, womit auch die Behauptung fällt, die Farbigen hätten ihre Befreiung nicht den Nordstaatlern, sondern eigener Anstrengung zu verdanken.

Tatsächlich geht es aber dem Film mehr um den symbolischen Charakter der Ereignisse, um die Tragödie von Männern, die ohne reale Aussicht auf eine wesentliche Verbesserung ihrer Situation in den Krieg ziehen, weil sie in ihm die einzige Chance erblicken, für sich und ihre Rasse ein Selbstwertgefühl zu erkämpfen. Bei allen Widersprüchen und aller Ironie, die das mit sich bringt und die vom Film nicht beschönigt werden – sehr eindringlich etwa die Szene, in der Shaw einen Soldaten wegen Disziplinlosigkeit auspeitschen läßt und dabei die bereits aus seiner Sklavenzeit stammenden Narben auf dem Rücken des Delinquenten sichtbar werden –, bejaht »Glory« letztendlich dieses heroische Ethos, ein Umstand, der ihm in der deutschen Kritik natürlich den Vorwurf des – wenn auch gutgemeinten – Militarismus eingebracht hat. In der Tat gerät der Film in seinen Schlußsequenzen in gefährliche Nähe zu kitschigem Pathos, nicht zuletzt eine Frage der ziemlich aufdringlichen akustischen Untermalung durch einen schwarzen Knabenchor. Das kann aber nur mehr wenig den bewegenden Eindruck mindern, den der mit geradezu religiöser Feierlichkeit zelebrierte Aufmarsch hinterläßt, mit dem das Regiment zu seinem Opfergang antritt. In dem kurzen Augenblick, als die schwarzen Soldaten unter dem Beifall ihrer weißen Kameraden an die Front rücken und sich zum Angriff formieren, hat das Anliegen des Films seinen stärksten Ausdruck gefunden.

Opfergang der 54. Massachusetts-Infanterie: Den Strand entlang stürmt die Kolonne schwarzer Soldaten auf Fort Wagner zu. (Columbia Tri-Star)

GLORY, GLORY HALLELUJAH! – DIE MUSIK EINER EPOCHE

Musik spielte im Amerika der Bürgerkriegsära eine enorme Rolle im öffentlichen Leben. Lieder ersetzten zum Gutteil die werbende und stimulierende Wirkung, die heute vom Fernsehen und von anderen Massenmedien ausgeht.

Es gab Lieder für den Wahlkampf, für patriotische Versammlungen, für die Familie im Wohnzimmer, für den Soldaten am Lagerfeuer, aggressive Lieder und traurige, feierliche und komische. Sentimentalität und Pathos waren groß geschrieben im viktorianischen Zeitalter, es fehlte aber auch nicht an Spott und Selbstironie.

Wenige Kriege der Geschichte haben ein so vielfältiges und reiches Liedgut hervorgebracht wie der amerikanische Bürgerkrieg. Melodien wie »Battle Hymn of the Republic«, »Dixie«, »Marching Through Georgia« oder »When Johnny Comes Marching Home« erfreuen sich heute noch einer weit über die USA hinausgehenden Popularität.

Dominierend war der Einfluß der englisch-schottisch-irischen Volks-, Salon- und Militärmusik, aber auch deutsche, französische und italienische Elemente fanden Eingang. Die von den Schwarzen inspirierte spezifisch amerikanische Tradition der »Minstrel Songs«, wie sie von Dan Emmett und Stephen Foster gepflegt wurde, spielte gleichfalls eine große Rolle.

Neben dem Lied in seinen verschiedenen Erscheinungsformen gab es die Funktions- und Marschmusik des Militärs. Die Funktionsmusik bestand aus mit Trompete oder Trommel und Pfeife gegebenen Signalen, mit deren Hilfe der Tagesablauf des Soldaten geregelt wurde, die aber auch zur Lenkung der Einheiten auf dem Schlachtfeld dienten. Die großen Blaskapellen spielten Märsche, Hymnen, Tänze und elegische Weisen, je nach Gelegenheit. Ein Mann von der 3. New-Hampshire-Infanterie schrieb: »Die ›Band‹ wurde bei Beerdigungen und bei Serenaden eingesetzt. Ihre Musik ließ Tränen fließen und stimulierte die Soldaten zum Jubel. Sie war eine Inspiration für alle, die zu ihren Klängen marschierten, ob bei der Parade oder auf dem Marsch.« Am Vorabend der Schlacht von Murfreesboro spielten sich die Kapellen der in Hörweite voneinander lagernden Armeen ihre Lieblingsweisen vor und schlossen gemeinsam mit »Home, Sweet Home«.

Die flammenden Kampflieder, die sich Poeten und Komponisten für sie ausdachten, waren nicht unbedingt die Favoriten der Soldaten. Sie bevorzugten oft einfache, sentimentale Lieder, die sie an die Heimat erinnerten, Balladen und Spottlieder entstanden oft genug spontan im Felde, die meisten von ihnen sind in Vergessenheit geraten.

Die großen »Hits« verdankten ihren Erfolg der massenhaften Veröffentlichung als Notenblätter durch darauf spezialisierte Firmen wie Root and Cady in Chicago oder A. E. Blackmor in New Orleans. Patriotismus, Kunst und Erwerbssinn gingen in diesem während des Bürgerkrieges blühenden Geschäftszweig eine innige Verbindung ein. In erster Linie wandten sich diese Publikationen, meist Fassungen für Singstimme und Klavier, an die Daheimgebliebenen, an die »Heimatfront«. Manche von ihnen waren zu artifiziell, um außerhalb des Salons zu großer Beliebtheit zu gelangen, andere brachten es zu allgemeiner Popularität und überlebten, oft in zahlreichen Umdichtungen, den Bürgerkrieg noch lange.

In Literatur und Film werden viele dieser Lieder als authentischster Ausdruck der Atmosphäre und Mentalität der Zeit immer wieder zitiert. Griffith ließ seinen großen Stummfilm »The Birth of a Nation« von einer von Carl Breil komponierten Musik begleiten, die unter anderem die Melodien von »We are Coming, Father Abra'am«, »The Bonnie Blue Flag«, »Maryland, My Maryland«, »The Girl I Left behind Me« verwendete.

Das Trompetensignal: Der helle Klang der Trompete begleitete den Bürgerkriegssoldaten durch den Tag. Ein Signal weckte ihn, ein anderes rief ihn zum Frühstück, wieder ein anderes ließ ihn antreten oder die Pferde satteln und so fort. Auch auf dem Gefechtsfeld bediente man sich der Trompete als Führungsmittel, um zum Sammeln zu blasen, zum Angriff, zum Rückzug. Traditionell war die Trompete das charakteristische Instrument der berittenen Einheiten, doch gab es im Bürgerkrieg Trompeter und Trompetensignale bei allen Waffengattungen. Das Photo zeigt einen Trompeter der reitenden Unionsartillerie, der während des Blasens seinen Säbel aus der Scheide zieht. (Robert McDonald)

Mit Trommeln und Pfeifen: Seit Jahrhunderten war der Zusammenklang dieser beiden Instrumente typisch für die Infanterie. Man spielte mit ihnen nicht nur Signale, sondern auch einfache Märsche wie das allseits beliebte »The Girl I Left Behind Me«. Viele der Trommler und Pfeifer waren Kinder und Halbwüchsige (»Drummer-boys«). Wie alle Militärmusiker wurden sie im Bedarfsfalle als Krankenträger eingesetzt. Auf dem Bild vom August 1863 sind die Spielleute der 93. New Yorker Infanterie angetreten. (U. S. Army Military History Institute, Carlisle Barracks, Pa.)

Margaret Mitchell erwähnt in »Gone with the Wind« zahlreiche zeitgenössische Lieder, »Lorena«, »When This Cruel War Is Over«, »Marching Through Georgia« und vor allem »Dixie« und »The Bonnie Blue Flag«. Nach letzterem Lied nennen Scarlett und Rhett ihre Tochter sogar »Bonnie«. Der in Wien geborene Max Steiner folgte in seiner Musik zur Verfilmung des Romans diesen Anregungen. »Dixie« dient als Kennmelodie der Südstaaten wie des Krieges, »Battle Hymn of the Republic« steht für den Norden, »Marching Through Georgia« untermalt den Verwüstungsmarsch der Yankees, außerdem ertönen »The Bonnie Blue Flag«, »Lorena«, »When This Cruel War Is Over«, »Tramp, Tramp, Tramp«, »When Johnny Comes Marching Home« und »Maryland, My Maryland«.

In John-Ford-Filmen wird gleichfalls häufig Gebrauch von Liedern und Märschen der Bürgerkriegsära gemacht. Die Klänge von »The Battle Hymn of the Republic« am Ende von »Young Mr. Lincoln« deuten die historische Aufgabe an, die auf den Helden wartet, die ersten Takte von »Lorena« begleiten die Heimkehr des konföderierten Veteranen Ethan in »The Searchers«, mit »Dixie« schließen zwei Filme Fords, »Rio Grande«, um die südstaatlerische Abstammung der Frau des Colonels zu würdigen, und »The Sun Shines Bright« als Marsch der konföderierten Veteranen zu Ehren ihres Richters.

Auch John Jakes erwähnt in den Romanen seiner Bürgerkriegstrilogie immer wieder Lieder und Signale wie »Lorena«, »The Girl I Left behind Me«, »Garry Owen«, »Boots and Saddles«, »Reveille«.

Reveille an der Schlachtlinie, Graphik von Edwin Forbes. (Ausschnitt)

Tattoo (Zapfenstreich) im Lager, Graphik von Edwin Forbes. (Ausschnitt)

Die große »Band«: Die Militärkapelle, wie wir sie kennen, ist erst eine Errungenschaft des 19. Jahrhunderts; bis dahin hatte es nur Trompeter und Pauker zu Pferde und Trommler und Pfeifer zu Fuß gegeben, allenfalls noch ein Oboistenkorps. Erst die Einführung der Ventile für Blechblasinstrumente im frühen 19. Jahrhundert rief die moderne Blasmusik ins Leben. Im Bürgerkrieg legte jedes Regiment Wert darauf, seine »Band« zu besitzen. Auf dem Photo sehen wir die Kapelle des 3. New-Hamphire-Freiwilligen-Infanterieregiments der Unionsarmee im Frühjahr 1862 in Port Royal, South Carolina. Der Schwarze, der sich an die Pauke lehnt, gehörte nicht zu den Musikern, sondern war ein Diener des Kapellmeisters. (Library of Congress)

Serenade: Die »Band« eines unbekannten Unionsregiments spielt vor dem Hauptquartier des Generals G. L. Hartstuff auf. Im Bürgerkrieg verwendete man Instrumente des 1838 patentierten Systems Dodworth, deren Schalltrichter nach hinten gerichtet war, damit die Truppe den Klang der vorausmarschierenden Kapelle besser hören konnte. (Library of Congress)

Ein Hauch Orient im amerikanischen Urwald: Dies ist keine Janitscharenkapelle, sondern die »Band« der 114. Pennsylvania-Infanterie bei Petersburg, Virginia, in der vor allem zu Beginn des Krieges so beliebten »Zuaven-Uniform« nach dem Vorbild der französischen Eliteregimenter aus Nordafrika.
(U.S. Army Military History Institute, Carlisle Barracks, Pa.)

Eine konföderierte »Band«: Bläser der 26. North-Carolina-Infanterie im Sommer 1862. Sie rekrutierten sich aus der Blaskapelle der Mährischen Brüder von Salem, North Carolina. Es waren die Musiker dieser Einheit, die der britische Militärbeobachter Colonel Fremantle mitten im Geschützdonner bei Gettysburg Polkas und Walzer spielen hörte, »die recht kurios klangen, begleitet vom Pfeifen und Platzen der Granaten«.
(Old Salem Restoration and the Moravian Music Foundation, Winston-Salem, N. C.)

Musizierende Matrosen: Mit Banjo, Fiedel, Flöte und Triangel wird hier an Bord der U. S. S. »Wabash« vor Hilton Head, South Carolina, Musik gemacht.
(U. S. Army Military History Institute, Carlisle Barracks, Pa.)

Fröhliche und traurige Weisen: In den Liedern, die er im Lager sang, mit oder ohne Begleitung von Gitarre, Fiedel, Tamburin oder Triangel, drückte der Soldat des Bürgerkrieges am intensivsten seine Gefühle aus.
(T. Scott Sanders Collection)

»Johnny Reb« mit Fiedel: Am Abend konnte dieser Soldat aus Tennessee seine Kameraden mit »Dixie« oder »Lorena«, »The Bonnie Blue Flag« oder »Weeping, Sad and Lonely« in Stimmung bringen. (Tennessee Historical Society)

»Glory Hallelujah«: Winslow Homer illustrierte auf diesem Holzstich für »Harper's Weekly« vom November 1861 einige der populärsten Lieder des Bürgerkrieges.

»Ich wünscht', ich wär' im Baumwolland«: Am Ende der mit spanischem Moos behangenen Eichenallee steht die säulengeschmückte Fassade der Barnwell-Plantage in South Carolina. (U. S. Army Military History Institute, Carlisle Barracks, Pa.)

»Hoch mit dem Stern!«: Massenversammlung auf dem Union Square in New York bei Kriegsausbruch. Der Statue George Washingtons wurde ein Sternenbanner in den Arm gegeben.
(Lightfoot Collection)

»Wir kommen, Vater Abraham!«: Ausmarsch der 52. Illinois-Infanterie aus Elgin, 1861.
(Illinois State Historical Society)

»Zeltend auf dem alten Lagerplatz«: Lager der Potomac-Armee bei Cumberland Landing, Virginia, 1862. (Library of Congress)

»Oh, wie stolz du vor mir standest…«: Major John Pelham aus Virginia (1838–1863), der »Große Kanonier«, führte Stuarts Reitende Artillerie und fiel 25jährig bei Kelly's Ford. Bei der Nachricht von seinem Tod legten drei Mädchen in der Nachbarschaft Trauer an. (Miller's Photographic History of the Civil War)

»Der Frost glimmt, wo die Blumen geblüht«: Gefallener konföderierter Artillerist, Petersburg, Virginia, April 1865. (Chicago Historical Society)

1.
»Dixie« oder »Dixie's Land«
(»I wish I was in Dixie's Land«).
Text und Musik von Daniel Decatur Emmett
aus Ohio (1815–1904).

Das Lied wurde 1859 für die Bryant's Minstrels in New York geschrieben und wurde sogleich zu einem enormen Erfolg. Zur Bezeichnung »Dixie's Land« für die Südstaaten siehe den entsprechenden Artikel im Glossar. Die Konföderierten eigneten sich dieses mitreißende Lied sofort an, und es wurde zu einer Art Nationalhymne der kurzlebigen Nation. Neben Emmetts unkriegerischen, im Schwarzendialekt gehaltenen Text traten bald patriotisch gestimmte Verse, die aber die Beliebtheit des Originals nie gefährden konnten.

Die erste Strophe heißt in Übersetzung:

»Ich wünscht' ich wär' im Baumwolland,
Die alte Zeit, dort ist sie nicht vergessen,
Schau zurück [wörtlich: weg], schau zurück, schau
zurück, Dixie-Land!
In Dixie-Land, wo ich geboren,
In der Früh' an einem frost'gen Morgen,
Schau zurück, schau zurück,
Schau zurück, Dixie-Land!
(Refrain:)
Denn ich wünscht', ich wär' in Dixie;
Hurrah, hurrah!
In Dixie-Land, da ist mein Platz,
Ich leb' und sterb' in Dixie.
Weit, weit, weit unten im Süden, in Dixie,
Weit, weit, weit unten im Süden, in Dixie.«

Als die Nachricht von Lees Kapitulation eintraf, ließ Präsident Lincoln »Dixie« spielen, das »schönste Lied, das er kenne« und das nun rechtmäßig zurückerobert sei, zugleich eine ritterliche Geste gegenüber dem geschlagenen Gegner und ein Appell zur Wiederversöhnung.

Bruce Catton hat »Dixie« sehr schön charakterisiert als »jene im Norden geborene Weise, die schließlich geradezu ein Symbol wurde und so vollkommen für den Süden sprach, ›Dixie‹, mit seiner verwegenen Fröhlichkeit und seinem Feuer, seiner schwingenden Mischung von Jubel und lachendem Trotz«.

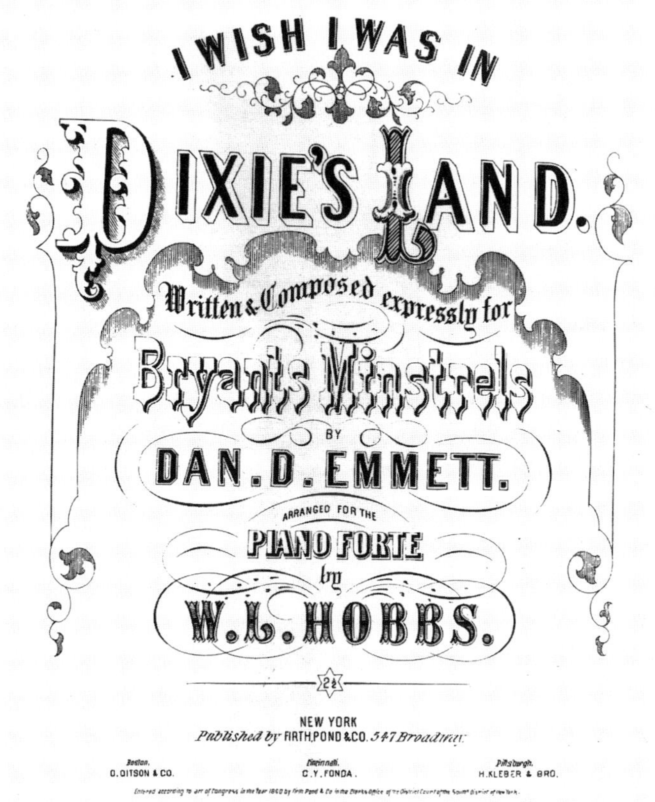

DIXIE'S LAND

COMPOSED BY DAN' EMMETT. ARRANGED BY W. L. HOBBS.

2.
Old Missus marry "Will-de-weaber,"
Willium was a gay deceaber;
Look away! &c_
But when he put his arm around'er,
He smilled as fierce as a 'forty-pound'er.
Look away! &c_
*Chorus*_ Den I wish I was in Dixie, &c_

3.
His face was sharp as a butchers cleaber,
But dat did not seem to greab'er;
Look away! &c_
Old Missus acted de foolish part,
And died for a man dat broke her heart.
Look away! &c_
*Chorus*_ Den I wish I was in Dixie, &c_

4.
Now here's a health to the next old Missus,
An all de galls dat want to kiss us;
Look away! &c_
But if you want to drive 'way sorrow,
Come an hear dis song to-morrow.
Look away! &c_
*Chorus*_ Den I wish I was in Dixie, &c_

5.
Dar's buck-wheat cakes an 'Ingen' batter,
Makes you fat or a little fatter;
Look away! &c_
Den hoe it down an scratch your grabble,
To Dixie land I'm bound to trabble.
Look away! &c_
*Chorus*_ Den I wish I was in Dixie, &c_

2.

»The Battle Hymn of the Republic«
(»Die Schlachthymne der Republik«),
Text von Julia Ward Howe aus New York
(1819–1910), Musik traditionell.

Als Julia Howe, die in der Antisklaverei- und der Frauenrechtsbewegung eine Rolle spielte, im Herbst 1861 von einem Truppenbesuch in Nordvirginia zurückkehrte, machte ihr ein Geistlicher den Vorschlag, würdigere Verse auf das Soldatenlied »John Brown's Body« zu dichten. Die Melodie dieses Liedes stammte von einem religiösen Versammlungslied aus den Südstaaten. Der Text von »John Brown's Body« begann so:

»John Brown's body lies a-mould 'ring in the grave,
But his soul goes marching on.
(Refrain:)
Glory, glory, hallelujah,
His soul goes marching on.«

»John Browns Leichnam liegt vermodernd in dem Grab,
Aber seine Seele marschiert immer zu.
Ruhm, Ruhm, Hallelujah,
Seine Seele marschiert immer zu.«

Dazu gab es zahlreiche Strophen wie

»We will hang Jeff Davis on a sour-apple-tree,
As we go marching on.«
»Wir hängen Jeff Davis an 'nen Sauerapfelbaum,
Und wir marschieren immer zu.«

Mrs. Howe dichtete daraufhin in ihrem Hotel in Washington die großartige puritanisch-düstere und puritanisch-selbstgerechte »Schlachthymne der Republik«, die man auch die amerikanische Marseillaise genannt hat:

1.
»Mein Auge sah die Ankunft uns'res Herrn in ihrem Ruhm:
Er stampfet aus den Trog, in dem des Zornes Früchte ruh'n;
Schon blitzt sein schrecklich schnelles Schwert, künd' Unheil bösem Tun:
Seine Wahrheit marschiert immer zu.
(Refrain:)
Glory! Glory Hallelujah!
Seine Wahrheit marschiert immer zu.
2.
Ich sah ihn in den Wachtfeuern eines Hunderts Lager hier,
Sie bauten ihm den Altar in des Abends Tau und Dunst;
Ich les' sein Wort des Rechtes in der flackernd' Lampe Schein,
Sein Tag marschiert immer zu.
3.
Ich las ein' feurig' Botschaft in den blanken Reih'n von Stahl:
Wie ihr verfahrt mit meinen Verfolgern, meine Gnad' mit euch wird verfahr'n.
Laßt ihn, vom Weib geboren, mit dem Fuß zertreten die Schlang',
Denn Gott marschiert immer zu.
4.
Er stieß ins Horn, das niemals zu dem Rückzug rufen wird,
Er siebet aus der Menschen Herz'n vor seinem Richtersitz,
Gib Antwort schnell, meine Seele! Meine Füße, jubiliert!
Unser Gott marschiert immer zu.
5.
Im Schmuck der Lilien wurde Christ geboren über'm Meer,
Mit einer Glorie im Herzen, welche dich und mich verklärt:
Er starb, die Menschen heilzumachen, laßt uns sterben, sie zu befreien,
Derweil Gott marschiert immer zu.«

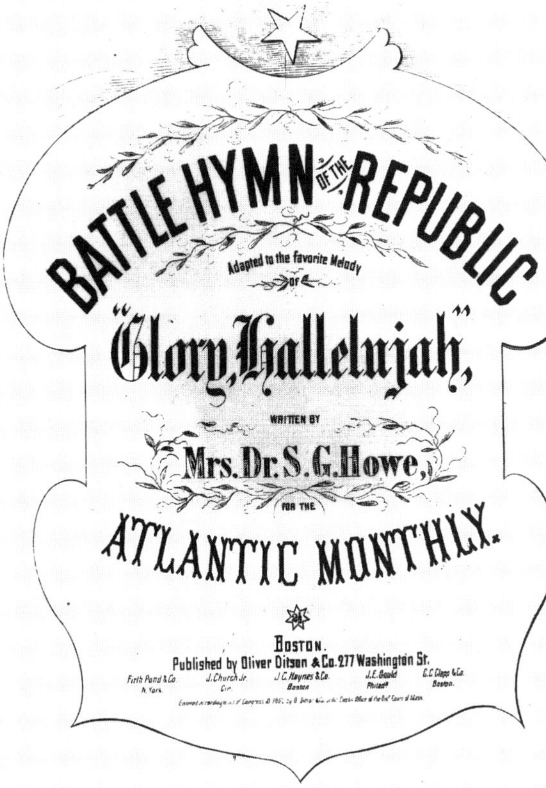

BATTLE HYMN OF THE REPUBLIC.

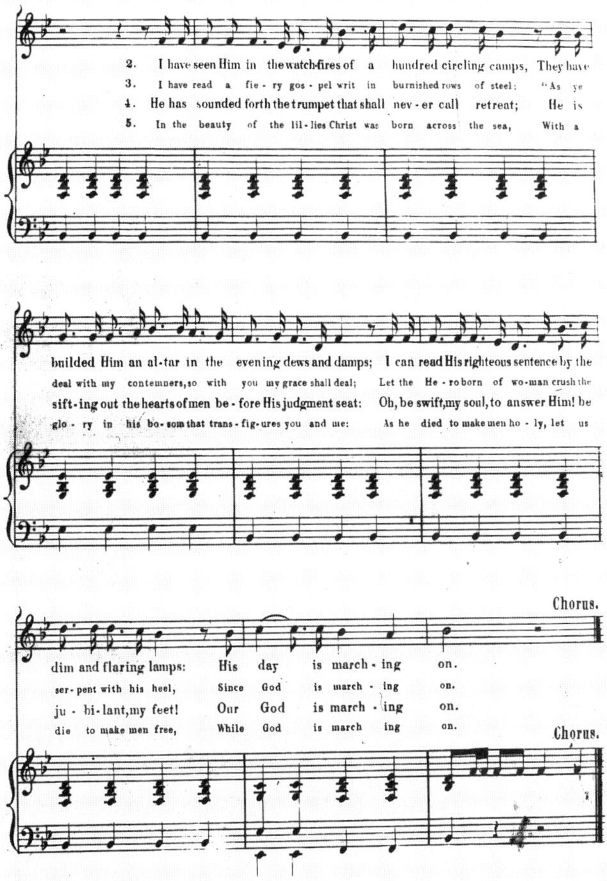

3.

»The Bonnie Blue Flag«
(»Die Schöne Blaue Flagge«),
Text von Harry Macarthy aus Arkansas
(1834–1888),
Melodie irische Volksweise.

Der gleich nach Kriegsausbruch gedichtete Text wurde auf die Melodie von »The Irish Jaunting Car« gesungen. Die »Bonnie Blue Flag« war eine blaue Fahne mit einem einzigen weißen Stern, Symbol der Souveränität des Einzelstaates. Sie wurde in South Carolina in den Monaten nach der Sezession getragen. Die Strophen des nach »Dixie« populärsten Kampf- und Nationalliedes der Konföderation schildern, wie ein vom Norden gekränkter Südstaat nach dem anderen der Führung South Carolinas folgt und die Union verläßt, bis es schließlich in der letzten Strophe heißen kann:

»Herbei zu unserer Konföderation, stark sind wir und tapfer,
Wir kämpfen, unser Erbe zu retten, wie Patrioten einst;
Und ehe wir in Schand' uns beugen, wollen wir lieber sterben,
So jubelt für die schöne blaue Fahne, die ziert ein einziger Stern.
Hurra! Hurra! Für die Rechte des Südens, Hurra!
Hurra! Für die schöne blaue Fahne, sie gewann ihren elften Stern!«

To ALBERT G. PIKE, Esq., the Poet-Lawyer of Arkansas.

THE BONNIE BLUE FLAG

A SOUTHERN PATRIOTIC SONG,

Written, Arranged, and Sung at his "Personation Concerts,"

BY

HARRY MACARTHY,

THE ARKANSAS COMEDIAN,

Author of "Origin of the Stars and Bars,"
"The Volunteer,"
"Missouri."

NEW ORLEANS:
Published by A. E. BLACKMAR & BRO., 74 Camp Street.
COLUMBIA, S. C., TOWNSEND & NORTH. PETERSBURG, VA., J. E. ROUTH. WILMINGTON, N. C., T. S. WHITAKER. HUNTSVILLE, ALA., LOGEMAN & HOLLENBERG.

THE BONNIE BLUE FLAG

HARRY MACARTHY.

18

CHORUS. Hurrah! &c.

3rd V.

First, gallant South Carolina nobly made the stand;
Then came Alabama, who took her by the hand;
Next, quickly Mississippi, Georgia and Florida,
All rais'd on high the Bonnie Blue Flag that bears a Single Star.

CHORUS. Hurrah! &c.

4th V.

Ye men of valor, gather round the Banner of the Right,
Texas and fair Louisiana, join us in the fight;
Davis, our loved President, and Stephens, Statesman rare,
Now rally round the Bonnie Blue Flag that bears a Single Star.

CHORUS. Hurrah! &c.

5th V.

And here's to brave Virginia! the Old Dominion State
With the young Confederacy at length has link'd her fate;
Impell'd by her example, now other State prepare
To hoist on high the Bonnie Blue Flag that bears a Single Star.

CHORUS. Hurrah! &c.

6th V.

Then cheer, boys, raise the joyous shout,
For Arkansas and North Carolina now have both gone out;
And let another rousing cheer for Tennessee be given
The Single Star of the Bonnie Blue Flag has grown to be Eleven.

CHORUS. Hurrah! &c.

7th V.

Then here's to our Confederacy, strong we are and brave,
Like patriots of old, we'll fight our heritage to save;
And rather than submit to shame, to die we would prefer,
So cheer for the Bonnie Blue Flag that bears a Single Star.

CHORUS.

Hurrah! Hurrah! for Southern Rights, hurrah!
Hurrah! for the Bonnie Blue Flag has gain'd th' Eleventh Star!

4.

»The Battle Cry of Freedom«
(»Der Schlachtschrei der Freiheit«),
Text und Musik von George Frederick Root aus Massachusetts (1820–1895).

Root war einer der fruchtbarsten Komponisten des Krieges, und sein »Battle Cry of Freedom« von 1862 gewann im Norden eine Popularität, die nur von »John Brown's Body« bzw. »Battle Hymn of the Republic« übertroffen wurde.

»Ja, wir scharen uns um die Fahne, Boys,
Scharen uns noch einmal,
Rufend den Schlachtschrei der Freiheit,
Wir sammeln uns von den Bergen,
Sammeln uns aus dem Tal,
Rufend den Schlachtschrei der Freiheit.
(Refrain:)
Die Union auf immer!
Hurra, Boys, Hurra!
Nieder mit dem Verrat und hoch mit dem Stern!
Und wir scharen uns um die Fahne,
Scharen uns noch einmal
Und rufen den Schlachtschrei der Freiheit.«

Während des Wahlkampfes von 1864 machten die Anhänger Lincolns aus »Down with the traitor, up with the star!« ein gegen die Friedensdemokraten gerichtetes »Down with rebellion, and on with the war!« »Nieder mit der Rebellion und weiter mit dem Krieg!«

H. L. Schreiner und W. H. Barnes schufen eine konföderierte Version dieses Liedes:

»They have laid down their lives on the bloody battlefield,
Shout, shout the battle cry of Freedom!
Their motto is resistance, to tyrants we'll not yield!
Shout, shout the battle cry of Freedom!
Our Dixie forever, she's never at a loss,
Down with the eagle, up with the cross.
We'll rally 'round the bonnie flag, wie'll rally once again,
Shout, shout the battle cry of Freedom.«

»Sie opferten ihr Leben auf dem blut'gen Feld der Schlacht.
Ruft, ruft den Schlachtschrei der Freiheit!
Kampf ist ihr Motto, Tyrannen beugen wir uns nicht!
Ruft, ruft den Schlachtschrei der Freiheit!
Unser Dixie auf immer, nie wird es verlieren,
Nieder mit dem Adler, hoch mit dem Kreuz,
Und wir scharen uns um die schöne Fahne, scharen uns noch einmal,
Ruft, ruft den Schlachtschrei der Freiheit.«

Mit dem »Kreuz« ist die rote Schlachtfahne des Südens mit dem sternbesetzten blauen Andreaskreuz gemeint.

THE Battle-Cry of Freedom.

Words & Music by
GEO. F. ROOT.

Published by ROOT & CADY 95 Clark St.
CHICAGO.
S. BRAINARD & CO.—CLEVELAND. H. TOLMAN & CO.—BOSTON. H. N. HEMPSTED—MILWAUKEE.

THE BATTLE CRY OF FREEDOM.

GEO. F. ROOT.

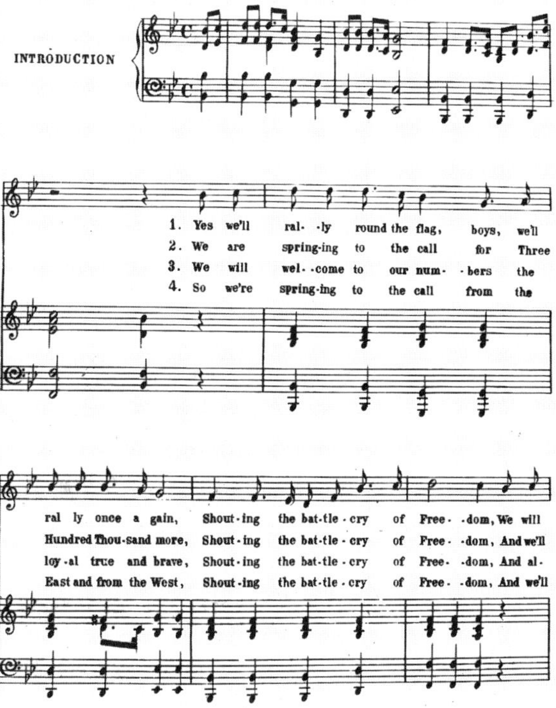

5.

»Maryland! My Maryland«,
Text von James Ryder Randall aus Maryland (1839–1908).
Als Melodie diente die deutsche Weise »Lauriger Horatius« oder »O Tannenbaum«.

Der Anlaß für den damals in New Orleans lebenden Randall, den Text für dieses Lied zu dichten, war die Nachricht von blutigen Straßenkämpfen, die sich prosüdstaatlerische Einwohner von Baltimore und durchmarschierende Soldaten aus Massachusetts am 19. April 1861 geliefert hatten. Randall schrieb einen flammenden Appell an seinen Heimatstaat, sich der Konföderation anzuschließen, und obwohl das nicht geschah und sich nicht erfüllte, was Randall in der letzten Strophe beschwor, wurde »Maryland! My Maryland« zu einem der beliebtesten Kampflieder des Südens:

»Ich hör' das ferne Donnergrollen,
Maryland! Mein Maryland!
Der alten Kämpfer Trommelschlag,
Maryland! Mein Maryland!
Es ist nicht tot noch taub, noch stumm –
Hurra! Verschmäht des Nordens Mob –
Es atmet, es brennt! Es kommt! Es kommt,
Maryland! Mein Maryland!«

MARYLAND! MY MARYLAND.

Crescite et Multiplicamini,

Written by

A Baltimorean in Louisianna

Music Adapted & Arranged by

C. E.

21

Published by MILLER & BEACHAM *Baltimore*.

3

Thou wilt not cower in the dust,
    Maryland! My Maryland!
Thy beaming sword shall never rust,
    Maryland! My Maryland!
Remember Carroll's sacred trust,
Remember Howard's warlike thrust_
And all thy slumberers with the just,
    Maryland! My Maryland!

4

Come! for thy shield is bright and strong,
    Maryland! My Maryland!
Come! for thy dalliance, does thee wrong,
    Maryland! My Maryland!
Come! to thine own heroic throng,
That stalks with Liberty along,
And give a new Key to thy song,
    Maryland! My Maryland!

5

Dear Mother! burst the tyrant's chain,
    Maryland! My Maryland!
Virginia should not call in vain!
    Maryland! My Maryland!
She meets her sisters on the plain –
"Sic semper" tis the proud refrain,
That baffles minions back amain.
    Maryland! My Maryland!

6

I see the blush upon thy cheek,
    Maryland! My Maryland!
But thou wast ever bravely meek,
    Maryland! My Maryland!
But lo! there surges forth a shriek
From hill to hill, from creek to creek –
Potomac calls to Chesapeake,
    Maryland! My Maryland!

7

Thou wilt not yield the vandal toll,
    Maryland! My Maryland!
Thou wilt not crook to his control,
    Maryland! My Maryland!
Better the fire upon thee roll,
Better the blade, the shot, the bowl,
Than crucifixion of the soul,
    Maryland! My Maryland!

8

I hear the distant thunder-hum,
    Maryland! My Maryland!
The Old Line's bugle, fife and drum,
    Maryland! My Maryland!
She is not dead, nor deaf, nor dumb –
Huzza! she spurns the Northern scum!
She breathes_ she burns! she'll come! she'll come!
    Maryland! My Maryland!

6.

»**We Are Coming, Father Abra'am**«
(»Wir kommen, Vater Abraham«),
Text von James Sloan Gibbons (nicht von W. C. Bryant, wie auf dem Titelblatt angegeben),
Musik von Luther Orlando Emerson aus Maine (1820–1915).

Emerson war der erfolgreichste von nicht weniger als 20 Komponisten (unter ihnen Stephen Foster), die 1862 Gibbons' Gedicht vertonten, das dieser in Reaktion auf Lincolns Freiwilligenaufruf vom 2. Juli 1862 geschrieben hatte.

»Ja, wir kommen, Vater Abraham, dreihunderttausend mehr,
Von des Mississippi gewundenem Strom und von New Englands Strand;
Wir lassen Pflug und Werkstatt, lassen Weib und Kind;
Das Herz zu voll für Worte, mit einer stummen Träne nur;
Wir wagen's nicht zurückzuseh'n, wir schauen nur nach vorn –
Ja wir kommen, Vater Abraham – dreihunderttausend mehr!
(Refrain:)
Ja, wir kommen, ja wir kommen,
Stell'n die Union wieder her,
Ja, wir kommen, Vater Abraham, dreihunderttausend mehr,
Ja, wir kommen, dreihunderttausend mehr.«

Der Erfolg von Aufruf, Gedicht und Lied war freilich eher mäßig; die 300 000 neuen Freiwilligen strömten nur sehr zäh zu den Fahnen, und im nächsten Jahr mußte die Wehrpflicht eingeführt werden.

WE ARE COMING FATHER ABRAAM.

L. O. EMERSON.

7.
»**Tramp! Tramp! Tramp!**«
(»The Prisoner's Hope«), (»Stapf! Stapf! Stapf!«
[»Des Gefangenen Hoffnung«]),
Text und Musik von George Frederick Root.

Mit diesem äußerst beliebten Marschlied der Union berührte Root ein Thema, das viele Soldaten und ihre Familien bedrückte, das harte Los der Kriegsgefangenen.

»In der Kerkerzelle sitz' ich, denk' an dich, o liebe
Mutter,
Und die Heimat, hell und glücklich, weit entfernt;
Und die Tränen füll'n mein Auge, ich kann tun,
was ich will,
Doch versuch' ich froh zu sein den Kameraden.
(Refrain:)
Stapf, stapf, stapf, die Boys marschieren,
Freut euch, Freunde, bald sind sie da,
Unterm Sternenbanner dann atmen wir die Luft
erneut
Unsres freien Landes im geliebten Heim.«

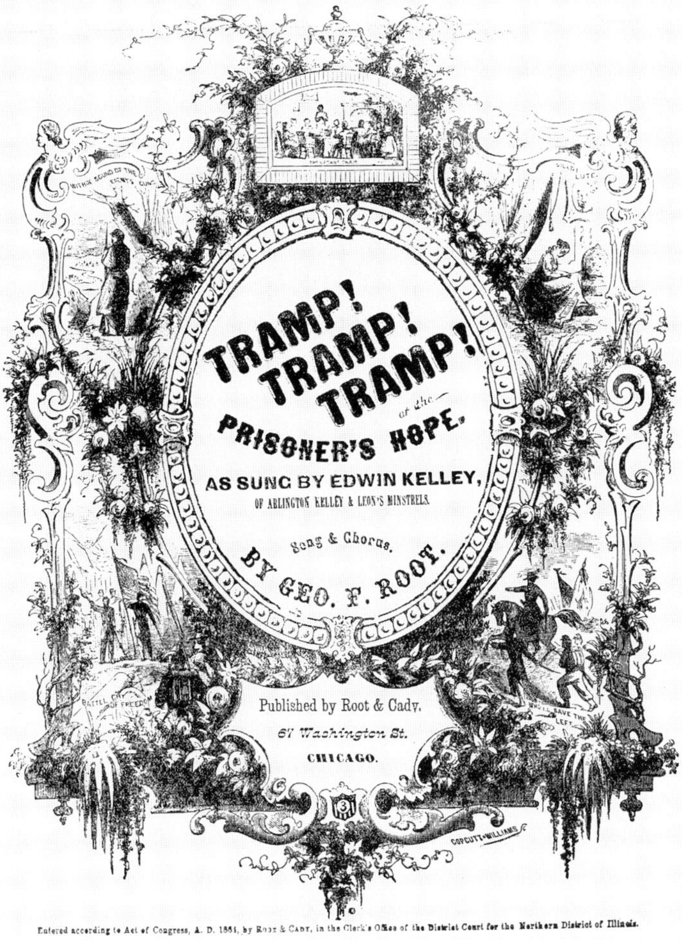

TRAMP! TRAMP! TRAMP!

(THE PRISONER'S HOPE.)

8.

»Just before the Battle, Mother«
(»Gerade vor der Schlacht, Mutter«),
Text und Musik von George Frederick Root.

Dieses gleichfalls höchst erfolgreiche Lied ist ein typisches Beispiel für die ungenierte Sentimentalität der Zeit. Der durchschnittliche Bürgerkriegssoldat war sehr jung, die Mutter war für ihn meistens die wichtigste Person, die Verkörperung von Familie, Heimat, Geborgenheit.

»Gerade vor der Schlacht, o Mutter,
Denke ich so sehr an dich;
Wenn über's Feld wir bange schauen, mit dem Feind im Angesicht.
Tapf're Freunde um mich liegen, denken jetzt an Heim und Gott;
Wohl sie wissen, daß am Morgen mancher ruht in kühler Erd'.
(Refrain:)
Leb wohl, Mutter, du magst nimmer drücken mich ans Mutterherz;
Aber du wirst mich doch nicht vergessen, zählt man mich zum Totenheer.«

Wie für viele Lieder gab es für »Just Before the Battle, Mother« Parodien von der Gegenseite.

»Just before the battle, mother,
I was drinking mountain dew,
When I saw the Rebels marching,
To the rear I quickly flew;
Where the stragglers all were flying
Thinking of their homes and wives;
'Twas not the Rebs we feared, dear mother,
But our own dear precious lives.
Farewell, mother! For you'll never
See my name among the slain,
For if I only can skedaddle,
Dear mother, I'll come home again.«

»Gerade vor der Schlacht, o Mutter,
Trinke ich der Berge Tau [Whisky],
Als ich sah die Rebellen kommen,
Ganz nach hinten floh ich schnell,
Wo die Drückeberger rannten,
Dachten an ihr Heim und Weib.
'S waren nicht die Rebs zu fürchten, Mutter,
Sondern unser eigner teurer Leib.
Leb wohl, Mutter, du wirst nimmer
Sehen mich im Totenheer,
Denn ich werd' Reißaus nehmen, immer
Komm' ich heim an deinen Herd.«

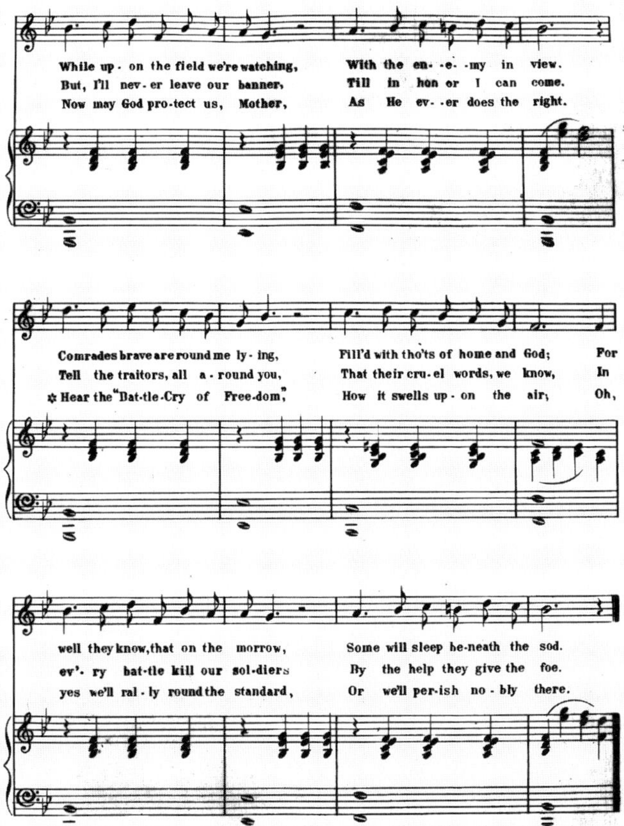

✲ In the Army of the Cumberland, the Soldiers sing the Battle-Cry when going into action, by order of the Commanding General.

9.

»Lorena«,
Text von H. D. L. Webster,
Musik von J. P. Webster.

Das 1857 in Chicago publizierte Lied hatte schon aufgrund seines Erscheinungsdatums mit dem Krieg ursprünglich nichts zu tun, doch traf die süß-melancholische Resignation und Todessehnsucht, der es Ausdruck verlieh, die Stimmung der Kriegsgeneration vor allem im Süden so gut, daß es außer von »Dixie« von keinem anderen Lied an Beliebtheit in der Konföderation übertroffen worden sein dürfte. Nach dem Krieg wurde »Lorena« zu einem der häufigsten Mädchennamen in den Südstaaten.

»Langsam fliehen die Jahre, Lorena,
Auf den Feldern liegt wieder der Schnee,
Die Sonne steht tief am Himmel, Lorena,
Der Frost glimmt, wo die Blumen geblüht.
Doch das Herz, es schlägt nun so warm,
Als wär'n des Sommers Tage nah,
O die Sonne kann nimmer sinken so tief
Unter der Liebe wolkenlosem Himmel!«

No-28

LORENA.

Poetry by Rev. H. D. L. WEBSTER. *Music by J. P. WEBSTER.*

3

We loved each other then, Lorena,
More than we ever dared to tell;
And what we might have been, Lorena,
Had but our lovings prospered well –
But then, 'tis past, the years are gone,
I'll not call up their shadowy forms;
I'll say to them, "lost years, sleep on!
Sleep on! nor heed life's pelting storm."

4

The story of that past, Lorena,
Alas! I care not to repeat.
The hopes that could not last, Lorena,
They lived, but only lived to cheat.
I would not cause e'en one regret
To rankle in your bosom now;
For "if we try, we may forget,"
Were words of thine long years ago.

5

Yes, these were words of thine, Lorena,
They burn within my memory yet;
They touched some tender chords, Lorena,
Which thrill and tremble with regret.
'Twas not thy woman's heart that spoke;
Thy heart was always true to me:
A duty, stern and pressing, broke
The tie which linked my soul with thee.

6

It matters little now, Lorena,
The past is in th' eternal Past,
Our heads will soon lie low, Lorena,
Life's tide is ebbing out so fast.
There is a future! O, thank God!
Of life, this is so small a part!
'Tis dust to dust beneath the sod;
But there, up there, 't is heart to heart.

10.

»Weeping, Sad, and Lonely«
(»When This Cruel War Is Over«),
(»Weinend, taurig, einsam«
[»Wenn dieser grause Krieg vorüber«]),
Text von Charles Carroll Sawyer,
Melodie von Henry Tucker.

Dieses 1862 erschienene Lied war wohl der größte »Hit« der Bürgerkriegszeit. Es gab dem Trennungsschmerz und der Friedenssehnsucht so wirkungsvollen Ausdruck, daß auf Unionsseite zeitweise versucht wurde, das Lied wegen seines vermeintlich defätistischen Charakters zu verbieten. Bei den Konföderierten war »Weeping, Sad, and Lonely« kaum weniger populär als bei den Yankees. Man mußte in der ersten Strophe nur die blaue Uniformjacke in eine graue umändern, und schon paßte alles.

»O mein Liebster, weißt Du noch,
Als wir das letztemal uns sahen,
Wie Du von Deiner Liebe sprachst
Kniend zu meinen Füßen?
O wie stolz Du vor mir standest
In deinem Rock von Blau,
Als Du mir und dem Vaterlande
Schworst, ewig treu zu sein.
(Refrain:)
Weinend, traurig, einsam,
Hoffen, Bangen, ach umsonst.
Wenn dieser grause Krieg vorüber,
Bet' ich um ein Wiederseh'n.«

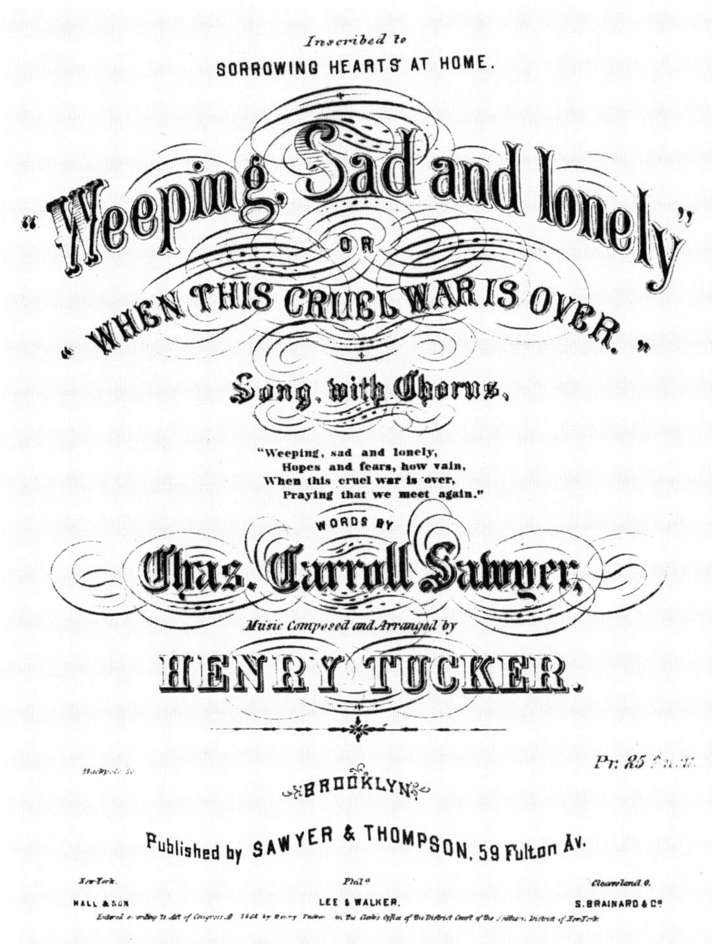

"WEEPING, SAD AND LONELY."

or

"WHEN THIS CRUEL WAR IS OVER."

Words by CHAS. C. SAWYER. *Music by HENRY TUCKER.*

2.

When the summer breeze is sighing,
  Mournfully, along!
Or when autumn leaves are falling,
  Sadly breathes the song.
Oft in dreams I see thee lying
  On the battle plain,
Lonely, wounded, even dying;
  Calling, but in vain.
  CHORUS. Weeping, sad, &c.

3.

If amid the din of battle,
  Nobly you should fall,
Far away from those who love you,
  None to hear you call.
Who would whisper words of comfort,
  Who would soothe your pain?
Ah! the many cruel fancies
  Ever in my brain.
  CHORUS. Weeping, sad, &c.

4.

But our country called you, darling,
  Angels cheer your way,
While our nation's sons are fighting,
  We can only pray.
Nobly strike for God and liberty,
  Let all nations see
How we love our starry banner,
  Emblem of the free.
  CHORUS. Weeping, sad, &c.

11.
»Tenting on the Old Camp Ground«
(»Zeltend auf dem alten Lagerplatz«),
Text und Melodie von Walter Kittredge aus New Hampshire (1834–1905).

Als Kittredge, ein Sänger, Komponist und Redner, der häufig gemeinsam mit der sehr erfolgreichen »Singing Hutchinson Family« auftrat, im Sommer 1863 seine Einberufung zur Unionsarmee erhielt, ergriff ihn eine wehmütige Stimmung, und er dichtete und komponierte unter dem Eindruck dieser Nachricht – er mußte dann aus gesundheitlichen Gründen gar nicht einrücken – das wohl ergreifendste der sentimentalen Lieder des Krieges, das der verbreiteten Friedenssehnsucht ohne das leiseste Zugeständnis an die patriotischen Pflichtübungen Ausdruck verlieh. Die Klavierfassung beginnt mit der Reveille, dem Wecksignal, als Vorspiel, die Melodie des Liedes selbst weist, vor allem im Refrain, Anklänge an den von General Daniel Butterfield 1862 komponierten neuen Zapfenstreich (»Taps«) der US-Armee auf.

1.
»Wir zelten in der Nacht auf dem alten
Lagerplatz.
Gebt uns ein Lied zum Trost
Für die müden Herzen, ein Lied von daheim
Und Freunden, die wir so lieben.
(Refrain:)
Viele sind die Herzen, die müde in der Nacht,
Die wünschen, der Krieg geh' zu End',
Viele sind die Herzen, die schauen nach dem
Recht,
Zu seh'n des Friedens Morgenrot.
Zeltend in der Nacht, zeltend in der Nacht,
Zeltend auf dem alten Lagerplatz.
2.
Wir zelteten in der Nacht auf dem alten
Lagerplatz,
Und dachten der Tage, die waren,
Der Geliebten daheim, die uns reichten die Hand,
Und der Träne, die sagte: »Leb wohl!«
3.
Wir sind müde des Krieg's auf dem alten
Lagerplatz,
Viele sind tot und gegangen,
Von den Tapfer'n und Treuen, die verließen ihr
Heim,
Viele sind verwundet.
4.
Wir kämpften am Tag auf dem alten Lagerplatz,
Viele liegen um uns;
Manche sind tot, und manche sterben,
Viele sind in Tränen.

Der Refrain der letzten Strophe endet so:

»Sterbend in der Nacht, sterbend in der Nacht,
Sterbend auf dem alten Lagerplatz.«

TENTING ON THE OLD CAMP GROUND.

Arranged by M.F.H. SMITH.

59

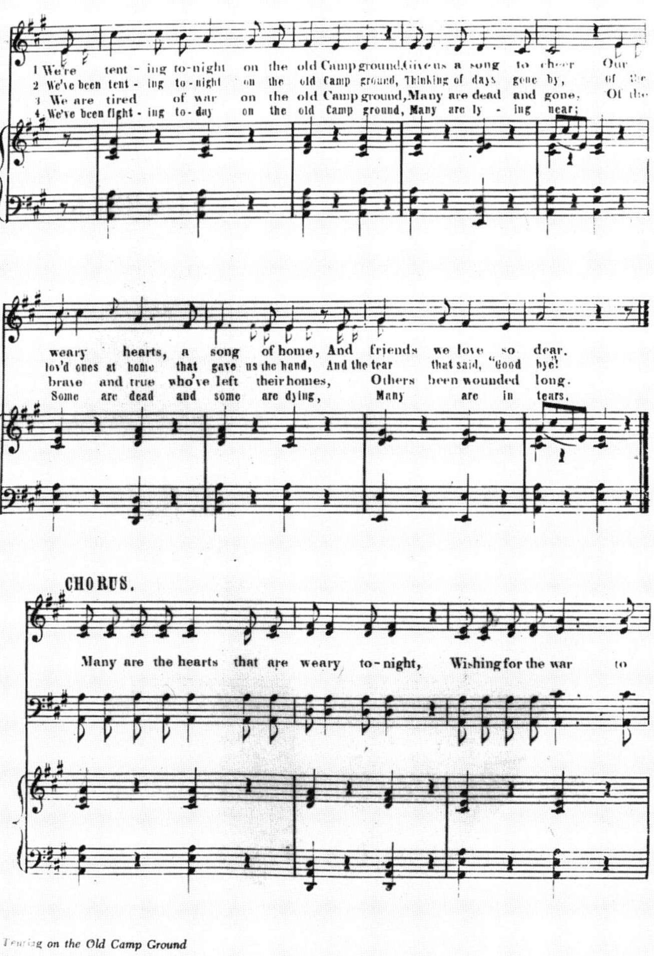

12.
»When Johnny comes Marching Home«
(»Wenn Johnny heimmarschiert kommt«),
Text und Melodie von »Louis Lambert«
(Pseudonym für den aus Irland stammenden
Bostoner Kapellmeister Patrick Sarsfield
Gilmore, 1829–1892).

Der fröhliche Marsch von 1863 war eine der populärsten Kompositionen des Krieges und erfuhr auf beiden Seiten zahllose textliche Abwandlungen.

»Wenn Johnny wieder heimmarschiert kommt,
Hurra, Hurra,
Dann geben wir ihm ein herzlich' Willkommen,
Hurra, Hurra,
Die Männer jubeln, die Buben schrein, die Damen kommen alle raus,
Und alle sind froh, wenn Johnny heimmarschiert kommt.«

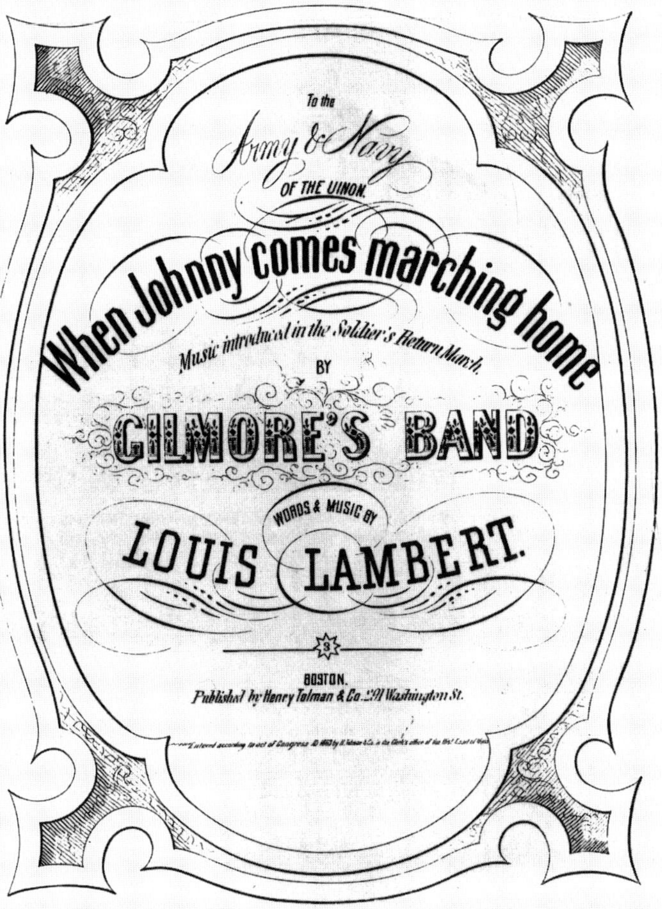

WHEN JOHNNY COMES MARCHING HOME.

114

When Johnny Comes Marching Home. 115

116 When Johnny Comes Marching Home

13.
»Marching through Georgia«
(»Als wir durch Georgia marschierten«),
Text und Musik von Henry Clay Work aus Connecticut (1832–1884).

Work war neben G. F. Root der tätigste und erfolgreichste Komponist der Union und von den beiden zweifellos der bemerkenswertere. »Marching through Georgia« entstand am Ende des Krieges, um Shermans Marsch von Atlanta an die See zu feiern. Die Bitterkeit, die dieser Verwüstungszug zurückließ, hatte zur Folge, daß »Marching through Georgia« das im Süden verhaßteste Yankee-Lied wurde.

1.
»Her das gute alte Horn, wir singen ein neues Lied –
Singt's in einem Geist, der läuft um die ganze Welt,
Singt es so, wie wir es sangen, fünfzigtausend stark,
Als wir durch Georgia marschierten.
(Refrain:)
›Hurra! Hurra! Wir bringen das Jubeljahr,
Hurra! Hurra! Die Fahne macht euch frei!‹
So sangen wir im Chore von Atlanta an die See,
Als wir durch Georgia marschierten.
2.
Wie die Schwarzen schrien, als sie hörten das frohe Wort!
Wie die Truthähn' kollerten, die der Proviantmeister fand!
Wie die Süßkartoffeln sprangen von selber aus der Erd',
Als wir durch Georgia marschierten.
3.
Ja, so brachen wir ein Tor für Freiheit und ihren Zug,
Sechzig Meilen war es breit, dreihundert war es lang;
Die Verräter floh'n vor uns, denn Kämpfen war umsonst,
Als wir durch Georgia marschierten.«

MARCHING THROUGH GEORGIA.

14.

»Kingdom Coming«

(»Das Reich kommt«),
Text und Musik von Henry Clay Work.

Dieses befreiten Schwarzen als Spottlied auf ihren geflohenen Herrn in den Mund gelegte Stück steht wie »Dixie« in der Tradition der »Minstrel Songs«. Es war das weitaus beliebteste der »Emanzipationslieder«, die Melodie wurde sogar von den Konföderierten übernommen, obwohl der ursprüngliche Inhalt für sie ja besonders anstößig gewesen sein muß.

1.
»Sagt, Schwarze, habt ihr den Massa [Meister, Herrn] geseh'n,
Mit dem Schnurrbart im Gesicht,
Geht den Weg entlang irgendwann diesen Morgen,
Sieht aus, er möchte von hier weg.
Er gesehen den Rauch, da oben am Fluß,
Wo die Linkum [Lincoln] -Schiffe sind,
Er nahm sein' Hut und ging ganz plötzlich,
Und ich denk', er lief davon!
(Refrain:)
Der Massa weg? Ha, ha!
Der Schwarze bleibt? Ho, ho!
Es muß das Reich jetzt wirklich kommen
Und auch das Jubeljahr!
2.
Sechs Fuß hoch und zwei Fuß dick, und er wiegt dreihundert Pfund,
Sein Rock so groß, er konnt' ihn nicht bezahlen,
Und er geht nicht halb herum.
Er drillt so sehr, daß er Hauptmann wird,
Und ist jetzt so braun gebrannt,
Ich denk', er legt die Yankees rein,
Und sie glauben, er ist Kontraband
[zu den Unionstruppen geflohener Schwarzer].
3.
Die Schwarzen sind so einsam in dem Blockhaus auf der Flur,
Sie bringen ihre Sachen in Massas Zimmer,
Sonst wäre es leer, wenn er weg,
Wein und Most gibt's in der Küche,
Und die Schwarzen trinken was,
Es wird ja alles konfisziert,
Wenn die Linkum-Männer da.
4.
Unser Aufseher, der macht uns Ärger,
Und er treibt uns rum ein wenig,
Wir sperr'n ihn in den Räucherkeller
Und werfen den Schlüssel fort.
Die Peitsch' ist weg, die Kette ganz entzwei,
Aber der Massa hat sein' Lohn,
Er ist alt und groß genug und sollt' es besser wissen,
Aber er geht und läuft davon.«

Twentieth Edition.

KINGDOM COMING

SONG AND CHORUS,

—BY—

HENRY C. WORK.

AUTHOR OF

"Nellie Lost and Found;" "Our Captain's Last Words;" "Grafted into the Army, etc."

CHICAGO:

Published by ROOT & CADY, 95 Clark Street.

WM. HALL & SON, FIRTH, POND & CO., New York. HENRY TOLMAN & CO., Boston. S. BRAINARD & CO., Cleveland.

H. N. HEMPSTED, Milwaukee. J. H. WHITTEMORE, Detroit.

15.
»O I'm a Good Old Rebel«
(»O, ich bin ein guter, alter Rebell«).
Für dieses Lied gibt es keinen gesicherten Autor, Innes Randolph und der Karikaturist Adalbert Volck werden manchmal genannt. Die Melodie ist von der Wildwest-Weise »Joe Bowers« genommen.

»O I'm a Good Old Rebel« repräsentiert den Typ von mündlich verbreiteten Balladen und Spottliedern, den die Soldaten am Lagerfeuer so gern sangen. Es ist allerdings, wie der Inhalt zeigt, erst während der Rekonstruktion entstanden und liefert ein Beispiel für die tiefe Erbitterung und den maßlosen Haß, die viele Südstaatler in den Jahren nach dem Krieg beseelten. Die ironische Widmung gilt dem Radikalen Thaddaeus Stevens, einem der im Süden bestgehaßten Männer.

1.
»Ich bin ein guter, alter Rebell,
Nun, das ist es, was ich bin,
Um dieses ›Land der Freiheit‹;
Da scher' ich mich einen Dreck,
Ich bin froh, daß ich's bekämpft habe,
Wünschte nur, wir hätten gesiegt,
Und ich will gar keine Verzeihung,
Für das, was ich getan.
2.
Ich hasse die Verfassung.
Diese große Republik,
Ich hasse das ›Freedmen's Bureau‹
In ihren Uniformen, ganz blau;
Ich hass' den dreckigen Adler
Und sein prahlerisches Getu',
Die lügenden, stehlenden Yankees,
Ich hasse sie mehr und mehr.
3.
Ich hasse die Yankee-Nation
Und alles, was sie tut,
Ich hasse die Deklaration
Der Unabhängigkeit,
Ich hasse die gloriose Union –
Sie tropft von unserm Blut –
Ich hasse das gestreifte Banner,
Ich hab's bekämpft, so gut ich konnt'.
4.
Ich folgte dem alten Marse Robert [Lee]
Vier Jahre lang, beinah,
Blutete in drei Schlachten
Und hungerte in Pint Lookout [Gefangenenlager],
Ich holte mir das Rheuma,
Beim Lagern auf dem Schnee,
Aber ich tötete ein paar Yankees,
Und ich wünscht', es wären mehr.
5.
Dreihunderttausend Yankees
Liegen steif im südlichen Staub;
Wir kriegten dreihunderttausend,
Bevor sie uns besiegten;
Sie starben am südlichen Fieber,
An südlichem Stahl und Blei,
Ich wünscht', es wären drei Millionen
Statt derer, die wir kriegten.
6.
Ich kann mein Gewehr nicht mehr schultern,
Und sie nicht mehr bekämpfen,
Aber ich werd' sie niemals lieben,
Das ist gewiß und sicher;
Und ich will ja gar keine Verzeihung
Für das, was ich war und bin,
Ich wollt' nicht rekonstruiert werden,
Und ihr könnt mich alle mal.«

O I'M A GOOD OLD REBEL

O I'm a Good Old Rebel.

A Chaunt to the Wild Western Melody, "Joe Bowers."

RESPECTFULLY DEDICATED TO THE HON. THAD. STEVENS.

I hates the Constitution,
  This Great Republic, too,
I hates the Freedman's Buro,
  In uniforms of blue;
I hates the nasty eagle,
  With all his braggs and fuss,
The lyin', thievin' Yankees,
  I hates 'em wuss and wuss.

I hates the Yankee nation
  And everything they do,
I hates the Declaration
  Of Independence, too;
I hates the glorious Union—
  'Tis dripping with our blood—
I hates their striped banner,
  I fit it all I could.

I followed old mas' Robert
  For four year, near about,
Got wounded in three places
  And starved at Pint Lookout;
I cotch the roomatism
  A campin' in the snow,
But I killed a chance o' Yankees,
  I'd like to kill some mo'.

Three hundred thousand Yankees
  Is stiff in Southern dust;
We got three hundred thousand
  Before they conquered us;
They died of Southern fever
  And Southern steel and shot,
I wish they was three million
  Instead of what we got.

I can't take up my musket
  And fight 'em now no more,
But I aint a going to love 'em,
  Now that is sarten sure;
And I don't want no pardon
  For what I was and am,
I won't be reconstructed
  And I don't care a dam.

16.
»The Girl I Left Behind Me«
(»Das Mädchen, das ich zurückließ«).

Dieses alte englische Soldatenlied aus dem Siebenjährigen Krieg gehörte in jedem amerikanischen Militärlager zu den vertrautesten Klängen. Wenige Weisen dürften von den Spielleuten beider Seiten im Bürgerkrieg häufiger angestimmt worden sein, vor allem, wenn die Truppe ihr Lager verließ und ins Ungewisse abmarschierte. »The Girl I left behind me« wurde meist als Instrumentalstück eingesetzt, man hat es aber auch gern gesungen.

17
The girl I left behind me

WORDS Traditional
MUSIC Traditional
SOURCE W. Chappell – Popular Music of the Olden Times

1.
»I'm lonesome since I crossed the hill,
And o'er the moor and valley,
Such grievous thoughts my heart do fill,
Since parting with my Sally.
I seek no more the fine or gay,
For each does but remind me,
How swift the hours did pass away,
With the Girl I've left behind me.
2.
Oh, ne'er shall I forget the night
The stars were bright above me,
And gently lent their silvery light,
When first she vowed to love me.
But now I'm bound to Brighton Camp
Kind heaven, then, pray guide me,
And send me safely back again
To the girl I've left behind me.«

1.
»Ich bin einsam, seit ich über den Hügel
Und über das Moor und das Tal,
Solche schwere Gedanken füllen mein Herz,
Seitdem ich getrennt von Sally.
Ich such' sie nicht mehr, die Schönen, die Munt'ren,
Denn jede nur gemahnt mich,
Wie schnell die Stunden vergangen sind
Mit dem Mädchen, das ich zurückließ.
2.
Oh, niemals werd' ich vergessen die Nacht,
Die Sterne leuchteten am Himmel,
Und liehen uns ihr Silberlicht,
Als zuerst Du schwurst, mich zu lieben.
Doch nun zieh' ich nach Brighton Camp,
Guter Himmel, bitte, hilf mir,
Und sende mich sicher wieder zu ihr,
Zu dem Mädchen, das ich zurückließ.«

17.
»Garryowen«.

Auch diese Weise stammt noch aus dem 18. Jahrhundert und wurde zuerst in der britischen Armee gesungen und gespielt, und zwar von irischen Einheiten. Der Inhalt bezieht sich auf übermütige irische Jugendliche, die in den Straßen von Limerick betrunken zu randalieren pflegten. »Garryowen« war im Bürgerkrieg auf beiden Seiten ungemein populär, vor allem als Instrumentalstück, seine größte Berühmtheit erlangte das Lied jedoch, als General Custer – ausgerechnet ein strikter Antialkoholiker – es zur Kennmelodie der 7. Kavallerie machte. Bei jeder Gelegenheit spielte die Regimentskapelle diesen fröhlichen, wilden Marsch, dessen Klänge auch den Angriff auf das Indianerdorf am Washita begleiten sollten. Allerdings war bei diesem Anlaß dann wenig von »Garryowen in glory« zu hören, da in der Kälte die Ventile zugefroren waren und die Instrumente nach wenigen Takten mit einem Mißton verstummten.

»Verdrießt sei'n Bacchus Söhne nicht,
Und komm' zu mir jeder Saufkumpan;
Kommt, trinkt und singt und strengt euch an,
Und helft mir mit dem Kehrreim.
(Refrain:)
Statt Sprudelwasser trinken wir Bier,
Und keine Rechnung zahlen wir,
Für Schulden kommt kein Mann in den Turm
Aus Garryowen in Glorie.«

24

Garryowen

WORDS Traditional
MUSIC Traditional

104

Let Bacchus' sons be not dismayed,
But join with me each jovial blade,
Come, booze and sing and lend me aid,
To help me with the chorus.

Instead of spa we'll drink down ale,
And pay the reckoning on the nail,
For debt no man shall go to jail,
From Garryowen in glory.

We are the boys who take delight in
Smashing the Limerick lamps when lighting
Through the streets like sporters fighting,
And tearing all before us.
Instead of spa we'll drink down ale, etc.

We'll break windows, we'll break doors,
The watch knock down by threes and fours,
Then let the doctors work their cures,
And tinker up our bruises.
Instead of spa we'll drink down ale, etc.

We'll beat the bailiffs out of fun,
We'll make the mayors and sheriffs run,
We are the boys no man dare dun,
If he regards a whole skin.
Instead of spa we'll drink down ale, etc.

Our hearts so stout have got us fame,
For soon 'tis known from whence we came,
Where'er we go they dread the name,
Of Garryowen in glory.
Instead of spa we'll drink down ale, etc.

GLOSSAR

Im folgenden sollen einige im Text immer wiederkehrende Ausdrücke kurz erklärt werden.

Abolitionisten
Das Wort leitet sich von »to abolish«, »abschaffen«, her. Man meint damit politische und humanitäre Gruppen in den Nordstaaten, die auf sofortige und entschädigungslose Abschaffung der Sklaverei im Süden drängten.

Amendment
s. Verfassungszusatz.

Ante Bellum (latein. »Vor dem Kriege«)
Bezeichnung für die Vorkriegsepoche, vornehmlich in den Südstaaten.

Besondere Einrichtung (»Peculiar Institution«)
Im Süden gebräuchliche Umschreibung für »Negersklaverei«.

Bürgerkrieg (»Civil War«)
Es gab und gibt eine ganze Reihe von Bezeichnungen für den großen Konflikt zwischen Nord- und Südstaaten, von denen »Civil War« heute in den USA die weitaus gebräuchlichste ist. Ist der Zusammenhang nicht klar, muß natürlich, um Verwechslungen mit anderen Bürgerkriegen zu vermeiden, »amerikanisch« hinzugesetzt werden. Im Süden spricht man mit Vorliebe vom »War between the States«, vom »Krieg zwischen den Bundesstaaten«. Diese Wortschöpfung betont die Trennung der Landesteile, während der Begriff »Bürgerkrieg« eher einen Konflikt innerhalb ein und desselben Staatswesens suggeriert. In den Jahrzehnten nach dem Krieg bevorzugte man im Norden den Namen »War of Rebellion«, »Rebellionskrieg«, eine die Konföderierten abwertende Bezeichnung, die heute kaum mehr vorkommt.
»Sezessionskrieg« ist eine fast nur in Europa übliche Bezeichnung. Sie ist recht präzis und außerdem neutral, doch wird sie auch hier zusehends von »Bürgerkrieg« verdrängt.

Carpetbaggers (»Leute mit Teppichtaschen«)
So bezeichnete man nach dem Bürgerkrieg Nordstaatler, die in den besiegten Süden kamen. Man unterstellte ihnen generell, sie wollten sich im Chaos des »Wiederaufbaus« bereichern. Der »Carpetbagger« kam mit nichts als einer Reisetasche aus Teppichstoff an und brachte es durch Betrug und Ausbeutung binnen kurzem zu Reichtum, so jedenfalls die gängige Vorstellung im Süden.

Cavalier
Im englischen Bürgerkrieg (1642–1646) nannte man die Anhänger der königlich-aristokratischen Partei im Kampf gegen die Puritaner Cromwells »Kavaliere« – »Cavaliers«. In der – nur in recht wenigen Fällen wirklich zutreffenden – Annahme, viele der ersten Ansiedler in Virginia, Maryland und den Carolinas seien geflohene oder verbannte »Cavaliers« gewesen, wurde die Bezeichnung gerne auf die Plantagenaristokratie des Alten Südens angewandt.

Copperheads (»Kupferköpfe«, eine Giftschlangenart)
Bezeichnung für die »Friedensdemokraten« in den Nordstaaten, die für einen Verständigungsfrieden eintraten und die Kriegspolitik Lincolns bekämpften. Sie wurden von den Republikanern für Verräter erachtet.

Dixie (Kurzform für »Dixie's Land« oder »Dixie Land«)
Volkstümliche Bezeichnung für die Südstaaten. Der Ursprung des Wortes ist umstritten. Die größte Wahrscheinlichkeit dürfte die Erklärung für sich haben, nach der das Wort von der »Mason-and-Dixon-Line« (s. d.) herstammen würde.
Populär wurde die Bezeichnung vor allem durch Dan Emmetts Lied »Dixie«, das während des Bürgerkrieges den Charakter einer konföderierten Nationalhymne erhielt.

Feuerfresser (»Fire-Eaters«)
Bezeichnung für die militanten Verteidiger der Sklaverei und der Rechte der Bundesstaaten im Süden. Der »Feuerfresser« war der extremistische Gegenpol zum »Abolitionisten« im Norden.

Greenbacks (»Grünrücken«)
Bezeichnung für die ab 1862 ausgegebenen Papierdollarnoten der Union, die nicht in Gold gedeckt waren und eine erhebliche Inflation verursachten.

Grenze (»Frontier«)
Die Westgrenze der USA zum »wilden« Indianergebiet, zugleich die Grenze zwischen europäisch geprägter Zivilisation und weitgehend unerschlossener Natur. Die vom 17. bis ins ausgehende 19. Jahrhundert stetig nach Westen wandernde Grenze mit ihren archaischen Lebensbedingungen, ihrer schrankenlosen Freiheit und ihren unerschöpflich scheinenden Möglichkeiten prägte das Lebensgefühl einer Nation, die mit der Eroberung des Westens ihrer »offenbaren Bestimmung« nachging.

Grenzstaaten (»Border States«)
Die nördlichen Randstaaten des Südens: Delaware, Maryland, Kentucky, Missouri.
Sie hatten Sklavenhaltung und zählten insofern zu den Südstaaten, doch war der Gegensatz zum Norden hier weniger schroff ausgebildet als in den Staaten des »Solid South«, vor allem denen des »tiefen Südens« (South Carolina, Georgia und den Golfstaaten). Politisch spielten sie oft eine vermittelnde Rolle. Während des Bürgerkriegs schlossen sie sich nicht der Sezession an, wenngleich es in Missouri und Kentucky konfö-

derierte Gegenregierungen gab und Maryland zunächst nur mit militärischer Gewalt in der Union hatte gehalten werden können.

Impeachment (»Einspruch«, »Anklage«)
Die Verfassung der USA sieht im Falle von »Verrat, Bestechung oder anderen schweren Verbrechen und Vergehen« eine Anklage des Präsidenten oder Vizepräsidenten, anderer Regierungsmitglieder oder Beamter durch den Senat vor. Zur Verurteilung und Amtsenthebung ist eine Zweidrittelmehrheit der anwesenden Senatoren erforderlich.

Jim Crow
Stehende Figur in den »Minstrel Shows« (s. d.), häufig auf alle Schwarzen aus dem Süden angewandt. Der Name wurde zu einem festen Begriff, als man Ende des 19. Jahrhunderts in den verschiedenen Südstaaten Gesetze zur Rassentrennung (»Segregation«) einführte, die man als »Jim-Crow-Gesetze« bezeichnete. »Jim Crow« wurde damit zu einem Synonym für die Diskriminierung der Schwarzen in Schulen, Lokalen, öffentlichen Verkehrsmitteln.

Konföderation (»Confederacy«, Kurzform für »Confederate States of America«, abgekürzt »CSA«)
Staatliche Bezeichnung, die sich im Frühjahr 1861 die aus der Union ausgetretenen Südstaaten South Carolina, Alabama, Mississippi, Georgia, Florida, Louisiana und Texas gaben. Nach Kriegsausbruch stießen noch Virginia (unter Abspaltung von West Virginia), Tennessee und Arkansas zum Staatenbund des Südens.

Ku-Klux-Klan (abgekürzt »K. K. K.«)
Geheimbund in den Südstaaten, der im Jahrzehnt nach dem Bürgerkrieg mit Terror die aufoktroyierten republikanischen Staatsregierungen und die Bestrebungen zur politischen Gleichstellung der Schwarzen bekämpfte. Er rekrutierte sich zum Großteil aus ehemaligen konföderierten Soldaten. Der Name ist aus dem griechischen Κύκλος (Kreis) und dem schottischen »Clan« zusammengesetzt, letzterer wegen der Alliteration mit »K« geschrieben. Der Klan verschwand mit dem Ende der Rekonstruktionsära im Süden, wurde aber im frühen 20. Jahrhundert erneut ins Leben gerufen, diesmal jedoch als keine speziell auf den Süden beschränkte Vereinigung, die nicht nur rassistische, sondern auch antisemitische, antikatholische, fremden- und gewerkschaftsfeindliche Stoßrichtungen besaß.

Mason-and-Dixon-Line
Nördliche Grenzlinie des Staates Maryland, benannt nach den beiden englischen Landvermessern Mason und Dixon, die sie im Jahre 1750 gezogen hatten. Sie wurde zum Synonym für die Grenzlinie zwischen Nord- und Südstaaten.

Minstrel Show
Die ins Mittelalter zurückreichende Bezeichnung »Minstrels«, die Volks- und Balladensänger meint, gaben sich in der ersten Hälfte des 19. Jahrhunderts verschiedene Gruppen, die, als Schwarze verkleidet und geschminkt, öffentlich auftraten und den Schwarzen des Südens nachempfundene Lieder und Tänze darboten. Die »Black Minstrel Shows« erfreuten sich großer Beliebtheit; Stephen Foster, Dan Emmett und andere bekannte Komponisten schrieben Lieder für diese Gruppen. »Oh! Susannah«, »My Old Kentucky Home«, »The Yellow Rose of Texas« und »Dixie« waren ursprünglich »Minstrel Songs«.

Nativismus (»Nativism«)
Das Wort leitet sich her von »native« – »eingeboren«. Man bezeichnet damit fremdenfeindliche Bewegungen, die Nordamerika den Weißen angelsächsischer Herkunft und protestantischer Konfession (»WASP« – »White Anglo-Saxon Protestant«) erhalten wollen. (Siehe auch »Nichtswisser« und »Ku-Klux-Klan«.)

Neuenglandstaaten (»New England States«)
Die von puritanischen Einwanderern geprägten Nordoststaaten der USA: Massachusetts, Rhode Island, Connecticut, New Hampshire, Vermont und Maine.

Nichtigkeitserklärung (»Nullification«)
Nach Ansicht der Vertreter der Lehre von den Rechten der Einzelstaaten hatte jeder Bundesstaat das Recht, ein Gesetz der Zentralregierung auf seinem Gebiet für null und nichtig zu erklären.

Nichtswisser (»Know-Nothings«)
Populäre Bezeichnung für die »Amerikanische Partei«, die sich in den 50er Jahren des 19. Jahrhunderts aus verschiedenen Geheimbünden bildete, deren Mitglieder bei Befragen nur die Auskunft gaben: »Ich weiß von nichts.« Es handelte sich um eine nationalistische, fremdenfeindliche und vor allem antikatholische Bewegung. Sie zerbrach nach wenigen Jahren an der Sklavereifrage.

Radikale (»Radicals«)
Bezeichnung für den radikalen Flügel der Republikanischen Partei. Die Radikalen traten während und nach dem Krieg für eine schonungslose Politik gegenüber den weißen Südstaatlern und für die volle Gleichberechtigung der befreiten Sklaven ein.

Raid (»Überfall«)
Stehender, auch in andere Sprachen übernommener Ausdruck für tiefe, vorübergehende Vorstöße beweglicher Truppen, die ohne Rücksicht auf die eigenen rückwärtigen Verbindungen tief ins feindliche Hinterland unternommen werden, um Informationen zu sammeln, materiellen Schaden anzurichten und Unsicherheit zu verbreiten. Die Kavallerie beider Seiten unternahm im Bürgerkrieg eine Reihe spektakulärer Raids, die auch in Europa Aufsehen erregten.

Rebellen (»Rebels«)
Der im Norden übliche Ausdruck für die Konföderierten, da der Norden die Sezession für verfassungswidrig hielt und den Unabhängigkeitskampf der Südstaatler daher als »Rebellion« bezeichnete. Im Soldatenjargon wurde daraus häufig »Rebs« oder »Jonny Rebs«, auch »Johnnies«.

Rekonstruktion (»Reconstruction«)
Fester Ausdruck für die Nachkriegszeit, vornehmlich in den Südstaaten. Man läßt den »Wiederaufbau« mit dem Ende des Bürgerkrieges 1865 beginnen und mit dem Abzug der letzten Besatzungstruppen im Frühjahr 1877 enden.

Reservation
Gebiet, das nach der Landnahme durch die Weißen einem oder mehreren Indianerstämmen als Lebensraum zugewiesen wurde.

Rotnacken (»Rednecks«)
Vor allem im 20. Jahrhundert gebräuchliche Bezeichnung für die kleinen Farmer und sonstigen weißen Unterschichten des Südens.

Scalawag (»Taugenichts«, »Krümper«)
Im Süden während der Rekonstruktion verächtlicher Ausdruck für einen Kollaborateur, also einen weißen Südstaatler, der mit den republikanischen »Carpetbagger«-Regierungen zusammenarbeitete.

Sezession (»Secession«)
Das Wort kommt von »to secede«, »sich abtrennen«. Nach der Lehre von den Staatsrechten konnte sich jeder Bundesstaat von der Union lösen. Die Sezession eines Teils der Südstaaten nach der Wahl von 1860 führte zur Sezessionskrise und zum Bürgerkrieg, der in Europa deshalb auch oft »Sezessionskrieg« genannt wird. Nach der Sezession wurden die Anhänger der Südstaaten auch als »secesh« bezeichnet.

Seceshs
Abkürzung von »secessionists« – »Sezessionisten«, gängige Bezeichnung für die Anhänger der Konföderation.

Staatenrechte (»States Rights«)
Die Lehre von den übergeordneten Rechten der einzelnen Bundesstaaten. Dieser Verfassungsinterpretation zufolge lag die eigentliche Souveränität bei den Staaten, die Union war nur ein freiwilliger Zusammenschluß der Mitgliedsstaaten, welche sie jederzeit wieder verlassen konnten (Sezession). In den Jahrzehnten vor dem Bürgerkrieg machten die Südstaaten sich diese Lehre zu eigen und verfochten sie mit Leidenschaft gegen die Zentralgewalt und die Majorität der Nordstaaten.

Territorium (»Territory«)
Bezeichnung für ein den USA gehörendes, aber mangels genügender Einwohnerzahl (60 000) noch nicht als Bundesstaat organisiertes Gebiet. Sieht man von Alaska (1958) und Hawaii (1959) ab, wurden als letzte Territorien 1912 Arizona und New Mexico zu Bundesstaaten erhoben.

Union (Kurzform für »United States of America«, abgekürzt »USA«)
Bezeichnung für den Zusammenschluß der Vereinigten Staaten und vor allem für die Zentralmacht des Bundes im Gegensatz zu den einzelnen Staaten. Durch die Sezession von 1860/61 schmolz die Union faktisch auf die Nordstaaten und einige Grenzstaaten zusammen. Deshalb ist während des Bürgerkrieges »Union« gleichbedeutend mit »Nordstaaten«, während die Südstaaten sich zu ihrem eigenen Bund, der »Konföderation«, vereinigt hatten.

Untergrundbahn (»Underground-Railroad«)
Bezeichnung für geheime abolitionistische Organisationen, die vor dem Bürgerkrieg unter Mißachtung der Sklavenfluchtgesetzgebung des Bundes entlaufene Sklaven durch das Gebiet der USA schleusten und ihnen zur Flucht nach Kanada verhalfen.

Verfassungszusatz (»Amendment«)
Zusatzartikel zur Verfassung der USA. Ein solcher kann von beiden Häusern des Kongresses mit Zweidrittelmehrheit oder von zwei Dritteln der Legislaturen der Bundesstaaten vorgeschlagen werden und wird gültig, sobald ihn drei Viertel der letzteren ratifiziert haben.

Wahlmänner (»Electors«)
Präsident und Vizepräsident der Vereinigten Staaten werden nicht direkt vom Volk gewählt, sondern von den Wahlmännern der Einzelstaaten. Jeder Staat erhält so viele Wahlmänner, wie er Kongreßabgeordnete in beiden Häusern zusammen hat.

Yankees
Spottname unsicheren Ursprungs zunächst für die Bewohner Neuenglands, dann für die Nordstaatler allgemein. Obwohl im Ausland oft auf alle Amerikaner angewandt, ist es auch heute noch im Süden die gängige Bezeichnung für Nordstaatler. Während des Krieges war im Soldatenjargon die Kurzform »Yanks« üblich, gelegentlich wurde daraus, als Gegenpart zu »Johnny Reb«, die Personifizierung »Billy Yank«.

ZEITTAFEL

1607
Die Engländer gründen ihre erste dauerhafte Kolonie in Nordamerika, Virginia. Von hier nehmen die späteren Südstaaten ihren Ausgang.
1619
Die Holländer bringen die ersten schwarzen Sklaven nach Virginia.
1620
Die puritanischen »Pilgerväter« landen mit der »Mayflower« im späteren Massachusetts. Die Geschichte der Neuenglandkolonien und der späteren Nordstaaten beginnt.
1754–1763
Der »Alte Franzosen- und Indianerkrieg« (»Old French and Indian War«). Im letzten von vier englisch-französischen Kolonialkriegen erobern die Engländer Kanada und die Gebiete zwischen Appalachen und Mississippi. Der überwiegend angelsächsische Charakter der Besiedlung Nordamerikas ist damit endgültig entschieden.
1775–1783
Unabhängigkeitskrieg (»War of Independence« oder »Revolutionary War«). Die 13 englischen Kolonien an der nordamerikanischen Atlantikküste erkämpfen sich mit französischer Unterstützung die Unabhängigkeit vom Mutterland.
4. Juli 1776
Unabhängigkeitserklärung (»Declaration of Independence«). Die in Philadelphia versammelten Vertreter ihrer 13 »Vereinigten Staaten« erklären ihre Unabhängigkeit von England. In dem von Thomas Jefferson aus Virginia verfaßten Text wird erstmals in einem staatlichen Dokument Bezug genommen auf die unveräußerlichen Menschenrechte auf »Leben, Freiheit und das Streben nach Glück«.
1777–1804
Die verschiedenen Nordstaaten schaffen die Sklaverei ab.
1787
Der Konvent der 13 Staaten einigt sich auf die Verfassung der Union. Im gleichen Jahr wird die Nordwestverordnung (»Northwest Ordinance«) erlassen, die die Besiedlung und staatliche Organisation der den Vereinigten Staaten gehörenden Gebiete zwischen Appalachen und Mississippi regelt und zur Grundlage für die Erschließung des ganzen Westens werden soll. Aus den zunächst geschaffenen Territorien sollen, sobald sie eine Einwohnerzahl von mehr als 60 000 Freien erreicht haben, gleichberechtigte Bundesstaaten werden.
1789
George Washington aus Virginia wird als erster Präsident der Vereinigten Staaten in New York vereidigt.
1792
Eli Whitney erfindet die »Cotton Gin«, eine Baumwollentkörnungsmaschine, die den ungeheuren Aufschwung der Baumwollwirtschaft in den Südstaaten ermöglicht.
1802
Gründung der Militärakademie von West Point.
1803
Präsident Thomas Jefferson erwirbt von Frankreich das Louisiana-Territorium, ein Gebiet, das vom Mississippi bis an die Rocky Mountains reicht und das Territorium 13 späterer Bundesstaaten umfaßt.
1807
Der Kongreß verbietet die Einfuhr von Sklaven vom 1. Januar 1808 an.
1812–1814/15
Die USA führen einen unentschiedenen Krieg gegen Großbritannien (»War of 1812«).
1819–1820
Die Zulassung der Staaten Maine und Missouri zur Union verursacht die erste große Auseinandersetzung zwischen Nord- und Südstaaten. Sie wird im Missouri-Kompromiß von 1820 beigelegt, indem Maine als freier Staat und Missouri als Staat mit Sklavenhaltung aufgenommen werden. Gleichzeitig wird eine Grenzlinie zwischen neuen Staaten mit und solchen ohne Sklavenhaltung bei 36° 30′ nördlicher Breite festgelegt.
1821
Auf Initiative der USA beginnen sich an der afrikanischen Westküste freigelassene amerikanische Schwarze anzusiedeln. Daraus entsteht die Republik Liberia, die sich 1847 eine Verfassung nach dem Vorbild der USA gibt. Den von vielen erhofften Ausweg aus dem sich in Amerika anbahnenden Sklaven- und Rassenkonflikt stellt diese Rückführung jedoch nicht dar.
1822
In Charleston, South Carolina, wird eine Sklavenverschwörung (»Denmark Vesey Plot«) rechtzeitig aufgedeckt. Verschärfung der Sklavengesetzgebung in mehreren Südstaaten ist die Folge.
1830
Der Kongreß verabschiedet das Indianerumsiedlungsgesetz (»Indian Removal Bill«), durch das alle östlich des Mississippi noch existierenden Indianerstämme in das Indianerterritorium, das heutige Oklahoma, verbannt werden. Es wird im folgenden Jahrzehnt mit großer Härte vollzogen.
1831
W. L. Garrison bringt die erste Ausgabe der abolitionistischen Zeitschrift »The Liberator« heraus.
1831
Der einzige größere Schwarzenaufstand in der Geschichte der Südstaaten, die Nat-Turner-Revolte in Virginia, die etwa 60 Weißen das Leben kostet, wird blutig niedergeschlagen.
1832–1833
Konflikt zwischen der Bundesregierung und dem Staat South Carolina. Letzterer erklärt die Zollgesetze von 1828 und 1832 auf seinem Gebiet für nichtig (»Nullification«). Präsident Andrew Jackson droht mit Gewalt gegen South Carolina vorzugehen. Ein von Henry Clay ausgearbeiteter Kompromiß führt zur Beilegung der Krise.

1833
Die Amerikanische Anti-Sklaverei-Gesellschaft wird gegründet.
1835–1836
Texanischer Unabhängigkeitskrieg. Aus den Südstaaten in das mexikanische Texas eingewanderte Siedler erheben sich gegen den Diktator Santa Ana und erkämpfen sich die Unabhängigkeit als »Republik Texas«.
1835–1841
Seminolenkrieg in Florida. Im letzten und blutigsten Indianerkrieg östlich des Mississippi gelingt es der US-Armee nur teilweise, die Seminolen zur Umsiedlung ins Indianerterritorium zu zwingen.
1845
Texas wird auf eigenen Wunsch von den USA als Bundesstaat annektiert.
1846
Das bis dahin gemeinsam verwaltete Oregon-Gebiet wird von Großbritannien und den USA bei 49° nördlicher Breite geteilt. In dem Gebiet werden drei Bundesstaaten entstehen.
1846–1847/48
Mexikanischer Krieg (»Mexican War«). Die US-Armee besiegt die Mexikaner und dringt tief in ihr Land ein.
1846–1847
Auf Antrag von David Wilmot aus Pennsylvania wird vom Repräsentantenhaus das »Wilmot Proviso« beschlossen, demzufolge in den möglicherweise von Mexiko abzutretenden Gebieten die Sklaverei nicht zugelassen werden soll. Die Südstaaten protestieren, und das »Wilmot Proviso« scheitert im Senat.
1846–1847
Auswanderung der Mormonen unter Brigham Young ins spätere Utah.
1848
Im Vertrag von Guadalupe Hidalgo tritt Mexiko seine Besitzungen nördlich des Rio Grande, einschließlich Nordkaliforniens, an die USA ab. Das Territorium 7 späterer Bundesstaaten im Südwesten der Union ist damit hinzugewonnen.
1848/49
Goldrausch (»Gold Rush«) in Kalifornien.
1850
In dem von Henry Clay aus Kentucky ausgearbeiteten Kompromiß von 1850 wird bestimmt, daß Kalifornien als freier Staat in die Union aufgenommen wird, während das Schicksal der Sklaverei in den anderen von Mexiko gewonnenen Gebieten offengelassen wird. Das Sklavenfluchtgesetz wird verschärft.
1851
Vertrag von Fort Laramie im späteren Wyoming. Die Plainsindianer lassen sich Gebiete zuteilen und gestatten die Anlage von Forts zum Schutz der Durchgangswege nach Kalifornien.
1851/52
Harriet Beecher-Stowes Roman »Onkel Toms Hütte« (»Uncle Tom's Cabin«) erscheint.
1853
Im »Gadsden Purchase« wird die Grenze zu Mexiko zugunsten der USA verschoben.
1854
Das von Stephen Douglas aus Illinois eingebrachte Kansas-Nebraska-Gesetz (»Kansas-Nebraska Act«) wird vom Kongreß angenommen.
Ihm zufolge sollen die Einwohner dieser beiden neuen Territorien selbst entscheiden, ob es in ihrem Gebiet Sklavenhaltung geben wird oder nicht. Das kommt einer Auflösung des Missouri-Kompromisses von 1820 gleich, da beide Territorien nördlich der damals festgelegten Grenzlinie liegen.
1854
In Ripon, Wisconsin, gründen Gegner des Kansas-Nebraska-Gesetzes die Republikanische Partei.
1854–56
Bürgerkriegsartige Auseinandersetzungen zwischen Gegnern und Anhängern der Sklaverei in Kansas (»Bloody Kansas«).
1856
Senator Charles Sumner aus Massachusetts wird nach einer beleidigenden Rede im Senat von dem Abgeordneten Preston Brooks aus South Carolina niedergeschlagen.
1856
Wahlsieg der Demokraten mit ihrem Präsidentschaftskandidaten James Buchanan über die Republikaner mit John Fremont.
1857
Dred-Scott-Urteil. Die Klage des Sklaven Dred Scott, er müsse freigelassen werden, da er sich mit seinem Herrn einige Zeit in einem freien Staat aufgehalten habe, wird vom Obersten Bundesgerichtshof mit der Begründung, ein Bürger könne nirgends in den Vereinigten Staaten seines Besitzes verlustig gehen, abgelehnt.
1858
Der Republikaner Abraham Lincoln unterliegt dem Demokraten Stephen Douglas bei der Senatswahl in Illinois. Er erregt jedoch Aufmerksamkeit mit seinen Reden, in denen er sich gegen die Ausdehnung der Sklaverei in neue Territorien wendet.
1859
»John Brown's Raid«. Der fanatische Abolitionist John Brown überfällt mit einer Handvoll Getreuer das Bundesarsenal in Harper's Ferry, Virginia, um einen Sklavenaufstand auszulösen. Er wird gefangengenommen, vor Gericht gestellt und am 2. Dezember gehängt.
1860
Im Frühjahr spalten sich die Demokraten bei der Nominierung ihres Präsidentschaftskandidaten. Die Republikaner stellen Abraham Lincoln auf.
6. November 1860
Lincoln gewinnt die Wahlen.
20. Dezember 1860
South Carolina erklärt seinen Austritt aus der Union, Beginn der Sezession.
Januar/Februar 1861
Die Staaten Mississippi, Florida, Alabama, Georgia, Louisiana und Texas schließen sich der Sezession an.
8. Februar 1861
Die Vertreter der Sezessionsstaaten verabschieden in Montgomery, Alabama, eine provisorische Verfassung der »Konföderierten Staaten von Amerika«. Sie entspricht im wesentlichen der einen Monat später verabschiedeten endgültigen konföderierten Verfassung.
18. Februar 1861
Jefferson Davis aus Mississippi wird als Präsident der Konföderation in Montgomery vereidigt.
4. März 1861
Abraham Lincoln wird als Präsident der Vereinigten Staaten in Washington vereidigt.
12. April 1861
Die Konföderierten eröffnen das Feuer auf Fort Sumter im Hafen von Charleston, South Carolina.
15. April 1861
Präsident Lincoln ruft 75 000 Freiwillige auf.
17. April–20. Mai 1861
Virginia, Tennessee, Arkansas und North Carolina schließen sich der Konföderation an.
19. April 1861
Präsident Lincoln verhängt die Blockade über die Konföderation.
6. Mai 1861
Großbritannien erkennt die Konföderation als kriegführende Partei an.

21. Juli 1861
Die Konföderierten unter Beauregard und J.E. Johnston bereiten den Unionstruppen unter McDowell in der ersten Schlacht von Bull Run (oder Manassas), Virginia, eine demütigende Niederlage.
10. August 1861
Die Konföderierten unter McCulloch und Price schlagen in der Schlacht von Wilson's Creek (oder Oak Hill), Missouri, die Unionstruppen unter Lyon.
8. November 1861
Die konföderierten Abgesandten Mason und Slidell werden von der Unionsmarine an Bord des britischen Schiffes »Trent« verhaftet. Damit beginnt die »Trent-Affäre«, die Großbritannien und die USA an den Rand des Krieges bringt. Sie wird am 25. Dezember beigelegt, indem die USA die festgenommenen Diplomaten entlassen.
Januar 1862
Französische, spanische und britische Truppen landen in Mexiko. Das mexikanische Abenteuer Napoleons III. beginnt.
15. Februar 1862
Eine konföderierte Armee unter Buckner ergibt sich in Fort Donelson, Tennessee, bedingungslos den Unionstruppen unter Grant. Erster großer Sieg des Nordens.
6.–8. März 1862
Die Konföderierten unter Van Dorn werden von den Unionstruppen unter Curtis bei Pea Ridge (oder Elkhorn Tavern) in Arkansas geschlagen.
8./9. März 1862
Das konföderierte Panzerschiff »Virginia« (die frühere »Merrimac«) zerstört zwei Kriegsschiffe der Union bei Hampton Roads, Virginia, tritt aber nach einem unentschiedenen Gefecht mit dem Panzerschiff »Monitor« den Rückzug an.
6./7. April 1862
Die Konföderierten unter A.S. Johnston überraschen Grant bei Shiloh (Pittsburg Landing) in Tennessee, müssen aber nach Ankunft einer weiteren Unionsarmee unter Buell das Schlachtfeld wieder räumen. Bis dahin blutigste Schlacht auf amerikanischem Boden.
16. April 1862
Präsident Davis unterzeichnet das erste konföderierte Wehrpflichtgesetz.
24./25. April 1862
Die Unionsflotte unter Farragut bricht zwischen den Forts an der Mississippimündung durch und nimmt New Orleans.
20. Mai 1862
Der Kongreß erläßt ein Besiedlungsgesetz für den Westen (»Homestead Act«). Jeder, der eine Farm 5 Jahre lang bewirtschaftet, erhält 64 ha zugeteilt.
25. Juni–1. Juli 1862
Die Konföderierten unter Lee treiben in der Schlacht der »Sieben Tage« McClellan vor Richmond, Virginia, zurück, können dessen isolierter Armee aber keine entscheidende Niederlage zufügen.
29. Juli 1962
Das in Liverpool gebaute konföderierte Kaperschiff »Alabama« läuft aus. Eine schwere diplomatische Krise zwischen den USA und Großbritannien ist die Folge.
17. August–23. September 1862
Großer Sioux-Aufstand unter Little Crow in Minnesota wird niedergeschlagen..
29./30. August 1862
Lee besiegt die Unionstruppen unter Pope in der zweiten Schlacht von Bull Run (Manassas), Virginia.
17. September 1862
Lee entgeht in der unentschiedenen Schlacht von Antietam (Sharpsburg), Maryland, knapp einer entscheidenden Niederlage durch McClellan und gibt seine erste Gegenoffensive auf.
22. September 1862
Präsident Lincoln erklärt die Sklaven in den Rebellengebieten mit Wirkung vom 1. Januar 1863 für frei (»Preliminary Emancipation Proclamation«).
24. September 1862
Lincoln hebt die Habeas-Corpus-Bestimmungen auf und verhängt Kriegsrecht gegen die »Rebellen« und ihre Sympathisanten in den Nordstaaten.
13. Dezember 1862
Lee schlägt die Unionstruppen unter Burnside bei Fredericksburg, Virginia.
31. Dezember 1862/2. Januar 1863
Bragg und Rosecrans fechten in Tennessee die blutige, aber unentschiedene Schlacht von Murfreesboro (Stone's River) aus.
1. Januar 1863
Die Sklavenemanzipation tritt in Kraft.
3. März 1863
Lincoln unterzeichnet das erste Wehrpflichtgesetz der Union. Am gleichen Tag verabschiedet der Kongreß eine vor allem gegen Frankreich gerichtete Resolution, in der er europäische Vermittlungsangebote ablehnt.
1.–4. Mai 1863
Lee schlägt die Unionstruppen unter Hooker bei Chancellorsville, Virginia, sein wichtigster Unterführer, »Stonewall« Jackson, wird tödlich verwundet.
18. Mai 1863
Grant beginnt mit der Belagerung von Vicksburg, Mississippi, des letzten Bollwerks der Konföderierten am Mississippi.
1.–3. Juli 1863
Die Unionsarmee unter Meade schlägt in der größten Feldschlacht des Krieges bei Gettysburg, Pennsylvania, die Angriffe Lees zurück. Damit ist die zweite Gegenoffensive des Südens auf dem östlichen Kriegsschauplatz abgewehrt.
4. Juli 1863
Grant nimmt die Kapitulation der Konföderierten unter Pemberton in Vicksburg entgegen.
13.–16. Juli 1863
In New York kommt es zu schweren Unruhen gegen die Wehrpflicht.
19./20. September 1863
Die Konföderierten unter Bragg siegen in der blutigsten Schlacht des westlichen Kriegsschauplatzes bei Chickamauga, Georgia, über die Armee Rosecrans'.
26. September 1863
Der Kongreß der USA warnt Napoleon III. wegen seiner militärischen Intervention in Mexiko.
19. November 1863
Lincoln verleiht in der »Gettysburg Address« den Kriegszielen der Union klassischen Ausdruck.
23.–25. November 1863
Grant schlägt die konföderierte Einschließungsarmee unter Bragg bei Chattanooga, Tennessee.
8. Dezember 1863
Rekonstruktionsproklamation Lincolns. Der Präsident verspricht »Rebellen«, die einen Treueeid leisten, Amnestie. Sollte in einem Sezessionsstaat ein Zehntel der Wähler von 1860 für den Wiedereintritt in die Union stimmen, dann sei dieser zu gewähren.
Januar 1864
Kit Carson siedelt die Navajos nach Bosque Redondo in New Mexico um.
17. Februar 1864
Das konföderierte Tauchboot »Hunley« versenkt vor Charleston, South Carolina, die »Housatonic«.
10. März 1864
Grant übernimmt das Kommando über alle Armeen der Union.

5./6. Mai 1864
Lee schlägt Grant in der Schlacht in der Wilderness in Virginia zurück.
8.–19. Mai 1864
Lee und Grant liefern sich die unentschiedene Grabenschlacht von Spotsylvania Court House, Virginia.
1.–3. Juni 1864
Lee weist Grant bei Cold Harbor, Virginia, blutig ab.
15. Juni 1864
Die Angriffe Grants auf Petersburg, Virginia, beginnen.
2. Juli 1864
Der von den Radikalen Republikanern unter Führung von Henry W. Davis aus Maryland und Benjamin F. Wade aus Massachusetts eingereichte Rekonstruktionsplan wird vom Kongreß angenommen, von Präsident Lincoln jedoch nicht unterzeichnet (»Pocket Veto«, 4. Juli). Der Plan sieht eine Wiederzulassung der Sezessionsstaaten erst dann vor, wenn eine Mehrheit der Wählerschaft von 1860 den Treueeid geleistet hat, ferner soll ein Großteil der konföderierten Soldaten und Beamten von jedem staatlichen Amt ausgeschlossen werden, vor allem aber seien Sklavenemanzipation und Rekonstruktion unter der Kontrolle des Kongresses und nicht der des Präsidenten durchzuführen. Lincolns Ablehnung veranlaßt die Radikalen, den Plan als »Wade-Davis-Manifesto« zu propagieren.
11. Juli 1864
Ein konföderierter Gegenstoß unter Early erreicht die Vorstädte von Washington.
20.–28. Juli 1864
Die Konföderierten unter Hood versuchen vergeblich, in verlustreichen Angriffen die Unionstruppen Shermans vor Atlanta, Georgia, zurückzutreiben.
30. Juli 1864
Der einer Minensprengung folgende Angriff der Unionstruppen bei Petersburg, Virginia, scheitert (»Kraterschlacht«).
5. August 1864
Die Unionsmarine unter Farragut siegt bei Mobile Bay über eine konföderierte Flottille und die Küstenforts.
2. September 1864
Die Unionstruppen unter Sherman nehmen Atlanta, Georgia, ein.
19. Oktober 1864
Unionstruppen unter Sheridan schlagen endgültig die konföderierten Streitkräfte unter Early im Shenandoah-Tal.
8. November 1864
Lincoln wird gegen den demokratischen Kandidaten George B. McClellan wiedergewählt.
16. November 1864
Sherman bricht von Atlanta zu seinem Verwüstungsfeldzug durch Georgia an die See auf.
28. November 1864
Unionsmiliz unter Chivington metzelt am Sand Creek, Colorado, friedliche Cheyenne-Indianer nieder.
10. Dezember 1864
Sherman erreicht bei Savannah, Georgia, die See.
15./16. Dezember 1864
Die Unionsarmee unter Thomas schlägt die Konföderierten unter Hood bei Nashville, Tennessee, vollständig.
13.–15. Januar 1865
Land- und Seestreitkräfte der Union unter Porter nehmen in einer großen amphibischen Aktion Fort Fisher bei Wilmington, North Carolina. Der letzte große Hafen des Südens ist geschlossen.
31. Januar 1865
Das Repräsentantenhaus billigt mit Zweidrittelmehrheit den 13. Zusatz zur Verfassung (»Thirteenth Amendment«), durch den die Sklaverei abgeschafft wird. Der Senat hat bereits zugestimmt, das Amendment wird nun den Bundesstaaten zur Ratifizierung vorgelegt.
3. Februar 1865
Eine Friedenskonferenz in Hampton Roads, Virginia, scheitert.
6. Februar 1865
Lee übernimmt das Kommando über alle Streitkräfte der Konföderation.
18. Februar 1865
Die Truppen Shermans nehmen Charleston, South Carolina, ein.
3. März 1865
Der Kongreß setzt das »Freedmen's Bureau« ein, das sich um die befreiten Schwarzen im Süden kümmern soll.
4. März 1865
Lincoln wird zum zweiten Mal vereidigt.
1./2. April 1865
Der fast neunmonatige Stellungskrieg bei Petersburg, Virginia, geht zu Ende. Lee räumt Richmond und zieht sich nach Westen zurück, Grant verfolgt energisch.
9. April 1865
Lee kapituliert bei Appomattox Court House, Virginia.
14. April 1865
Lincoln wird im Ford's Theatre in Washington von John Wilkes Booth niedergeschossen.
15. April 1865
Lincoln stirbt. Andrew Johnson wird als neuer Präsident vereidigt.
26. April 1865
Sherman nimmt die Kapitulation der Konföderierten unter J. E. Johnston bei Durham, North Carolina, entgegen.
18. Mai 1865
Präsident Davis wird nahe Irwinville, Georgia, festgenommen. Präsident Johnson erklärt am selben Tag den bewaffneten Widerstand im Süden für beendet.
23./24. Mai 1865
Siegesparade der Unionsarmeen in Washington.
26. Mai 1865
Die konföderierten Streitkräfte westlich des Mississippi unter Kirby Smith kapitulieren.
29. Mai 1865
Präsident Johnson verkündet Amnestie für alle Exkonföderierten mit einigen Ausnahmen, sofern sie den Treueeid leisten.
4. Dezember 1865
Bei Zusammentritt des Kongresses wird den Vertretern der ehemaligen Sezessionsstaaten die Zulassung verwehrt. Ein »Joint Committee on Reconstruction« wird eingesetzt, das den Wiederaufbau im Süden kontrollieren soll.
9. April 1866
Gegen das Veto Johnsons wird ein Bürgerrechtsgesetz (»Civil Rights Act«) vom Kongreß verabschiedet, das unter Strafandrohung gleiches Bürgerrecht für alle geborenen Amerikaner mit Ausnahme der keine Steuern zahlenden Indianer garantiert.
Mai 1866
Konföderierte Veteranen gründen in Pulaski, Tennessee, den Ku-Klux-Klan.
Juni 1866
Der Kongreß stimmt einem 14. Verfassungszusatz (»Fourteenth Amendment«) zu, das gleiches Bürgerrecht für alle geborenen und naturalisierten Amerikaner durchsetzen soll; ferner enthält es Artikel, die viele »Rebellen« von Ämtern ausschließen und die Wiederzulassung der Sezessionsstaaten von der Zustimmung zu diesem Zusatz abhängig machen. Bis März 1867 haben 12 Staaten abgelehnt, womit der Zusatz vorerst nicht in Kraft treten kann.
30. Juli 1866
Eine Schwarzendemonstration in New Orleans endet mit einem Massaker durch weiße Polizisten.

28. August–15. September 1866
Rundreise Präsident Johnsons (»Swing around the Circle«), durch die er vergeblich verlorene Sympathien zurückzugewinnen sucht.
November 1866
Gründung der »Grand Army of the Republic«, einer Veteranenorganisation der Union, die die Republikaner unterstützt.
21. Dezember 1866
Die Sioux reiben nahe Fort Phil Kearny im späteren Staat Wyoming eine Armeeabteilung unter Captain Fetterman auf (»Fetterman Massacre«).
Februar 1867
Die letzten französischen Truppen verlassen auf amerikanischen Druck Mexiko.
2. März 1867
Der Kongreß verabschiedet das Erste Rekonstruktionsgesetz (»First Reconstruction Act«). Der Süden wird in fünf Militärbezirke eingeteilt. Die Militärgouverneure haben zu gewährleisten, daß die Schwarzen ihr Stimmrecht gebrauchen können, während zahlreichen ehemaligen Konföderierten das Wahlrecht aberkannt wird. Das 14. Amendment ist in die neuen Staatsverfassungen aufzunehmen. Das Veto Präsident Johnsons gegen dieses Gesetz wird überstimmt. Zugleich beschließt der Kongreß ein Gesetz, demzufolge der Präsident keinen Amtsträger, dessen Ernennung unter Mitsprache des Senats erfolgt ist, ohne Zustimmung des Senats entlassen kann (»Tenure of Office Act«). Auch hiergegen legt Johnson sein Veto ein.
Juni 1867
Die USA kaufen Rußland Alaska ab (»Alaska Purchase«).
2. August 1867
Die Sioux erleiden in der »Waggon-Box«-Schlacht in Wyoming eine Niederlage.
12. August 1867
Johnson entläßt den Kriegsminister Edwin Stanton.
16. Oktober 1867
Die Indianer der südlichen Ebenen schließen den Vertrag von Medicine Lodge ab.
7. Dezember 1867
Ein erster Versuch, ein Amtsenthebungsverfahren gegen den Präsidenten (»Impeachment«) einzuleiten, scheitert.
21. Februar 1868
Stanton weigert sich, sein Ministerium zu verlassen.
24. Februar 1868
Der Kongreß beschließt, ein »Impeachment« gegen Präsident Johnson zu eröffnen.
April/Mai 1868
Das »Impeachment-Verfahren« scheitert.
Mai 1868
Die Verhandlungen von Fort Laramie enden mit einem Erfolg der Sioux.
28. Juli 1868
Der 14. Verfassungszusatz wird für gültig erklärt.
27. November 1868
Custer überfällt das Dorf des Cheyenne-Häuptlings Black Kettle am Washita im Indianerterritorium.
November 1868
Der republikanische Präsidentschaftskandidat Ulysses S. Grant siegt gegen den demokratischen Kandidaten Horatio Seymour aus New York.
25. Dezember 1868
Johnson verkündet ein generelles Pardon für die ehemaligen Konföderierten.
10. Mai 1869
Die seit vier Jahren von Omaha in Nebraska und von Kalifornien aus aufeinander zu arbeitenden Eisenbahnlinien Union Pacific und Central Pacific treffen in Ogden, Utah, zusammen. Damit ist die erste Transkontinentalbahn fertiggestellt.
30. März 1870
Ein 15. Verfassungszusatz tritt in Kraft, der bestimmt, daß niemand wegen seiner Hautfarbe an der Ausübung seines Wahlrechts gehindert werden darf.
31. Mai 1870
Der Kongreß verabschiedet ein Gesetz gegen den Ku-Klux-Klan, dem bald zwei weitere folgen. Sie ermöglichen es, mit Kriegsrecht gegen den Geheimbund vorzugehen.
Juli 1870
Georgia wird als letzter Südstaat wieder zur Union zugelassen.
14. September 1872
Nach 10monatigen Verhandlungen verurteilt ein internationales Gericht Großbritannien wegen Neutralitätsverletzungen im Bürgerkrieg (Alabama-Affäre) und spricht den USA eine Entschädigung zu.
November 1872
Wiederwahl Grants gegen den Kandidaten der »Liberalen Republikaner« und der Demokraten, Horace Greeley.
Sommer 1874
Die Kiowa und Komantschen in Texas werden endgültig geschlagen. Custer unternimmt einen Vorstoß in die Black Hills und findet Gold.
1875/1877
Großer Sioux-Krieg.
10. Mai 1876
Präsident Grant eröffnet in Philadelphia die Ausstellung zur Jahrhundertfeier der USA.
25. Juni 1876
Custer fällt mit einem Großteil des 7. Kavallerieregiments bei Little Big Horn in Montana im Kampf gegen die Sioux und Cheyenne.
7. November 1876
Umstrittener Wahlsieg des demokratischen Präsidentschaftskandidaten Samuel J. Tilden aus New York gegen den Republikaner Rutherford B. Hayes aus Ohio.
9. Februar 1877
Ein Ausschuß des Kongresses billigt das in mehreren Staaten »korrigierte« Ergebnis der Präsidentschaftswahl. Hayes wird Präsident.
März–April 1877
Die letzten Besatzungstruppen werden aus dem Süden abgezogen, die letzten republikanischen Regierungen in den ehemaligen Sezessionsstaaten fallen. Die »Rekonstruktion« ist beendet.
Juli 1877
Die amerikanischen Eisenbahnen werden vom ersten Massenstreik in der Geschichte der USA getroffen.
Sommer/Herbst 1877
Die Nez Perce unter Häuptling Joseph versuchen vergeblich, sich nach Kanada durchzuschlagen.
Herbst/Winter 1878/79
Die Cheyenne unter Little Wolf und Dull Knife erkämpfen sich den Weg vom Indianerterritorium in die alte Heimat.
1886
Die letzten Widerstand leistenden Apachen unter Geronimo ergeben sich in Arizona.
1889
Das Indianerterritorium Oklahoma wird zur Besiedlung freigegeben.
28. 12. 1890
Die Kavallerie schießt »Geistertänzer« der Sioux am Wounded Knee in South Dakota zusammen. Letztes Gefecht der Indianerkriege.
1912
Die letzten Territorien im Westen, Arizona und New Mexico, werden als Bundesstaaten in die Union aufgenommen.
Die Westexpansion ist beendet.

Bibliographie

Die Literatur zur Ära des amerikanischen Bürgerkrieges ist unübersehbar. Sie umfaßt Zehntausende von zumeist in englischer Sprache erschienenen Titeln und ist nach wie vor kräftig im Anschwellen begriffen. Die folgende Übersicht kann daher nur eine kleine Auswahl enthalten, vornehmlich der Werke, die der Verfasser dieser Darstellung herangezogen hat.

Geschichte der USA allgemein

Einen guten Überblick über die zwischen 1964 und 1976 erschienene Literatur zur Geschichte der USA gibt
Udo Sautter: *Americana 1964–1976,* Sonderheft 6 der Historischen Zeitschrift, 1978, darin S. 138–147: *Bürgerkrieg und Reconstruction.*

Die beste Gesamtdarstellung der Geschichte der Vereinigten Staaten ist gewiß das klassische Werk von Morison und Commager, das 1930 erstmals erschienen ist und dessen 3. Auflage (1942) auch ins Deutsche übersetzt wurde (*Das Werden der Amerikanischen Republik,* 2 Bde., Stuttgart 1949/50). Jetzt liegt eine Überarbeitung durch W. E. Leuchtenburg vor:
Samuel Eliot Morison/Henry Steele Commager/William E. Leuchtenburg: *The Growth of the American Republic,* 2 Bde., Oxford/New York [7]1980 (der erste Band reicht bis 1877).

Eine neuere deutschsprachige Übersicht bietet
Hans R. Guggisberg, *Geschichte der USA,* 2 Bde., Bern/Frankfurt a. M. 1973; Stuttgart 1975.

Das beste Handbuch ist
Oscar Handlin u. a. (Hrsg.): *Harvard Guide to American History,* 6 Bde., Cambridge, Mass., [2]1969 (1955).

Vorzügliches Bildmaterial und zeitgenössische Texte finden sich in der von der Encyclopaedia Britannica herausgegebenen Reihe
Mortimer J. Adler (Hrsg.): *The Annals of America,* 20 Bde. und 5 Ergänzungsbde., Chicago u. a. O. 1976/77 (Bd. 8 behandelt den Zeitraum 1850–1857, Bd. 9 1858–1865, Bd. 10 1866–1883).

Statistisches Material sucht man am besten in:
Bureau of the Census: *Historical Statistics of the United States. Colonial Times to 1957,* Washington, D. C., 1960.

Für die Südstaaten wäre noch hinzuzuziehen
Donald B. Dodd/Wynette Dodd (Hrsg.): *Historical Statistics of the South,* University of Alabama Press 1973.

Zur Geschichte der Parteien und der Präsidentschaftswahlkämpfe siehe
William N. Chambers/Walter D. Burnham (Hrsg.): *The American Party Systems. Stages of Political Development,* New York/Oxford [2]1975 (1967), und
Eugene H. Roseboom: *History of the Presidential Elections,* New York/London 1979 (1957),

zur Wirtschaftsgeschichte
Harold U. Faulkner: *American Economic History,* New York [7]1954 (1921) (deutsche Übersetzung: *Geschichte der amerikanischen Wirtschaft,* Düsseldorf 1957),
Douglass C. North: *Growth and Welfare in the American Past,* 1966,
John R. Commons u. a.: *History of Labor in the United States,* 4 Bde., New York 1918–35, und
Elisha P. Douglas: *The Coming of Age of American Business: Three Centuries of Enterprise,* 1600–1900, Chapel Hill, N. C., 1971.

Die Bürgerkriegsära allgemein

Die beste Bibliographie der bis 1969 erschienenen Literatur ist
Allan Nevins/James J. Robertson jr./Bell J. Wiley (Hrsg.): *Civil War Books. A Critical Bibliography,* 2 Bde., Baton Rouge, La., 1967–1969.

Die klassische ältere, ganz in der nationalen Tradition stehende Darstellung ist
James Ford Rhodes: *History of the United States from the Compromise of 1850 to the Restoration of Home Rule in the South,* 7 Bde., London/New York 1892–1906 (Nachdruck Port Washington 1967).

An ihre Stelle als Standardwerk ist die große, die Ereignisse gleichfalls vor allem vom Standpunkt der Union aus betrachtende Reihe von Nevins getreten:
Allan Nevins: *Ordeal for the Union,* 2 Bde., New York 1947 (Bd. 1 1847–1852, Bd. 2 1852–1857); ders.: *The Emergence of Lincoln,* 2 Bde., New York 1950 (Bd. 1 1857–1859, Bd. 2 1859–1861); ders.: *The War for the Union,* 4 Bde., New York 1959–1971 (Bd. 1 1861–1862, Bd. 2 1862–1863, Bd. 3 1863–1864, Bd. 4 1864–1865).

Zwei dreibändige, sehr fesselnd geschriebene Darstellungen legen den Schwerpunkt bei den militärischen Ereignissen:
Shelby Foote: *The Civil War. A Narrative,* 3 Bde., New York 1958, 1963, 1974, und
Bruce Catton: *The Centennial History of the Civil War,* 3 Bde., Garden City, N. Y., 1961–1965.

Gute einbändige Darstellungen sind
Arthur C. Cole: *The Irrepressible Conflict, 1850–1865,* New York 1934 (vor allem sozial- und kulturgeschichtlich orientiert),
James G. Randall/David Herbert Donald: *The Civil War and Reconstruction,* Lexington, Mass., u. a. O. ^{3}1969 (1937, ein klassisches, sehr ausgewogenes Werk),
Bruce Catton: *This Hallowed Ground,* Garden City, N. Y., ^{2}1956 (1950, vorwiegend militärisch),
Alan Barker: *The Civil War in America,* Garden City, N. Y., 1961 (das Werk eines britischen Historikers, knapp und gedankenreich),
Peter J. Parish: *The American Civil War,* New York 1975 (gleichfalls von einem Briten, ausführlicher, sehr ausgewogen und zuverlässig),
Raimondo Luraghi: *Storia della Guerra Civile Americana,* Turin 1966 (beste Darstellung eines nichtamerikanischen Autors),
James M. McPherson: *Ordeal by Fire. The Civil War and Reconstruction,* New York 1982, und
ders.: *Battle Cry of Freedom. The Civil War Era* (The Oxford History of the United States, Bd. VI), New York/Oxford 1988 (die beiden Bücher von McPherson sind die gültigsten einbändigen Darstellungen, die es zur Zeit gibt, wobei die jüngere 1865 abbricht).

Zur älteren Geschichtsschreibung über den Bürgerkrieg siehe
Thomas J. Pressly: *Americans Interpret their Civil War,* New York/London ^{3}1965 (1954).

Verschiedene Hintergrundfragen und spezielle Aspekte behandeln die Aufsatzsammlungen
Avery Craven: *An Historian and the Civil War,* Chicago/London 1964 (betont prosüdstaatlerisch),
Kenneth Stampp: *The Imperiled Union. Essays on the Background of the Civil War,* New York/Oxford 1980, und
Eric Foner: *Politics and Ideology in the Age of the Civil War,* New York/Oxford 1980 (Stampp wie Foner vom neoabolitionistischen, pronordstaatlerischen Standpunkt aus).

Wertvolle Hilfsmittel sind die Nachschlagewerke
Mark M. Boatner III.: *The Civil War Dictionary,* New York ^{5}1967 (1959),
E. B. Long/Barbara Long: *The Civil War Day by Day. An Almanac, 1861–1865,* Garden City, N. Y., 1971 (mit sehr ausführlicher Bibliographie), und
Richard M. Ketchum (Hrsg.): *The American Heritage Picture History of the Civil War,* (Text von Bruce Catton), New York ^{2}1982 (1960).

Die erste große Veröffentlichung von Bürgerkriegsphotographien war
Francis T. Miller (Hrsg.): *The Photographic History of the Civil War,* 10 Bde., New York 1911 (Nachdruck 1957).

Neuere Photopublikationen sind
William C. Davis (Hrsg.): *The Image of War 1861–1865,* 6 Bde., Garden City, N. Y., 1981–1984, und
William C. Davis/William A. Frassanito: *Touched by Fire. A Photographic History of the Civil War,* 2 Bde., Boston/Toronto 1985/86.

Zeitgenössische Zeichnungen enthält
Stephen W. Sears (Hrsg.): *The American Heritage Century Collection of Civil War Art,* New York 1974.

Einen Überblick über die Entwicklung der Karikatur geben
Allan Nevis/Frank Weitenkampf: *A Century of American Cartoons. Caricature in the United States from 1800 to 1900,* New York 1975.

Augenzeugenberichte sind gesammelt in
Henry S. Commager (Hrsg.): *The Blue and the Gray,* 2 Bde., Indianapolis 1950, und
Victor Austin (Hrsg.): *Der Amerikanische Bürgerkrieg in Augenzeugenberichten* (aus dem Frz.), München ^{3}1976 (1963).

Südstaaten und Sklaverei

Den besten Überblick über die Geschichte der Südstaaten bieten die Bände
Wendell Holmes Stephenson/Ellis Merton Coulter (Hrsg.): *A History of the South,* 10 Bde., Baton Rouge, La., ^{2}1962–1967 (1939 ff.).

Von diesen sind in unserem Zusammenhang von besonderem Interesse
Charles S. Sydnor: *The Development of Southern Sectionalism, 1819–1848* (1948, Bd. 5),
Avery Craven: *The Growth of Southern Nationalism, 1848–1861* (1953, Bd. 6),
Ellis Merton Coulter: *The Confederate States of America, 1861–1865* (1945, Bd. 7),
ders.: *The South During Reconstruction, 1865–1877* (1947, Bd. 8).

Einen Überblick über die Entwicklungen in der jüngeren Südstaatenhistoriographie gibt
Udo Sautter: *Der amerikanische Süden. Themen in der neueren Geschichtsschreibung,* Historische Zeitschrift 239, 1984.

Gute einbändige Werke sind
Wendell H. Stephenson: *The South Lives in History,* Baton Rouge, La., 1955 (zur Geschichtsschreibung),
Clement Eaton: *A History of the Old South,* New York ^{2}1966 (1949),
ders.: *The Growth of Southern Civilization, 1790–1860,* New York 1961,
Raimondo Luraghi: *The Rise and Fall of the Plantation South,* New York/London 1978, und
David M. Potter: *The South and the Sectional Conflict,* Baton Rouge, La., 1968.

Zu Geistesleben und Ideologie im Süden vor dem Bürgerkrieg siehe
W. J. Cash: *The Mind of the South,* New York ^{7}1984 (1941),
Clement Eaton: *The Mind of the Old South,* Baton Rouge, La., 1964,
Donald Davidson u. a.: *I'll Take My Stand. The South and the Agrarian Tradition,* New York 1962,
William L. Barney: *The Road to Secession. A New Perspective of the Old South,* New York 1976,
John McCardell: *The Idea of a Southern Nation. Southern Nationalists and Southern Nationalism, 1830–1860,* New York 1978.
William J. Cooper jr.: *The South and the Politics of Slavery 1828–1856,* Baton Rouge, La., 1978,
Jesse T. Carpenter: *The South as a Conscious Minority, 1789–1861,* New York 1930,
Bertram Wyatt Brown: *Southern Honor. Ethics and Behavior in the Old South,* New York/Oxford 1982,
Dickson D. Bruce: *Violence and Culture in the Antebellum South,* Austin, Tex., 1979,
Kenneth S. Greenberg: *Masters and Statesmen. The Political Culture of American Slavery,* Baltimore 1985, und
W. S. Jenkins: *Pro-Slavery Thought in the Old South,* Chapel Hill, N. C., 1935.

Mit der Plantage in Realität und Mythos beschäftigen sich
Francis P. Gaines: *The Southern Plantation: A Study in the Development and Accuracy of a Tradition,* New York 1925,
William R. Taylor: *Cavalier and Yankee. The Old South and the National Character,* Garden City, N. Y., 1963,
Catherine Clinton: *The Plantation Mistress. Woman's World in the Old South,* New York 1982, und
James Oakes: *The Ruling Race. A History of American Slaveholders,* New York 1982.

Mit den weißen Mittel- und Unterschichten
Frank L. Owsley: *Plain Folk of the Old South,* Baton Rouge, La., 1949.

Die Sklaverei in ihren verschiedenen Aspekten hat eine besonders umfangreiche und widersprüchliche Behandlung durch die Geschichtsschreibung gefunden. Ausgangspunkt der neueren Forschung ist
Ulrich Bonnell Phillips: *American Negro Slavery: A Survey of the Supply, Employment and Control of Negro Labor as Determined by the Plantation Regime,* New York 1918 (Neudruck 1966).

Phillips' Konzept einer patriarchalisch geordneten Plantagenwelt widersprach vor allem
Kenneth Stampp: *The Peculiar Institution. Slavery in the Ante-Bellum South,* New York 1956.

Seiner weit negativeren Einschätzung der Sklaverei schlossen sich die »neoabolitionistischen« Historiker an, am radikalsten Elkins, der Parallelen zu den Konzentrationslagern des 20. Jahrhunderts zog:
Stanley Elkins: *Slavery. A Problem in American Institutional and Intellectual Life,* Chicago/London ³1976 (1959).

Ein nicht so einseitig düsteres Bild von der Kultur der schwarzen Sklaven zeichnen
Eugene D. Genovese: *Roll, Jordan, Roll. The World the Slaves Made,* New York 1974, und
John W. Blassingame: *The Slave Community. Plantation Life in the Antebellum South,* New York ²1979 (1972).

Vielen »Mythen«, vor allem der Ansicht, die Sklaverei sei unwirtschaftlich gewesen, traten in einem sehr kontrovers aufgenommenen Werk entgegen
Robert William Fogel/Stanley L. Engerman: *Time on the Cross. The Economics of American Negro Slavery,* 2 Bde., Boston/Toronto 1974.

Mit ihren Thesen befassen sich kritisch
Herbert G. Gutman: *Slavery and the Numbers Game. A Critique of Time on the Cross,* Urbana, Ill., 1975, und
Paul A. David u. a. (Hrsg.): *Reckoning with Slavery. A Critical Study in the Quantitative History of American Negro Slavery,* New York 1976.

Den politischen und wirtschaftlichen Auswirkungen der Sklaverei gehen nach
Eugene D. Genovese: *The Political Economy of Slavery. Studies in the Economy and Society of the Slave South,* New York 1965, und
Harold D. Woodmann (Hrsg.): *Slavery and the Southern Economy,* 1966.

Mit der marxistischen Interpretation der Sklaverei in der Antike und in der Neuzeit setzt sich auseinander
Wilhelm Backhaus: *Marx, Engels und die Sklaverei. Zur ökonomischen Problematik der Unfreiheit,* Düsseldorf 1974.

Den Vergleich Sklaverei–Industrieproletariat untersucht
Marcus Cunliffe: *Chattel Slavery and Wage Slavery. The Anglo-American Context, 1830–1860,* Athens, Ga., 1979.

Als Übersichtswerke zur Sklaverei und zur Schwarzenbevölkerung der USA seien außerdem genannt:
Willie Lee Rose (Hrsg.): *A Documentary History of Slavery in North America,* New York/Oxford 1976,
Philip S. Foner: *History of Black Americans from the Compromise of 1850 to the End of the Civil War,* Westport, Conn., 1983, und
John Hope Franklin: *From Slavery to Freedom. A History of Negro Americans,* New York ⁵1980 (1947, dt. Üs.: *Negro. Die Geschichte der Schwarzen in den USA,* Frankfurt a. M. 1983).

Der Weg in den Krieg

Die beste Zusammenfassung der Geschichte der Vorkriegszeit bietet
David M. Potter: *The Impending Crisis, 1848–1861,* New York 1976.

Zur wirtschaftlichen Entwicklung in den Jahrzehnten vor dem Bürgerkrieg siehe
Douglass C. North: *The Economic Growth of the United States, 1790–1860,* Englewood Cliffs, N. Y., 1961,
Paul W. Gates: *The Farmer's Age,* New York 1960,
Thomas C. Cochran: *Frontiers of Change. Early Industrialism in America,* New York 1981,
Edgar W. Martin: *The Standard of Living in 1860. American Consumption Levels on the Eve of the Civil War,* Chicago 1942,
Albert Fishlow: *American Railroads and the Transformation of the Ante-Bellum Economy,* 1965,
George Rogers Taylor: *The Transportation Revolution, 1815–1860,* New York 1951, und
Robert W. Fogel: *Railroads and American Economic Growth. Essays in Econometric History,* Baltimore 1964;

Zum Alltagsleben
Robert Lacour-Gayet: *So lebten die Amerikaner vor dem Bürgerkrieg,* Stuttgart 1958 (aus dem Frz.), und
Daniel J. Boorstin: *The Americans. The National Experience,* New York 1965.

Das geistige Klima in den USA vor dem Bürgerkrieg stellen dar
Irving H. Bartlett: *The American Mind in the Mid-Nineteenth Century,* 1967,
David Brion Davies (Hrsg.): *Antebellum American Culture,* Lexington, Mass., 1979,
Lewis O. Saum: *The Popular Mood of Pre-Civil War America,* Westport, Conn., 1980,
Lawrence A. Cremin: *American Education. The National Experience, 1783–1876,* New York 1980,
Carl F. Kaestle: *Pillars of the Republic: Common Schooling and American Society, 1780–1860,* New York 1983,
Arthur A. Ekirch: *The Idea of Progress in America, 1815–1860,* New York 1944,
Ellen Carol Du Bois: *Feminism and Suffrage. The Emergence of an Independent Women's Movement in America 1848–1869,* Ithaca 1978,
Barbara Epstein: *The Politics of Domesticity. Women, Evangelism, and Temperance in Nineteenth Century America,* Middletown, Conn., 1981,
Timothy L. Smith: *Revivalism and Social Reforms. American Protestantism on the Eve of the Civil War,* New York 1957,
R. Billington: *The Protestant Crusade 1800–1860. A Study of the Origins of American Nativism,* New York 1938,

Clifford S. Griffen: *The Ferment of Reform, 1830–1860,* New York 1967,
Ronald G. Walters: *American Reformers 1815–1860,* New York 1978, und
George B. Forgie: *Patricide in the House Divided. A Psychological Interpretation of Lincoln and His Age,* New York 1979.

Eine reiche Literatur gibt es zu den Abolitionisten in den Nordstaaten:
Lewis Perry/Michael Fellman (Hrsg.): *Antislavery Reconsidered. New Perspectives on the Abolitionists,* Baton Rouge, La., 1979,
Lawrence Lader: *The Bold Brahmins. New England's War against Slavery, 1831–1863,* New York 1961,
Richard H. Sewell: *Ballots for Freedom. Antislavery Politics in the United States 1837–1860,* New York 1976,
Dwight L. Dumond: *Antislavery Origins of the Civil War in the United States,* Ann Arbor, Mich., 1939,
Martin Duberman (Hrsg.): *The Antislavery Vanguard. New Essays on the Abolitionists,* Princeton, N. Y., 1965,
Henry H. Simms: *Emotion at High Tide,* Baltimore 1960,
Louis Filler: *The Crusade against Slavery, 1830–1860,* New York 1960, und
Ronald G. Walters: *The Antislavery Appeal. American Abolitionism after 1830,* Baltimore/London 1976.

Die Wechselwirkung zwischen Expansion und inneren Spannungen untersucht
Don E. Fehrenbacher (Hrsg.): *Manifest Destiny and the Coming of the Civil War,* 1969.

Zum Kompromiß von 1850 und seinen Folgen siehe
Holman Hamilton: *Prologue to Conflict. The Crisis and Compromise of 1850,* Lexington, Ky., 1964,
Michael F. Holt: *The Political Crisis of the 1850s,* New York 1978,
Don E. Fehrenbacher: *The South and Three Sectional Crisis,* Baton Rouge, La., 1980,
Larry Goa: *The Liberty Line. The Legend of the Underground Railroad,* Lexington, Ky., 1961, und
Stanley W. Campbell: *The Slave Catchers. Enforcement of the Fugitive Slave Law 1850–1860,* Chapel Hill, N. C., 1970.

Zur weiteren Entwicklung des Konflikts in den 50er Jahren
James A. Rawley: *Race and Politics. Bleeding Kansas and the Coming of the Civil War,* Philadelphia 1969,
Don E. Fehrenbacher: *The Dred Scott Case. Its Significance in American Law and Politics,* New York 1978,
George H. Mayer: *The Republican Party 1854–1866,* New York [2]1967, und
Eric Foner: *Free Soil, Free Labor, Free Men. The Ideology of the Republican Party before the Civil War,* New York 1970.

Mit der Sezessionskrise und dem Ausbruch des Krieges befassen sich
George H. Knoles (Hrsg.): *The Crisis of the Union 1860–1861,* Baton Rouge, La., 1965,
Steven A. Channing: *Crisis of Fear. Secession in South Carolina,* New York 1970,
Dwight L. Dumond: *The Secession Movement, 1860–1861,* New York [2]1963 (1931),
David M. Potter: *Lincoln and His Party in the Secession Crisis,* New Haven, Conn., [2]1962 (1942), und
Kenneth Stampp: *And the War Came. The North and the Secession Crisis, 1860–1861,* Baton Rouge, La., 1950.

Siehe zu diesen Themen auch die einschlägigen Werke in den Rubriken »Westexpansion und Indianerkriege« und »Biographien« (John Brown, J. C. Calhoun, Henry Clay, Davis, Frederick Douglass, Stephen Douglas, W. L. Garrison, Lincoln, W. Seward, Charles Sumner).

Die Politik während des Bürgerkrieges

Die Geschichte der konföderierten Südstaaten haben dargestellt
Clement Eaton: *A History of the Southern Confederacy,* New York 1954, und
Emory M. Thomas: *The Confederate Nation, 1861–1865,* New York 1979.

Das Verhältnis der europäischen Staaten zu den Bürgerkriegsparteien behandeln
Frank L. Owsley: *King Cotton Diplomacy,* Chicago [2]1959 (1931),
Ephraim D. Adams: *Great Britain and the American Civil War,* 2 Bde., Gloucester, Mass., 1931,
Lynn Marshall Case/Warren F. Spencer: *The United States and France: Civil War Diplomacy,* Philadelphia 1970,
Otto Graf zu Stolberg-Wernigerode: *Deutschland und die Vereinigten Staaten von Amerika im Zeitalter Bismarcks,* Berlin/Leipzig 1933 (engl. Übers. 1937),
David P. Crook: *The North, the South, and the Powers 1861–1865,* New York 1974, und
Jürgen Woltz: *Das Strategieproblem der Südstaaten im Nordamerikanischen Sezessionskrieg im Lichte der Außenpolitik,* ungedruckte Magisterarbeit München 1990, wird in gekürzter Form erscheinen in Wyk auf Föhr.

Die Auswirkungen des Bürgerkrieges auf die Wirtschaft werden in zwei Sammelbänden untersucht:
David T. Gilchrist/W. David Lewis (Hrsg.): *Economic Change in the Civil War Era,* Greenville, Del., 1965, und
Ralph Andreano (Hrsg.): *The Economic Impact of the American Civil War,* Cambridge, Mass. [2]1967 (1962), sowie in
Patrick O'Brien: *The Economic Effects of the American Civil War,* Atlantic Highlands, N. J., 1988.

Siehe hierzu außerdem:
Bray Hammond: *Sovereignty and an Empty Purse. Banks and Politics in the Civil War,* Princeton 1970.

Mit der Innenpolitik der Nordstaaten und vor allem mit dem Aufstieg der Radikalen befassen sich
Joel Silbey: *A Respectable Minority: The Democratic Party in the Civil War Era,* New York 1977,
Frank L. Klement: *Dark Lanterns: Secret Political Societies, Conspiracies and Treason Trials in the Civil War,* Baton Rouge, La., 1984,
T. Harry Williams: *Lincoln and the Radicals,* Madison 1941,
James M. McPherson: *The Struggle for Equality: Abolitionists and the Negro in the Civil War and Reconstruction,* Princeton, N. J., 1964, und
Hans L. Trefousse: *The Radical Republicans: Lincoln's Vanguard for Racial Justice,* New York 1969.

Die Rolle der Frauen im Krieg wird dargestellt in
Francis B. Simkins/James W. Patton: *The Women of the Confederacy,* Richmond 1936,
Agatha Young: *Women in the Crisis: Women of the North in the Civil War,* New York 1959, und
Mary Elizabeth Massey: *Bonnett Brigades,* New York 1966.

Der Bürgerkrieg militärisch

Die quellenmäßige Grundlage für die intensivere Beschäftigung mit der Militärgeschichte des Bürgerkrieges ist die große Aktenpublikation *War of the Rebellion: A Compilation of the Official Records of the Union and Confederate Armies,* 128 Bde. und Atlas, Washington, D.C., 1880–1901 (Atlas 1978 als Nachdruck).

Diesem Werk entspricht für die Marinegeschichte:
Official Records of the Union and Confederate Navies in the War of the Rebellion, 30 Bde., Washington, D.C., 1892–1922.

Ein weiteres wichtiges Quellenwerk sind die ursprünglich von »Scribner's Magazine« veröffentlichten nachträglichen Stellungnahmen von Kommandeuren und hohen Offizieren beider Seiten:
Clarence C. Buel/Robert U. Johnson (Hrsg.): *Battles and Leaders of the Civil War,* 4 Bde., New York 1888 (Nachdruck Secaucus, N.J., 1956).

Das beste Kartenmaterial findet sich in
Vincent J. Esposito (Hrsg.): *The West Point Atlas of the Civil War,* West Point, N.Y., 1959.

Die einfachen Soldaten beider Seiten haben ihre klassische Darstellung gefunden in
Bell Irvin Wiley: *The Life of Johnny Reb. The Common Soldier of the Confederacy,* Baton Rouge, La., ^{3}1978 (1943), und
ders.: *The Life of Billy Yank. The Common Soldier of the Union,* Baton Rouge, La. ^{3}1978 (1952).

Der Erfahrung im Kampf und ihren psychischen Auswirkungen gilt eine hervorragende Untersuchung:
Gerald F. Linderman: *Embattled Courage. The Experience of Combat in the American Civil War,* New York/London 1987.

Mit der Wehrpflicht im Bürgerkrieg befassen sich
Eugene C. Murdock: *One Million Men. The Civil War Draft in the North,* Madison 1971, und
Albert Burton Moore: *Conscription and Conflict in the Confederacy,* New York 1924,

mit dem Desertionsproblem
Ella Lonn: *Desertion during the Civil War,* New York 1928,

mit den Verlusten
William F. Fox: *Regimental Losses in the American Civil War, 1861–1865,* Albany, N.Y., 1889, und
Thomas L. Livermore: *Numbers and Losses in the Civil War in America 1861–1865,* Boston ^{3}1957 (1901),

mit den Gefangenenlagern
Willion B. Hesseltine: *Civil War Prisons: A Study in War Psychology,* Columbus, Ohio, 1930.

Zu den schwarzen Truppen siehe
Dudley T. Cornish: *The Sable Arm: Negro Troops in the Union Army,* New York 1956, und
Ira Berlin u.a. (Hrsg.): *Freedom, A Documentary History of Emancipation, 1861–1867, Series II: The Black Military Experience,* Cambridge University Press 1982.

Die Einstellung der Amerikaner zum Militär analysiert
Marcus Cunliffe: *Soldiers and Civilians: The Martial Spirit in America, 1775–1865,* Boston/Toronto 1968.

Die Geschichte der Militärakademie West Point stellt für den hier interessierenden Zeitraum vor allem
James L. Morrison jr.: *The Best School in the World. West Point – the Pre-Civil War Years, 1833–1866,* Kent, Ohio, 1986.

Zu den Generälen beider Seiten siehe
Ezra J. Warner: *Generals in Gray,* Baton Rouge, La., 1959,
ders.: *Generals in Blue,* Baton Rouge, La., 1964, und
James Spencer: *Civil War Generals. Categorical Listings and Biographical Directory,* New York u.a. 1986.

Die strategischen Grundprobleme behandeln
Russell F. Weigley: *American Strategy from Its Beginning Through the First World War,* in: **Peter Paret** (Hrsg.): *Makers of Modern Strategy from Machiavelli to the Nuclear Age,* Oxford 1986,
Edward Hagermann: *The American Civil War and the Origins of Modern Warfare. Ideas, Organization and Field Command,* Bloomington, Ind., 1988,
David Donald (Hrsg.): *Why the North Won the Civil War,* Baton Rouge, La., 1960,
Herman Hattaway/Archer Jones: *How the North Won. A Military History of the Civil War,* University of Illinois Press 1983, und
Richard E. Beringer/Herman Hattaway/Archer Jones/William N. Still jr.: *Why the South Lost the Civil War,* Athens, Ga., 1986.

Die Beachtung, die der militärische Verlauf des Bürgerkrieges in Europa gefunden hat, ist gründlich aufgearbeitet worden in
Jay Luvaas: *The Military Legacy of the Civil War. The European Inheritance,* Chicago 1959.

Große Aufmerksamkeit schenkten dem Kriegsverlauf Marx und vor allem Engels. Ihre ursprünglich in englischer Sprache erschienenen Kommentare finden sich zusammengestellt in
Karl Marx/Friedrich Engels: *Der Bürgerkrieg in den Vereinigten Staaten,* hrsg. von Günter Wisotzki und Manfred Tetzel, Berlin (Ost) 1976.

Deutsche Monographien, von denen in den Jahrzehnten nach dem Bürgerkrieg eine ganze Reihe erschienen sind (**Constantin Sander,** 1865; **S.M. Schmucker,** 1866; **Robert Tomes,** 1866; **Heinrich Blankenburg,** 1869; **J.W. Draper,** 1877; **E.A. Duyckinck,** 1866; **Louis Lange,** 1892; **Karl Bleibtreu,** 1912), konzentrieren sich meist auf die militärischen Ereignisse. Sie sind allesamt veraltet, ebenso die Darstellung von **Otto Haintz** im 7. Bd. von **Hans Delbrück:** *Geschichte der Kriegskunst im Rahmen der politischen Geschichte* (Berlin 1936).

Wertvoll sind jedoch auch heute noch die Berichte zweier deutscher Kriegsteilnehmer (beide auf konföderierter Seite), die unter anderem verfaßt haben
Heros von Borcke: *Zwei Jahre im Sattel und am Feinde,* 2 Bde., Berlin 1898 (Neuauflage Wyk auf Föhr 1989), und
Justus Scheibert: *Der Bürgerkrieg in den nordamerikanischen Staaten,* Berlin 1874.

Eine neuere deutschsprachige Darstellung des Krieges fehlt seit Jahrzehnten.
Georg Franz-Willing: *Der weltgeschichtliche Aufstieg der Vereinigten Staaten von Amerika durch die Entscheidung des Bürgerkrieges von 1861–1865,* Osnabrück 1979, ist sehr allgemein.

In den letzten Jahren sind einige kleine Abhandlungen von **Dietmar Kuegler** (*Die Armee der Südstaaten,* 1987; *Die Schlacht bei Gettysburg,* 1988; *General Robert E. Lee,* 1988; *Die*

Reiterschlacht von Brandy Station, 1988; *Die Nord-Virginia-Armee,* 1988),
Stefan Papp jr. (*General Joseph E. Johnston,* 1989; *Kampf um Vicksburg,* 1989) und
Rainer Delfs (*Der Atlantafeldzug,* 1989; *Der Marsch durch Georgia,* 1989) erschienen, alle in Wyk auf Föhr, sowie einige Arbeiten zu uniform- und waffengeschichtlichen Themen, vor allem das sehr nützliche Werk
Jan Boger: *Der US-Bürgerkrieg 1861–1865. Soldaten, Waffen, Ausrüstung,* Stuttgart 1984.

Zur Rolle der Eisenbahn im Bürgerkrieg siehe
George E. Turner: *Victory Rode the Rails,* Indianapolis 1953, und
George B. Abdill: *Civil War Railroads,* Seattle 1961.

Den besten Überblick über den Krieg zur See gibt
Virgil C. Jones: *The Civil War at Sea,* 3 Bde., New York 1960–1962.

Spezielle Aspekte der Seekriegführung behandeln
Stephen R. Wise: *Lifeline of the Confederacy. Blockade Running during the Civil War,* Columbia, S. C., 1988,
William C. Davis: *Duel between the First Ironclads,* Garden City, N. J., 1975,
James P. Baxter III: *The Introduction of the Ironclad Warship,* Cambridge, Mass. ²1968 (1933), und
Milton F. Perry: *Infernal Machines: The Story of Confederate Submarine and Mine Warfare,* Baton Rouge, La., 1965.

Die Schicksale der Unionskavallerie haben ausführliche Darstellung gefunden in
Stephen Z. Starr: *The Union Cavalry in the Civil War,* 3 Bde., Baton Rouge, La., 1979–1985.

Zu den Führungsproblemen der Unionsarmee siehe
T. Harry Williams: *Lincoln and His Generals,* New York 1952, und
Kenneth P. Williams: *Lincoln Finds a General,* 5 Bde., New York 1949–1959.

Einzelne Feldzüge und Schlachten behandeln
William C. Davis: *Battle at Bull Run. A History of the First Major Campaign of the Civil War,* Garden City, N. J., 1977,
Clifford Dowdey: *The Seven Days: The Emergence of Lee,* New York 1964,
James F. Murfin: *The Gleam of Bayonets. The Battle of Antietam and Robert E. Lee's Maryland Campaign, September 1862,* New York 1965,
John Bigelow jr.: *The Campaign of Chancellorsville. A Strategical and Tactical Study,* Yale University Press 1910,
Clifford Dowdey: *Death of a Nation. The Story of Lee and His Men at Gettysburg,* New York 1958,
Edward B. Coddington: *The Gettysburg Campaign. A Study in Command,* New York 1968,
Samuel Carter III.: *The Final Fortress: The Campaign for Vicksburg 1862–1863,* New York 1980,
Clifford Dowdey: *Lee's Last Campaign,* Boston 1960,
Samuel Carter III.: *The Siege of Atlanta 1864,* New York 1973, und
Burke Davis: *Sherman's March,* New York 1980. (Siehe zu diesem Thema auch die einschlägigen Biographien von G. A. Custer, Jefferson Davis, N. B. Forrest, U. S. Grant, Th. J. Jackson, J. E. Johnston, R. E. Lee, Abraham Lincoln, G. B. McClellan, Philip Sheridan, W. T. Sherman, E. M. Stanton und J. E. B. Stuart).

Rekonstruktion

Auf lange Zeit wurde die Forschung geprägt von der »Dunning-Schule«:
William A. Dunning: *Reconstruction Political and Economic, 1865–1877,* New York 1907,
ders.: *Essays on the Civil War and Reconstruction,* New York ²1965 (1898).

Von den 40er Jahren an wurde das von dieser Richtung vertretene negative Klischee der »Carpetbagger-Herrschaft« im Süden durch »revisionistische« Darstellungen in vieler Hinsicht korrigiert. Mit der Rekonstruktionsära insgesamt befassen sich
David Donald: *The Politics of Reconstruction, 1863–1867,* Baton Rouge, La., 1965,
Kenneth M. Stampp: *The Era of Reconstruction, 1865–1877,* New York 1969,
Allan Nevins: *The Emergence of Modern America, 1865–1878,* New York ⁷1977 (1927),
Rembert W. Patrick: *The Reconstruction of the Nation,* New York/London/Toronto 1967,
Kenneth M. Stampp/Leon Litwack (Hrsg.): *A Reconstruction Reader,* 1969,
Avery O. Craven: *Reconstruction: The Ending of the Civil War,* New York u. a. O. 1969,
William Gillette: *Retreat from Reconstruction. A Political History, 1869–1879,* Baton Rouge, La., 1979.

Zur Rolle der Armee siehe
James E. Sefton: *The United States Army and Reconstruction, 1865–1877,* Baton Rouge, La., 1967.

Den Konflikt zwischen Präsident Johnson und den Radikalen schildern
Eric L. McKitrick: *Andrew Johnson and Reconstruction,* Chicago 1960, und
James Sefton: *Andrew Johnson and the Uses of Constitutional Power,* Boston/Toronto 1980.

Die Wahlen von 1876 und ihre Folgen sind dargestellt in
Paul L. Haworth: *The Hayes-Tilden Disputed Presidential Election of 1876,* New York ²1979 (1906), und
Comer Vann Woodward: *Reunion and Reaction. The Compromise of 1877 and the End of Reconstruction,* Boston ²1966 (1951).

Zu den Schicksalen der befreiten Schwarzen siehe
Ira Berlin u. a. (Hrsg.): *Freedom. A Documentary History of Emancipation, 1861–1867, Series I: The Destruction of Slavery,* Cambridge University Press 1985,
Leon F. Litwack: *Been in the Storm so Long: The Aftermath of Slavery,* New York 1979,
James M. McPherson: *The Struggle for Equality: Abolitionists and the Negroes in the Civil War and Reconstruction,* Princeton, N. J., 1964,
Roger L. Ransom/Richard Sutch: *One Kind of Freedom: The Economic Consequences of Emancipation,* Cambridge University Press 1977,
George R. Bentley: *A History of the Freedmen's Bureau,* Philadelphia 1955,
Theodore B. Wilson: *The Black Codes of the South,* University of Alabama Press 1965,
Forrest G. Wood: *Black Scare. The Racist Response to Emancipation and Reconstruction,* Berkeley/Los Angeles 1968, und
Comer Vann Woodward: *The Strange Career of Jim Crow,* New York ³1974 (1955).

Die Reaktion der weißen Herren auf Niederlage und Sklavenbefreiung ist dargestellt in
James L. Roark: *Masters without Slaves. Southern Planters in the Civil War and Reconstruction,* New York 1977.

Zu den Carpetbaggers ist erschienen
Richard N. Current: *Those Terrible Carpetbaggers,* New York 1988.

Unter der umfangreichen Literatur zum Ku-Klux-Klan seien genannt
David M. Chalmers: *The First Century of the Ku Klux Klan,* New York 1965,
Lenwood G. Davis: *The Ku Klux Klan: A Bibliography,* Westport, Conn., 1984,
Wyn C. Wade: *The Fiery Cross: The Ku Klux Klan in America,* New York 1987,
Stanley F. Horn: *Invisible Empire: The Story of the Ku Klux Klan, 1866–1871,* Cos Cob, Conn. ²1969 (1939),
William Peirce Randel: *The Ku Klux Klan,* Philadelphia 1965 (dt. Übers.: *Ku Klux Klan,* Zürich 1965), und
Allen W. Trelease: *White Terror. The KuKluxKlan Conspiracy and Southern Reconstruction,* New York 1971.

Zur wirtschaftlichen und sozialen Entwicklung der USA nach dem Bürgerkrieg siehe
Thomas C. Cochran/William Miller: *The Age of Enterprise, A Social History of Industrial America,* New York ²1961 (1942),
Fred A. Shannon: *The Farmers' Last Frontier. Agriculture 1860–1897,* New York ²1961 (1945)
Edward C. Kirkland: *Industry Comes of Age: Business, Labor and Public Policy, 1860–1897,* New York 1961, und
Norman J. Ware: *The Labor Movement in the United States, 1860–1895,* 1929.

Bildmaterial zur Jahrhundertfeier von 1876 findet sich in
Floyd und Marion Rinhart: *America's Centennial Celebration (Philadelphia 1876),* Philadelphia 1976, und
Robert J. Looney: *Old Philadelphia in Early Photographs, 1839–1914,* New York 1976
(siehe zu dieser Epoche auch die Biographien von F. Douglass, N. B. Forrest, U. S. Grant, Wade Hampton, Andrew Johnson, Carl Schurz, W. H. Seward, E. M. Stanton und Thaddeus Stevens).

Westexpansion und Indianerkriege

Zum Phänomen der »Grenze« in der amerikanischen Geschichte ist viel geschrieben worden, zumeist in Reaktion auf F. J. Turners klassische These von der nationalcharakterbildenden Funktion der Grenze aus dem Jahre 1894:
Frederick Jackson Turner: *The Frontier in American History,* Tucson, Arizona, 1986.
Roland H. Beck: *Die Frontiertheorie von Frederick Jackson Turner,* Zürich 1955,
David M. Ellis (Hrsg.): *The Frontier in American Development. Essays in Honor of Paul Wallace Gates,* Ithaca/London 1969,
Max Mittler: *Eroberung eines Kontinents. Der große Aufbruch in den amerikanischen Westen,* Zürich 1968,
Ray A. Billington: *Westward Expansion. A History of the American Frontiers,* New York ³1967 (1949),
Frederick Merk: *Manifest Destiny and Mission in American History,* New York 1963,
Thomas D. Clark: *Frontier America. Story of the Westward Movement,* New York ²1969 (1959),
Henry Nash Smith: *Virgin Land. The American West as Symbol and Myth,* New York 1957,
John C. Clark (Hrsg.): *The Frontier Challenge. Responses to the Trans-Mississippi West,* Lawrence, Kans., 1971,
Ray A. Billington: *Land of Savagery, Land of Promise. The European Image of the American Frontier in the 19th Century,* New York 1981.

Die amerikanischen Expansionsbestrebungen gegenüber Mexiko und Kanada behandeln
Richard Warner Van Alstyne: *The Rising American Empire,* Oxford ²1965 (1960),
David Pletcher: *The Diplomacy of Annexation. Texas, Oregon, and the Mexican War,* Columbia, Mo., 1973, und
Ramón Eduardo Ruiz (Hrsg.): *Mexican War. Was It Manifest Destiny?,* New York 1963.

Die beste militärgeschichtliche Darstellung des Mexikanischen Krieges findet sich noch immer in
Justin H. Smith: *The War with Mexico,* 2 Bde., New York 1919.

Den Bürgerkrieg an der Westgrenze beschreibt
Jay Monaghan: *Civil War on the Western Border, 1854–1865,* Boston 1964.

Ein bewährtes Standardwerk über die nordamerikanischen Indianer ist
Clark Wissler: *Indians of the United States,* Garden City ³1966 (1940, deutsche Übersetzung: *Das Leben und Sterben der Indianer,* Wien 1948).

Die beste Zusammenfassung des neueren Forschungsstandes bietet
Robert F. Spencer/Jesse D. Jennings u. a.: *The Native Americans. Ethnology and Background of the North American Indians,* New York ²1977.

Ferner sind zu dem Thema empfehlenswert
Wendell H. Oswalt: *This Land was Theirs. A Study of the North American Indians,* Los Angeles/New York 1966.
Wilcom F. Washburn: *The Indians of North America,* New York 1975,
Harold Edson Driver: *Indians of North America,* Chicago ²1969 (1961), und
Peter Farb: *Man's Rise to Civilization. As Shown by the Indians of North America* (dt. Übers.: *Die Indianer. Entwicklung und Vernichtung eines Volkes,* München 1988).

Zum Bevölkerungsschwund der Indianer, vor allem im Osten der USA, siehe
Henry F. Dobyns: *Their Number Became Thinned. Native American Population Dynamics in Eastern North America,* Knoxville 1983.

Die Kultur der Plainsindianer untersuchen
Robert H. Lowie: *Indians of the Plains,* New York 1954, und
Jürgen Döring: *Kulturwandel bei den nordamerikanischen Plainsindianern. Zur Rolle des Pferdes bei den Comanchen und den Cheyenne,* Marburg 1984,

das indianische Kriegswesen
Hermann Schöppl von Sonnwalden: *Indianische Kriegführung in den Plains und östlichen Waldgebieten Nordamerikas,* Wyk auf Föhr 1985.

Die umfangreiche Literatur zu den Beziehungen zwischen Weißen und Indianern ist erschlossen in der Bibliographie
Francis Paul Prucha: *A Bibliographical Guide to the History*

of Indian-White Relations in the United States, Chicago 1977 (Fortsetzungsbd. für die Literatur 1975–1980: Lincoln, Neb., 1982).

Zur Indianerpolitik der USA im 19. Jahrhundert siehe
Francis Paul Prucha: *Indian Policy in the United States. Historical Essays,* Lincoln, Neb., 1981,
David A. Nichols: *Lincoln and the Indians. Civil War Policy and Politics,* Columbia, Mo., 1978, und
Henry E. Fritz: *The Movement for Indian Assimilation, 1860–1890,* Philadelphia 1963.

Die Geschichte der »fünf zivilisierten Nationen« in der Bürgerkriegsära stellt dar
Anni H. Abel: *The American Indian as Slaveholder and Secessionist,* Cleveland 1915,
dies.: *The American Indian as Participant in the Civil War,* Cleveland 1919, und
dies.: *The American Indian under Reconstruction,* Cleveland 1925.

Den besten Überblick über die Indianerkriege des 19. Jahrhunderts bieten
Robert M. Utley/Wilcomb E. Washburn: *The American Heritage History of the Indian Wars,* New York 1977, und
ders.: *The Indian Frontier of the American West 1846–1890,* Albuquerque 1984.

Zur amerikanischen Armee an der Westgrenze siehe vor allem
Robert M. Utley: *Frontiersmen in Blue. The United States and the Indian, 1848–1865,* New York 1967,
ders.: *Frontier-Regulars. The United States Army and the Indian. 1866–1891,* New York 1973,
Ernest Lisle Reedstrom: *Bugles, Banners and War Bonnets,* Caldwell, Idaho, 1977,
Robert M. Utley (Hrsg.): *Life in Custer's Cavalry. Diaries and Letters of Albert and Jennie Barnitz, 1867–68,* New Haven, Conn., 1977,
Dietmar Kuegler: *Die US-Kavallerie. Legende und Wirklichkeit einer militärischen Eliteeinheit,* Stuttgart 1979, und
Paul A. Hutton: *Phil Sheridan and His Army,* Lincoln, Nebr. 1985.

Einige Feldzüge werden behandelt in
Stan Hoig: *The Battle of the Washita. The Sheridan-Custer Indian Campaign of 1867–69,* Garden City, N. Y., 1976, und
John S. Gray: *Centennial Campaign. The Sioux War of 1876,* Fort Collins, Colo., ^{2}1988 (1976).

Die Rolle der Eisenbahn bei der Erschließung des Westens stellt dar
Robert E. Riegel: *The Story of the Western Railroads,* 1926,

die Schicksale der Bisonherden
Tom McHugh: *The Time of the Buffalo,* University of Nebraska Press 1972.

Gutes Photomaterial findet sich in
W. J. Naef: *Era of Exploration. The Rise of Landscape Photography in the American West. 1860–1885,* Boston 1975,
Martin F. Schmitt/Dee Brown: *Fighting Indians of the West,* New York 1948,
Joanna Cohan Scherer: *Indians. The Great Photographs that Reveal North America Indian Life, 1847–1929, from the Unique Collection of the Smithsonian Institution,* New York 1973, und
Paula Richardson Flemming/Judith Luskey: *The North American Indian in Early Photographs,* New York 1986 (dt. Übers.: *Die nordamerikanischen Indianer in frühen Photographien,* München 1988).

Zu den Malern des Westens siehe
Paul A. Rossi/David C. Hunt: *The Art of the Old West,* New York 1971, und
Peter Hassrick: *The Way West. Art of Frontier America,* New York 1977.

Biographien

Die dominierende Persönlichkeit der Epoche, Abraham Lincoln, hat eine solche Vielzahl von Biographen gefunden wie wenige andere Gestalten der Weltgeschichte.

Die Schriften Lincolns sind vollständig ediert in
Roy P. Basler (Hrsg.): *The Collected Works of Abraham Lincoln,* 9 Bde., New Brunswick, N. Y., 1953–55 (Suppl. 1974).

Die besten Biographien sind
James G. Randall: *Lincoln the President,* 4 Bde., New York 1945–1955,
Benjamin P. Thomas: *Abraham Lincoln. A Biography,* New York 1952 (dt. Übers.: Wiesbaden 1955),
Reinhard H. Luthin: *The Real Abraham Lincoln,* Englewood Cliffs, N. Y., 1960, und
Stephen B. Oates: *With Malice toward None. The Life of Abraham Lincoln,* New York 1977.

Das populäre Werk
Carl Sandburg: *Abraham Lincoln. The Prairie Years,* 2 Bde., New York 1926, und *Abraham Lincoln. The War Years,* 4 Bde., New York 1939, ist in gekürzter Fassung auch als dt. Übers. erschienen: *Abraham Lincoln. Das Leben eines Unsterblichen,* Hamburg/Wien 1958.

Nützlich sind ferner
Erich Angermann: *Abraham Lincoln und die Erneuerung der nationalen Identität der Vereinigten Staaten von Amerika,* München 1984,
Earl S. Miers: *Lincoln Day by Day,* 3 Bde., Washington, D. C., 1960,
Charles Hamilton/Lloyd Ostendorf: *Lincoln in Photographs,* Norman, 1963, und
William Hanchett: *The Lincoln Murder Conspiracies,* Urbana 1983.

Die Werke seines Gegenspielers Jefferson Davis sind erschienen in
Dunbar Rowland (Hrsg.): *Jefferson Davis, Constitutionalist. His Letters, Papers, and Speeches,* 10 Bde., Jackson, Miss., 1923, und
Haskell M. Monroe u. a. (Hrsg.): *The Papers of Jefferson Davis,* bisher 5 Bde., Baton Rouge, La., 1971–85.

Die wesentlichsten Biographien des konföderierten Präsidenten sind
Hudson Strode: *Jefferson Davis, Confederate President,* 3 Bde., New York 1955–64, und
Clement Eaton: *Jefferson Davis,* London 1977.

Biographien anderer bedeutender Gestalten in Politik und Gesellschaft dieser Epoche sind
Richard N. Current: *Daniel Webster and the Rise of National Conservativism,* 1955,
Charles M. Wiltse: *John C. Calhoun,* 3 Bde., Indianapolis/New York ^{2}1968 (1949–1951),
Clement Eaton: *Henry Clay and the Art of American Politics,* Boston 1957,
Helen E. Marshall: *Dorothea Dix. Forgotten Samaritarian,* Chapel Hill, N. C., 1937,

Philip S. Foner: *Frederick Douglass. A Biography,* New York 1964,
Stephen B. Oates: *To Purge this Land with Blood. A Biography of John Brown,* New York 1970,
David Donald: *Charles Sumner and the Coming of the Civil War,* New York 1960,
David Donald: *Charles Sumner and the Rights of Man,* New York 1970,
Robert W. Johannsen: *Stephen A. Douglas,* New York 1973,
Avery Craven: *Edmund Ruffin, Southerner: A Study in Secession,* New York 1932,
Rollin G. Osterweis: *Judah P. Benjamin. Statesman of the Lost Cause,* New York 1933,
Benjamin P. Thomas/Harold M. Hyman: *Stanton. The Life and Times of Lincoln's Secretary of War,* New York 1962,
Glyndon G. Van Deusen: *William Henry Seward,* New York 1967,
Ernest Paolino: *The Foundations of the American Empire. William Henry Seward and U.S. Foreign Policy,* Ithaca, N.Y., London 1973,
Albert Castel: *The Presidency of Andrew Johnson,* Lawrence, Kansas, 1979,
Fawn M. Brodie: *Thaddeus Stevens. Scourge of the South,* New York 1959,
Ralph Korngold: *Thaddeus Stevens. A. Being Darkly Wise and Rudely Great,* Westport, Conn., 2 1974 (1955),
Carl Schurz: *Sturmjahre. Lebenserinnerungen 1829–1852,* hrsg. von Joachim Lindner, Berlin (Ost) 1973,
ders.: *Unter dem Sternenbanner. Lebenserinnerungen 1852–1869,* hrsg. von Joachim Lindner, Berlin (Ost) 2 1981 (1977),
Rüdiger Bernd Wersich: *Carl Schurz, Revolutionär und Staatsmann. Sein Leben in Selbstzeugnissen, Bildern und Dokumenten* (dt./engl.), München 1979,
Morton Keller: *The Art and Politics of Thomas Nast,* New York 1968,
Roy Meredith: *Mr. Lincoln's Camera Man. Matthew Brady,* New York 1946,
Frederic E. Ray: *Alfred R. Waud. Civil War Artist,* New York 1974,
Gordon Hendricks: *The Life and Work of Winslow Homer,* New York 1979,
Julian Grossman: *Echo of a Distant Drum. Winslow Homer and the Civil War,* New York 1974,
Marc Simpson: *Winslow Homer. Paintings of the Civil War* (Ausstellungskatalog), San Francisco 1988.

Eines der faszinierendsten Tagebücher der Epoche hat die während des Krieges in Richmond lebende Mary Chesnut hinterlassen:

Mary Boykin Chesnut: *A Diary From Dixie,* hrsg. von Ben Ames Williams, Cambridge, Mass., 2 1980 (1949), ergänzend dazu: *The Private Mary Chesnut. The Unpublished Civil War Diaries,* hrsg. von C. Vann Woodward, New York 1984.

Unter den militärischen Biographien ragt das klassische Werk von Douglas Southall Freeman über General Lee hervor:

Douglas Southall Freeman: *R.E. Lee. A Biography,* 4 Bde., New York 1934–35.

Dazu ergänzend

Douglas Southall Freeman: *Lee's Lieutenants. A Study in Command,* 3 Bde., New York 1942–44.

Zu seinem größten Gegenspieler siehe dessen Memoiren

Ulysses S. Grant: *Personal Memoirs of U.S. Grant,* 2 Bde., New York 2 1952 (1886–87; dt. Übers.: *Memoiren des Generals Grant,* 2 Bde., Leipzig 1886).

Unter seinen Biographien wären zu nennen

William S. McFeeley: *Grant. A Biography,* New York/London 1981,
Bruce Catton: *Grant Moves South,* Boston/Toronto 1960,
ders.: *Grant Takes Command,* Boston/Toronto 1969, und
J. F. C. Fuller: *The Generalship of Ulysses S. Grant,* New York 2 1958 (1929).

Eine sehr kontroverse Literatur gibt es zu General Sherman:

William Tecumseh Sherman: *Memoirs of General W.T. Sherman, Written by Himself,* 2 Bde. 1875, 1887 (Neuausgabe hrsg. von B. H. Liddell Hart, 1957),
Basil H. Liddell Hart: *Sherman: Soldier, Realist, American,* West Port, Conn., 3 1978 (1929),
John B. Walters: *Merchant of Terror. General Sherman and Total War,* Indianapolis 1973,
James Peston jr.: *Sherman and Vietnam,* New York 1985, und
Robert G. Athearn: *William Tecumseh Sherman and the Settlement of the West,* Norman, Okla., 1956.

Wie Lee (Maurice, Falls), Grant (Fuller) und Sherman (Liddell Hart) hat auch »Stonewall« Jackson einen eloquenten Verehrer unter britischen Militärhistorikern gefunden:

G. F. R. Henderson: *Stonewall Jackson and the American Civil War,* 2 Bde., New York 2 1939 (1898).

Unverhältnismäßig viel geschrieben wurde über George Armstrong Custer, mit äußerst gegensätzlicher Beurteilung:

Robert M. Utley: *Custer and the Great Controversy. Origin and Development of a Legend,* Los Angeles 2 1980 (1968),
ders.: *Cavalier in Buckskin. George Armstrong Custer and the Western Military Frontier,* Norman, Okla., 1988.
Jay Monaghan: *Custer, The Life of General George Armstrong Custer,* Boston 1959,
Lawrence A. Frost: *The Custer Album,* Seattle 1964,
Gregory J. W. Urwin: *Custer Victorious. The Civil War Battles of General George Armstrong Custer,* London 1983,
Edgar J. Stewart: *Custer's Luck,* Norman, Okla., 1955,
Bruce A. Rosenberg: *Custer and the Epic of Defeat,* London 1974, und
W. A. Graham: *The Custer Myth. A Source Book of Custeriana,* Harrisburg, Pa., 1953.

Andere Biographien bedeutender Generäle sind

Richard O'Connor: *Sheridan the Inevitable,* Indianapolis 1953,
Warren W. Hassler jr.: *General George B. McClellan, Shield of the Union,* West Port, Conn., 2 1974 (1957),
William H. Leckie: *Unlikely Warriors. General Benjamin H. Grierson and His Family,* Norman, Okla., 1984,
Robert S. Henry: *'First with the Most' Forrest,* Indianapolis 1944,
Gilbert E. Govan/James W. Livingood: *A Different Valor. The Story of General Joseph E. Johnston, C.S.A.,* Indianapolis 1956,
Burke Davis: *Jeb Stuart, the Last Cavalier,* New York 3 1958, und
Manly Wade Wellman: *Giant in Gray. A Biography of Wade Hampton of South Carolina,* New York 1949.

Literatur und Film

Die Schriften Walt Whitmans zum Bürgerkrieg sind zusammengefaßt in

Walter Lowenfels (Hrsg.): *Walt Whitman's Civil War,* New York 1960.

Die Kurzgeschichten aus dem Bürgerkrieg von Ambrose G. Bierce finden sich in
Ambrose Gwinnett Bierce: *In the Midst of Life. Tales of Soldiers and Civilians* (Collected Works, Bd. 2), New York 1909 (Nachdruck 1966), und
Ernest Jerome Hopkins (Hrsg.): *The Civil War Short Stories of Ambrose Bierce,* Lincoln, Nebr./London 1980.

Eine dt. Übers. von Elisabeth Schnack ist erschienen unter dem Titel
Ambrose Gwinnett Bierce: *Mitten im Leben sind wir vom Tod umfangen. Erzählungen von Soldaten und Zivilisten aus dem amerikanischen Sezessionskrieg,* Frankfurt a. M. 1978.

Die gültige Textausgabe von Stephen Cranes Bürgerkriegsroman ist
Stephen Crane: *The Red Badge of Courage. An Episode of the American Civil War. Newly Edited from Crane's Original Manuscript by Henry Binder,* New York/London ²1982 (1979).

Zu William Faulkner siehe
Myra Jehlen: *Class and Character in Faulkner's South,* New York 1976, und
Martin Christadler: *Natur und Geschichte im Werk von William Faulkner,* Heidelberg 1962.

Vom Epos
Stephen Vincent Benét: *John Brown's Body,* New York/ Toronto ³1941 (1927), ist eine dt. Übers. von Toni Schnieder erschienen (*Er war ein Stein. Eine amerikanische Iliade,* Wien 1962).

Zur Romanliteratur über den Bürgerkrieg siehe
Robert A. Lively: *Fiction Fights the Civil War. An Unfinished Chapter in the Literary History of the American People,* Westport, Conn., ²1973 (1957),
Edmund Wilson: *Patriotic Gore. Studies in the Literature of the American Civil War,* New York 1962 (zur literarischen Hinterlassenschaft der am Krieg Beteiligten), und
Albert J. Menendez: *Civil War Novels. An Annotated Bibliography,* New York 1986.

Von der umfangreichen Literatur über Margaret Mitchell und ihr »Gone with the Wind« seien genannt die Aufsatzsammlung
Richard Harwell (Hrsg.): *Gone with the Wind as Book and Film,* Columbia, S. C., 1983,

und die Biographie von
Finis Farr: *Margaret Mitchell of Atlanta – The Author of »Gone With the Wind«,* New York 1965 (dt. Übers.: *Die Margaret Mitchell-Story und die Geschichte des Buches »Vom Winde verweht«,* Hamburg 1967).

Mehr noch wurde geschrieben über Griffith und »The Birth of a Nation«, unter anderem
Fred Silva: *Focus on The Birth of a Nation,* Englewood Cliffs, N. J., 1971, und
Margot Berthold (Hrsg.): *D. W. Griffith,* München ²1987.

Zu Buster Keaton siehe
George Wead/George Lellis: *The Film Career of Buster Keaton,* Boston 1977;

zum Bürgerkriegsfilm im allgemeinen
Jack Spears: *The Civil War on the Screen and Other Essays,* New York 1977, und
John M. Cassidy: *Civil War Cinema. A Pictorial History of Hollywood and the War between the States,* Missoula, Montana, 1986.

Zum Western
Joe Hemlins: *Western-Geschichten,* München/Wien 1979,
Phil Hardy: *The Western,* New York 1983, und
Michael Hanisch: *Western,* Berlin (Ost) 1984.

Mit den Filmen von John Ford befassen sich
Anderson Lindsay: *About John Ford,* London 1981,
Tag Gallagher: *John Ford. The Man and His Films,* Berkeley u. a. O. 1986, und
Winfried Fluck: *Young Mr. Lincoln. Der Text der Cahiers du Cinéma und der Film von John Ford,* Berlin 1978.

Die Rolle des Bürgerkrieges im amerikanischen Bewußtsein untersucht
Eva Maria Brownawell: *Die Amerikaner und ihr Krieg. Analyse der Jahrhundertfeier des Civil War in den Vereinigten Staaten von Amerika 1961–1965,* Stuttgart 1978.

Zur Musik der Bürgerkriegsepoche sind eine Reihe von Untersuchungen und, vor allem im Zusammenhang mit dem Hundert-Jahr-Jubiläum des Krieges, mehrere Schallplatteneditionen erschienen.

An Büchern seien genannt
Richard Crawford (Hrsg.): *The Civil War Songbook. Complete Original Sheet Music for 37 Songs,* New York 1977,
Dena J. Epstein: *Music Publishing in Chicago Before 1871. The Firm of Root & Cady, 1858–1871,* Detroit 1969,
Irwin Silber: *Songs of the Civil War,* New York 1960,
Paul Glass/Louis C. Singer: *Singing Soldiers: A History of the Civil War in Song,* New York ²1975 (1964),
Kenneth A. Bernard: *Lincoln and the Music of the Civil War,* Caldwell, Idaho, 1966,
Richard Harwell: *Confederate Music,* Chapel Hill, N. C., 1950,
Richard Jackson: *Popular Songs of Nineteenth-Century America,* New York 1976,
Lewis Winstock: *Songs and Music of the Redcoats,* Stackpole 1970 (zu den von der britischen Armee übernommenen Liedern), und
Robert Garofalo/Mark Elrod: *A Pictorial History of Civil War Era Musical Instruments and Military Bands,* Charleston, W. V., 1985 (mit zugehöriger Schallplatte);

an Schallplatten
Richard Bales: *The Confederacy, The Union* (Columbia Records, LS 1004 und LS 1006, zwei Alben mit Texten und Bildern, konzertante Fassungen),
Oscar Brand (Sänger): *Election Songs of the United States* (Folkways Records FH 5280, Gesang mit Gitarre und Banjo),
Irwin Silber: *Chants de la Guerre de Sécession – Songs of the Civil War* (Folkways Records – Le Chant du Monde FWX-M-55718, Gesang mit Gitarre und Banjo),
Frederick Fennell: *The Civil War. Its Music and Its Sounds,* 2 Alben (Mercuy Records LPS 5002 und LPS 5003, Märsche in Originalfassungen und auf Originalinstrumenten, rekonstruierter Schlachtenlärm),
Heritage Military Music Foundation: *Making History Live,* 4 Platten (Heritage Military Music Foundation I–IV, Märsche auf Originalinstrumenten),
Charles Hamm: *Songs of the Civil War* (New World Records, Recorded Anthology of American Music, Inc., NW 202, Gesang mit Klavierbegleitung nach originalen Notenblättern).

Zu jedem Band der Time-Life-Geschichte der Vereinigten Staaten gehört eine Schallplatte mit gesprochenen historischen Texten, Liedern und Musikstücken.